부자의 몸

몸-마음-뇌를 최상의 상태로 끌어올리는 6단계 솔루션

부자의 몸

이동환 지음

쌤앤파커스

몸과 마음 그리고 잠재의식까지…
내 인생 마지막 자기계발서

참 오랜 시간이 걸렸습니다. 의사로서 33년을 살아왔고, 그동안 사람을 현대 의학적 환자가 아닌 몸과 마음 그리고 잠재의식을 포함한 하나의 통합된 결정체로 인정하기까지는 18년이 걸렸습니다.

현대 의학을 전공한 전문의로 환자들을 진료하면서 큰 벽을 만난 것이 바로 18년 전입니다. 의학 공부만 13년을 했는데, 막상 현장에서 만나는 환자들은 교과서와 많이 달랐습니다. 분명 모든 검사에서 아무런 문제가 없는데도 무기력하고 힘들어하는 환자들을 만나면서 내가 정말 모르고 있는 것이 무엇일까 고민했습니다. 그리고 원래 병이 없어도 그렇게 힘들게 사는 게 정상일지도 모른다는 생각도 했습니다.

왜냐하면 저도 그랬기 때문이죠. 1999년 병원을 개업하고 평일은 밤 9시까지, 토요일은 오후 5시까지 진료하면서 몸과 마음은 스트레스로 인해 지칠 대로 지쳤었죠. 체중은 100kg이 넘어가고 어깨 근육은 돌덩이같이 굳어 있었습니다. 늘 뒷목이 뻣뻣해서 오후만 되면 두통에 시달리고 작은 일에도 기분이 나빠져서 얼굴을 찡 그리고 사는 삶이었죠. 하지만 다들 이렇게 살려니, 이런 삶이 어쩌면 정상일지도 모른다고 생각했습니다.

현대 의학에서 해결할 수 없는, 만성피로로 무기력한 환자들을 만나면서 어쩌면 그러한 삶이 인간이 겪어야 할 삶이라 생각했습니다. 하지만 제가 몰랐던 것이 너무 많았습니다. 사람의 세포 기능이 떨어지면 특별한 병으로 진단되지 않아도 무기력해질 수 있다는 사실까지도요. 이 진단되지 않는 문제를 해결하기 위해 여러 방안을 찾은 끝에, 저는 기능 의학functional medicine이 그 해결책이 되어줄 거라고 믿었습니다.

실제로 기능 의학을 통해 많은 환자를 치료하고 저에게도 많은 에너지가 생기기 시작했습니다. 그러나 그것이 다가 아니었습니다. 기능 의학을 이용한 만성피로 클리닉이 점차 유명해지고 방송까지 나오면서 전국에서 찾아오는 환자들을 만나게 되었죠. 그 과정에서 다시 한번 벽에 부딪혔습니다. 우리의 세포 기능에 단지 생물학적,

화학적 부분만 관여하는 것이 아니었던 것입니다. 바로 마음, 그리고 가장 중요한 잠재의식에 의해 세포 기능이 좌지우지된다는 것을 알았습니다.

결국 몸과 마음은 하나로 연결되어 있고, 마음에서도 아주 큰 부분을 차지하는 잠재의식을 다루지 못하면 진정한 건강을 찾기 어렵다는 것도 알았습니다. 그 이후로 정말 많은 시간을 새로운 공부에 투자해야 했습니다. 기능 의학을 넘어서 심신의학mind-body medicine, 긍정 심리학positive psychology, 뇌 과학brain science, 신경언어 프로그래밍Neuro-Linguistic Programming(이하 NLP), 밀턴 에릭슨Milton H. Erickson 최면에 이어 결국은 양자역학까지….

결국 인간은 몸과 마음 그리고 잠재의식의 총합체이고, 이러한 모든 것을 다룰 수 있다면 건강뿐 아니라 삶을 바꿔나갈 수 있다는 사실도 깨달았습니다. 이 깨달음은 '교육'으로 이어졌습니다. 현대 의학으로 환자를 진료할 때 진료실에서 제가 매일 하던 일은 바로 '처방'이었습니다. 정확한 처방이 가장 중요한 것이었죠. 하지만 만성피로 스트레스 전문 클리닉에서 진료를 하면서부터 제 일은 처방이 아니라 교육으로 바뀌었습니다.

저는 환자들이 자신의 몸과 마음을 이해하도록 돕고, 잠재의식을 바꾸기 위해 무엇을 해야 하는지 교육하는 의사가 되었습니다. 그래서 가장 효과적인 교육 방법을 배우기 위해 대학원에 진학해 교육공학 전공으로 석사 학위를 받았습니다. 그리고 직무 스트레스 연구를 통해 경영학 박사 학위까지 받았죠. 어찌 보면 의학과 전혀 관련이 없어 보입니다만 저에게는 그 길이 하나의 길이었습니다. 19세에 의과대학에 입학해 처음으로 사람의 몸을 공부하기 시작했습니다. 그리고 기능 의학에 입문하면서 사람의 세포 기능을 공부하게 되었고요. 뒤이어 마음과 뇌 그리고 잠재의식을 공부했고, 사람의 능력을 효과적으로 발휘시키는 방법인 인적자원개발Human Resource Development(이하 HRD)과 인적자원관리Human Resource Management(이하 HRM)를 공부했습니다. HRD은 교육공학에서의 전공 분야였고, HRM은 경영학에서의 전공 분야였습니다. 인간의 몸부터 시작한 공부가 인적자원, 인간의 능력 개발과 관리까지 연결된 것이죠.

실제로 이 학습 과정에서 가장 큰 변화를 겪은 것은 바로 저였습니다. 그리고 저를 만난 환자들과 사람들이 큰 변화를 겪었죠. 세포 기능이 좋아지고 마음의 힘이 생기면서 인생이 달라지는 것을 직접 겪었고, 또 목격했습니다. 몸과 마음의 에너지는 의욕을 만들어주고 유연함을 가지게 했습니다. 결국 저는 이 과정에서 좋은 태도의 중요성을 알게 되었고, 좋은 에너지가 좋은 일들을 끌어당긴다는 것도 알게 되었습니다.

지금 돌아보면 스트레스에 찌들고 무기력했던 저의 과거는 정말 암울했습니다. 그러나 저는 배움과 성장을 통해 저 스스로를 완전히 다른 사람으로 바꿔놓았습니다. 이제 저는 그러한 변화의 과정에 꼭 필요한 부분이 무엇인지, 그것을 어떻게 실천해야 하는지도 알고 있습니다.

저는 그 과정을 'MBS 최적화 프로그램'으로 정리했습니다.

이 MBS 최적화 프로그램은 스트레스에 찌들어 무기력한 사람뿐 아니라, 의욕이 떨어져 꾸준하게 일하기 어려운 사람, 성공하고 싶고 그에 필요한 에너지를 얻고 싶은 사람, 좋은 인간관계로 행복한 삶을 살고 싶은 사람, 진정 부자가 되고 싶은 사람까지… 모든 사람에게 삶의 토대가 될 기준과 실천 가능한 방법들을 제시해줄 것입니다.

이동환

차례

I

'부자의 몸'
최적의 세트 포인트

첫 파트에서는 구체적인 MBS 최적화 프로그램을 알아보기 전에 최적의 세트 포인트 다섯 가지를 먼저 알아보겠습니다. 각각의 다섯 가지 세트 포인트는 삶을 바꿔나가는 원리를 알아가는 과정입니다. 결국 몸과 마음의 연결 그리고 뇌의 생화학적 반응이 어떻게 행동을 바꾸는지 또 잠재의식이 왜 삶에 영향을 미치는지에 대해 개괄적인 이해가 필요합니다. 이러한 이해를 통해서 두 번째 파트에서 다룰 MBS 최적화 프로그램의 구체적인 방법들을 적용해나갈 수 있습니다.

세트 포인트1

무기력을 극복하는 힘

저는 의사 경력이 올해로 33년이 되었습니다. 제가 이렇게 저의 경력을 먼저 말씀드리는 이유가 있는데요. 의사로서 부끄러운 과거를 이야기하며 이 책을 시작하기 위해서입니다. 프롤로그에서 잠깐 말씀드렸지만, 저는 약 19년 전 체중 100kg이 넘는 고도비만 그리고 스트레스와 만성피로에 시달리며 얼굴을 찡그리고 사는, 그야말로 부정의 아이콘이었습니다. 그런 제가 18년 전, 새로운 배움과 성장으로 삶을 완전히 바꾸게 되었습니다.

행동이 쉽게 따라주지 않는 이유

삶의 길은 여러 갈래가 있지만, 그중에서 크게 두 갈래로 나눠본다면 어떨까요? 첫 번째 길은 내가 원하는 것을 이루고 행복한 성취감을 느끼면서 살아가는 삶이고, 다른 하나의 길은 원하는 것은 많았지만 이루지 못하고 아쉬워하면서 살아가는 삶일 것입니다. 물론 이 두 갈래의 길이 완벽하게 나눠지지 않을 수도 있습니다. 원하는 것들 중에서 이룬 것도 있고 이루지 못한 것도 있을 테니까요. 하지만 정말 이것만은 하고 싶었는데… 하면서 나오는 아쉬움보다 이뤄낸 것에 대한 성취감이 더 크다면, 그 사람은 만족스러운 삶의 길을 걸었다고 생각합니다.

누구나 평생을 살면서 이것만은 꼭 이뤄내고 싶다고 생각하는 것들이 있습니다. 그 성공 여부에 따라 성취감 또는 아쉬움을 가지게 되겠죠. 이 책을 집어든 당신은 분명 성취감을 원하고 있을 겁니다. 그러니 이 책을 읽고 있겠죠. 그렇다면 정말 좋은 선택입니다. 이제부터 저는 더 나은 성장과 성공을 위해 꼭 필요한 필수 조건들을 하나씩 짚어보려고 합니다.

누구나 성과를 내고 싶고 성공을 바라지만 그렇게 하지 못하는 가장 큰 이유는 무엇일까요? 바로 행동이 따라주지 못하기 때문입니다. 이건 사실 우리가 모두 알고 있는 바입니다. 목표를 달성하기 위해서는 그에 상응하는 행동이 꼭 필요합니다. 그런데 그 행동이 안 나온다면 당연히 안 되겠죠. 그리고 그것 때문에 스스로를 자책하기도 하고 포기하기도 합니다.

그렇다면 행동이 따라주지 않는 가장 큰 이유는 무엇일까요? 바로 몸이 가지고 있는 생물학적 에너지 때문입니다.

저는 현대 의학을 공부한 의사지만, 제 의사 인생의 절반 이상은 현대 의학이 아닌 기능 의학으로 진료를 해왔습니다. 무기력을 이겨내고 에너지를 만들어내는 몸은 단순히 현대 의학의 관점에서 얻어지는 것이 아니기 때문인데요. 무기력을 해결하기 위해서는 새로운 의학을 적용해야 했고, 그것이 바로 기능 의학이었습니다. 기능 의학! 이름에서 알 수 있듯이 우리 '몸의 기능을 좋게 만드는 의학'입니다. 어떤 기능일까요? 바로 세포가 가지고 있는 많은 기능을 최적화하기 위한 의학입니다.

몸의 기능 자체를 살려 끌어올린다

저는 18년 전에 기능 의학을 처음 접하게 되었습니다. 당시에는 우리나라에서 기능 의학을 공부한 의사가 거의 없었습니다. 하지만 미국과 유럽에서는 이미 기능 의학 학회가 있었고 많은 의사가 공부하고 있었죠. 사실 처음에는 기능 의학에 대한 삐뚤어진 시각도 있었습니다. 현대 의학을 공부한 의사로서 질병을 치료하는 것이 아닌 세포 기능을 최적화한다는 의학은 뭔가 비과학적이고 사이비 의학 같은 느낌도 가질 수밖에 없었죠.

저 역시 크게 다르지 않았지만, 기능 의학 교과서를 보면서 제 시각은 완전히 달라졌습니다. 현대 의학 교과서와 똑같이 한 줄, 한 줄이 검증된 논문에 의해 쓰인 그야말로 '가장 과학적인' 의학이었습니다.

그리고 드디어 우리나라에도 수십 명의 의사가 모여 기능 의학 연구회를 구성하기 시작했습니다. 그때 기능 의학 연구회에서 새로운 공부를 시작하면서 저의 몸도 바뀌기 시작했습니다. 이를 계기로 새로운 도전을 계속할 수 있었는데요. 바로 심신의학, 뇌 과학, 긍정심리학, NLP 그리고 교육공학 석사와 경영학 박사까지… 거기에 '100만 유튜버'를 달성하기까지 긴 과정을 달려오게 되었습니다.

저는 몸뿐만 아니라 마인드 그리고 저의 인생까지 바뀌는 경험을 했습니다. 모두가 저에게 성공한 인생이라고 말합니다. 그런데 저는 성공이라는 말이 크게 와닿지는 않습니다. 그저 계속 나의 인생을 업그레이드해가는 중에 있다고 생각합니다. 네, 제 인생은 계속해서 업그레이드가 될 예정입니다. 저는 인생을 업그레이드해가는 과정에 정말 필요한 것이 무엇인지 알고 있기 때문입니다.

많은 사람이 이렇게 말합니다. "정신력이 좋아야 성공한다", "멘탈이 강해야 성공한다"…. 맞는 말이고 모두가 아는 사실입니다. 하지만 강한 멘탈과 좋은 정신력은 어디서 나오는 것일까요? 역경을 이겨내는 경험이나 멘탈을 강하게 하는 훈련이라도 따로 받아야 할까요?

사실 정신력은 몸과 관련이 있습니다. 결국 세포에서 만들어내는 아데노신 3인산adenosine triphosphate(이하 ATP)*, 뇌 호르몬, 신경전달물질, 뇌의 작용에 의해 결정됩니다. 이러한 것들은 모두 인체의 세포가 가지고 있는 복잡하고 신비한 생화학적 반응의 산물입니다. 이처럼 복잡한 생화학적 반응의 결과로 우리의 감정과 의욕이 발생합니다. 그리고 이것들을 따라 행동이 나타나게 됩니다.

심리적으로 문제가 풀리지 않는다면

물론 심리적 문제를 간과할 수 없습니다. 심리적 감정과 잠재의식의 강력한 힘이 우리의 의욕과 행동을 좌우하기도 합니다. 부정적 감정은 의욕을 떨어뜨리고 스트레스에 민감한 상태로 만들어버리죠.

• 모든 살아 있는 세포에서 에너지 저장소 역할을 하는 유기화합물의 일종.

이러한 문제는 많은 학자에 의해 연구되었고, 그 결과 '긍정 심리학'이라는 분야도 생겨나게 됩니다. 이는 긍정적 정서를 유지하기 위한 심리적 방법들을 연구하는 학문입니다. 마틴 셀리그먼Martin Seligman은 긍정 심리학의 아버지입니다. 그는 여러 가지 심리학 실험을 통해 무기력이 학습된다는 것을 발견했죠. 그리고 무기력이 학습되지 않는 사람들의 특성도 알게 되었습니다. 그래서 낙관성 훈련법을 만들고 많은 시험을 거쳤습니다. 이 훈련법은 심리적으로 무기력에 빠지고 스트레스에 민감한 사람들에게 큰 도움이 되었습니다.

하지만 이 방법이 만능은 아니었습니다. 사람은 그렇게 단순한 동물이 아니니까요. 단지 심리적 문제 해결만으로 우리 몸의 실질적인 생화학 반응이 바뀌지는 않습니다.

심리적 문제에서 정말 중요한 부분은 바로 잠재의식입니다. 잠재의식은 강력한 힘을 가지고 있습니다. 결국 잠재의식을 잘 다루는 것이 인생을 업그레이드하고 성공과 부자의 길로 가는 중요한 조건입니다. 그런데 잠재의식을 잘 다루기 위해 꼭 필요한 필수 조건이 있습니다. 바로 나의 세포가 뿜어내는 에너지, 즉 생화학적 산물입니다.

몸과 마음은 항상 함께 간다

그래서 너무 심리적 문제에만 매몰되다보면 가장 중요하고 기본적인 것을 놓치기 쉽습니다. 내 몸의 세포들이 가지는 역할이죠. 물론 반대인 경우도 있습니다. 심리적 문제, 잠재의식의 문제로 인해 세포들이 제 역할을 못하는 경우입니다.

저는 지난 16년간 만성피로 스트레스 전문 클리닉에서 정말 많은 환자를 만나고 상담 및 진료를 해왔습니다. 그 과정에서 새삼 새롭게 깨닫는 사실이 있습니다. 세포의 기능을 살리기 위해 육체적 치료만큼 중요한 것이 바로 심리적 치료라는 것이죠.

몸과 마음은 항상 함께 치료되어야 합니다. 그래야 제대로 에너지를 만들어낼 수 있습니다. 그렇지만 둘 중 무엇을 먼저 치료할 것인지에는 순서가 있습니다. 세포 기능에 문제가 없다면 바로 심리적 문제로 가야 합니다만, 그렇지 않다면 몸을 이루는 세포가 먼저 최적화될 수 있도록 해야 합니다. 몸이 가지고 있는 물리적 에너지가 없다면 아무리 심리적 접근을 해도 소용이 없기 때문입니다.

스트레스로부터 몸을 보호하고 세포 기능을 최적화하기 위해 필요한 영양소, 실생활에서 활용할 수 있는 방법들을 하나씩 소개하려고 합니다. 우선 몸이 건강해야 합니다. 그리고 몸에서 좋은 생화학적 반응을 만들어내야 합니다. 그로 인해 좋은 뇌 호르몬, 신경전달물질, 활력을 주는 ATP를 잘 만들어야 합니다. 그래야 행동할 에너지를 가질 수 있습니다. 이것이 인생을 업그레이드할 수 있는 가장 첫 번째 과정이라고 할 수 있습니다.

세트 포인트2

삶을 일으키는 유연성

성공을 향해 달려가는 모든 사람은 열심히 살아야 한다는 강박에 시달리는 경우가 많습니다. 그 과정에서 긴장과 스트레스를 맞이하게 되죠. 그런데 여기서 차이가 생깁니다. 이러한 긴장과 스트레스에 휩싸여 몸과 마음에 힘이 잔뜩 들어가게 되면 결국은 앞으로 달려나가기 어려워집니다.

이러한 상황이 되면 집중력이 저하되기 시작합니다. 그리고 피로감에 시달리죠. 불안과 우울증이 나타나기도 합니다. 실제 저희 클리닉을 찾아왔던 환자들 중 대다수가 이 케이스에 속했습니다. 지금까지 열심히 앞만 보면서 달려왔고 어느 정도의 성과도 이뤘습니다. 그런데 그다음이 문제인 것이죠. 여기서 인생을 더 업그레이드하기 위해 많은 에너지를 투여하면서 결국 몸과 마음이 경직되기 시작합니다. 마음은 조급해지고 몸은 피로해집니다.

몸과 마음은 완벽하게 연결되어 있다

그래서 이 단계에 들어섰을 때 몸과 마음에 힘을 빼는 연습이 중요합니다. 유연한 몸과 유연한 사고를 가져야 한다는 것이죠. 힘을 뺀다는 것은 무엇을 의미할까요? 그렇습니다. 바로 긴장을 풀고 유연한 몸을 유지하는 것입니다. 유연한 몸은 편안한 마음으로 연결되는데요. 이것은 성공하고 부자가 된 사람들의 공통점입니다.

정신적인 스트레스와 긴장을 푸는 데 몸을 유연하게 만드는 것이 왜 필요할까 하는 생각이 들 수 있습니다. 저도 과거에는 그렇게 생각했죠. 하지만 심신의학을 공부하면서 정말 중요한 사실을 알게 되었습니다. 심신의학의 대가인 에드먼드 제이콥슨Edmund Jacobson 박사는 "몸과 마음은 완벽하게 연결되어 있다"라고 말합니다. 이 몸과 마음 연결 이론mind-body connection은 많은 심신의학자에게 정설로 받아들여지고 있죠.

몇 가지 예를 들어보겠습니다. 스트레스를 받으면 여러 가지 몸의 변화가 생기게 됩니다. 그중 대표적인 변화가 근육의 긴장입니다. 근육이 긴장되는 이유는 여러 가지가 있습니다. 부신에서 분비되는 호르몬 때문이기도 하고요. 또 근육을 이완시켜주는 필수 영양소가 부족해지기 때문이기도 합니다. 하루 종일 피곤하고 스트레스를 받은 날은 유난히 잘 뭉치는 근육이 있죠. 바로 '승모근'이라고도 하는 등세모근입니다. 이 등세모근은 피로가 시작되는 근육인데요. 스트레스로 긴장이 심한 날 잘 뭉치는 근육입니다. 그런데 이 등세모근은 아주 큰 근육입니다. 상체에서 목의 옆 부분과 뒷부분을 덮고 어깨와 등을 덮는 매우 큰 메이저 근육인 것이죠. 이 근육이 경직되고 뭉치면 당연히 피로감을 느낍니다. 그뿐 아니라 뒷목이 뻣뻣해지고요. 결국 뒷골이 당기는 느낌이 생깁니다. 그리고 긴장성 두통으로 이어지죠. 또 목 주위 근육들은 뇌에서 직접 내려오는 뇌 신경의 지배를 받습니다. 결국 뇌 신경의 긴장과도 연결되어 뇌 기능에도 악영향을 미칩니다.

유연한 몸이 가지고 있는 특성

이러한 신체적 결과로 끝나는 것이 아닙니다. 근육의 긴장이 만성화되면 우리 삶에 어떤 일이 벌어질까요? 먼저 심리적으로 스트레스에 민감해지게 됩니다. 특히 목 주위의 근육 긴장은 뇌 신경을 예민하게 만들 수 있어 더 문제입니다. 작은 스트레스에도 쉽게 짜증이 나고 화가 나죠. 결국 부정적 감정에 휩싸이기 쉬운 몸이 됩니다. 부정적 감정은 나의 의욕을 떨어뜨립니다. 그리고 의욕이 떨어지면 심리적 무기력이 생기고요. 점차 성공의 길과는 멀어지는 것이죠. 단순한 육체적 긴장이 앞으로 나아가기 위한 인생 업그레이드 과정을 방해하고 있는 것입니다.

하지만 마지막까지 인생을 업그레이드해가는 사람들은 여기서 차이가 납니다. 바로 긴장을 풀고 몸과 마음을 유연하게 만드는 루틴을 가지고 있는 것이죠. 이런 생각이 들 수도 있습니다.

'몸만 유연해지면 인생이 잘 풀린다는 것인가? 그럼 요가나 필라테스를 하는 유연한 사람들은 다 성공할 수 있다는 것인가?'

이 질문에 정확한 답을 드릴 수 있습니다. 유연한 몸은 요가나 필라테스 강사와 같은 몸을 말하는 것이 아닙니다. 스트레스에 더 민감해지지 않을 정도의 유연함이면 충분합니다. 즉 매일 짧은 시간에 할 수 있는 루틴으로도 충분하다는 이야기입니다. 유연한 몸이 가지고 있는 특성이 있는데요. 이를 활용하는 방법을 모른다면 아무리 몸이 유연해도 인생을 업그레이드할 수가 없습니다.

유연한 몸은 우리의 의식 상태에 영향을 줄 수 있습니다. 좀 더 구체적으로 설명하자면 몸의 힘을 완전히 뺀 상태를 만들 수 있다면 우리는 아주 중요한 곳에 다다르게 되는데요. 바로 '잠재의식'입니다. 잠재의식은 제가 이 책에서 매우 중요하게 다루는 부분입니다. 잠재의식은 현재 의식과 다르게 나에게 인식되지 않습니다. 하지만 이 잠재의식에 무엇이 각인되느냐에 따라 인생이 달라집니다.

스스로 트랜스 상태를 만들 수 있다

결국 힘을 뺀다는 것은 단순히 몸의 긴장을 풀고 스트레스를 이기는 힘을 기르는 것보다 훨씬 더 큰 의미를 가집니다. 바로 잠재의식과 만나는 접촉점을 만들어가는 것입니다. 심리학에서는 무의식과 잠재의식을 구분하기도 합니다만, 일반적으로 무의식을 포함해 잠재의식이라고 표현하기도 하니, 여기서는 그 모두를 통틀어 잠재의식이라고 하겠습니다.

인생을 업그레이드하기 위해서는 잠재의식의 강력한 힘을 알아야 합니다. 그리고 그것을 잘 활용할 수 있어야 하죠. 잠재의식을 내 인생의 강력한 힘으로 만들기 위해서는 잠재의식과 만날 수 있어야 하는데요. 그 상태를 바로 '트랜스 상태'라고 합니다. 이 트랜스 상태를 심리학에서는 '변형된 의식 상태' 또는 '초월적인 의식 상태'라고 합니다. 주로 최면 치료를 할 때 많이 나타나는 현상입니다. 최면을 할 때 트랜스 상태를 유도하고 암시를 주면, 그 암시가 잠재의식에 들어가면서 최면의 목적을 이루는 것이죠.

이 트랜스 상태를 스스로 만들어낼 수 있다면, 스스로 잠재의식을 바꿔나가는 '자기최면'을 할 수 있습니다. 트랜스 상태를 만드는 가장 기본이 '힘을 뺀 몸'입니다. 아무리 유연한 요가 강사라고 해도 이러한 원리를 모르면 아무 소용이 없습니다. 반대로 요가 강사만큼 유연하지 못해도 몸의 긴장을 풀고 힘을 뺄 수 있다면 자기만의 목표를 잠재의식에 새기는 자기최면 루틴을 만들 수 있습니다.

이러한 잠재의식의 활용은 우리의 감정과 의욕 그리고 행동을 이끌어내는 아주 중요한 수단이 됩니다. 만일 잠재의식에 나의 목표와 어긋나는 것들이 들어 있다면 어떨까요? 아마도 그 목표는 절대로 이뤄지지 않을 것입니다. 그래서 잠재의식과 현재 의식을 일치시키는 것이 너무나도 중요하죠. 잠재의식을 활용하는 방법에 대해서는 제가 이 책에서 매우 중요하게 다루고 있습니다. 결국 유연한 몸은 잠재의식에 성공의 암시를 새기기 위해 꼭 만들어가야 할 필수 조건입니다.

세트 포인트3
충만한 의욕과 도전 의식

20여 년 전, 저는 늘 의욕이 떨어진 상태였습니다. 남들보다 열심히 공부해서 의사가 되었다는 자부심도 사라져버렸죠. 하루하루 진료실에서 환자들을 만나며 매일 똑같은 일상을 이어갔습니다. 그러면서 점차 의욕도 떨어지고 인생을 업그레이드해야겠다는 생각은 전혀 하지 못하고 살아가던 시절이었습니다. 만성적인 스트레스와 피로감으로 겨우 해야 할 일들을 마치고 퇴근하면 무기력하게 텔레비전을 보면서 맥주를 마시는 생활의 반복이었습니다. 저는 그때까지도 그냥 삶은 다 그런 것이라고 생각했습니다.

의욕의 호르몬, 도파민의 양면성

그러다 새롭게 만난 기능 의학은 내 몸의 세포들을 바꿔주기 시작했습니다. 몸의 에너지를 끌어올리게 된 것이죠. 그러면서 조금씩 새로운 공부에 대한 의욕이 생겨나기 시작했습니다. 그때 확실하게 알게 되었습니다. 도전의 욕구를 만들어내는 것은 결국 뇌였습니다.

뇌는 우리 몸에서 어쩌면 가장 중요하고 복잡한 기능을 가지고 있는 곳입니다. 아직도 의학계에서 정확하게 뇌의 모든 기능을 밝혀내지 못하고 있습니다. 그래도 분명한 것은 뇌의 기능을 잘 알고 뇌의 호르몬을 잘 다룰 수 있다면 심리적인 상태 또한 바뀐다는 것입니다. 그리고 결국 인생도 바뀌죠. 그렇게 빠져든 뇌 과학 공부는 저에게 아주 큰 변화를 가져다줬습니다. 물론 많은 환자에게도 적용했습니다. 그리고 잘 실천해준 환자들도 건강뿐 아니라 삶의 변화를 가지게 되었습니다.

뇌는 아주 특별한 장기입니다. 몸의 일부이지만 생각과 마음 그리고 감정을 담당하기 때문이죠. 즉, 몸과 마음이 만나는 장기입니다. 우리가 가지는 감정 그리고 의욕은 어떻게 보면 심리적인 부분인 것 같습니다만, 뇌의 입장에서 보면 생물학적인 변화로 인한 것이죠. 결국 생물학적 변화가 감정과 의욕을 바꾼다는 것인데요. 그 매개체가 바로 뇌 호르몬과 신경전달물질입니다.

특히 의욕을 불러일으키는 아주 중요한 뇌 호르몬이 있죠. 요즘 많은 분이 잘 알고 있는 '도파민'입니다. 도파민은 생화학적으로만 설명한다면 티로신이라고 하는 아미노산을 원료로 여러 화학반응을 거쳐 생합성됩니다. 그 후 신경 세포 사이의 시냅스에서 신경전달물질로 작용합니다. 그런데 이 생화학적 물질이 우리의 감정을 바꾸는 것이죠. 그리고 의욕을 불러일으키는 물질이 됩니다.

도파민은 여러 기능을 가지고 있습니다. 좋은 기능도 있지만 반대로 아주 나쁜 기능으로 작용하기도 하죠. 그 이유는 도파민이 쾌락과 보상에 관여하는 호르몬이기 때문입니다. 내가 원하던 목표를 이뤘을 때 느끼는 만족감이 도파민의 대표적인 작용입니다. 또 새로운 사람을 만날 때의 설렘, 무언가를 배우면서 느끼는 성취감도 모두 도파민의 작용 덕분입니다. 그래서 도파민을 잘 분비시킬 수 있다면 우리는 의욕이 넘치고 도전 정신이 가득한 삶을 살아갈 수 있습니다.

하지만 도파민의 어두운 면도 있죠. 바로 중독에 빠지게 만든다는 것입니다. 도박 중독, 게임 중독, 알코올 중독, 과식과 폭식 모두 도파민의 왜곡된 반응 때문입니다. 이러한 반응은 점차 도파민 수용체의 민감도를 떨어뜨리게 됩니다. 그래서 더 많은 자극이 필요하게 만들죠. 결국 점점 더 심각한 중독으로 이어지게 하는 주범이 바로 도파민입니다.

성공한 사람들이 다 했다고 하니 따라 한다?

도파민의 불균형이 생기면 강박적인 성향이 나타나게 됩니다. 불필요한 생각이나 행동을 계속하게 되죠. 그리고 불안과 스트레스가 증가하면서 결국 성공하는 삶과는 거리가 멀어지게 됩니다.

그래서 도파민의 균형을 잡을 수 있어야 합니다. 도파민의 균형을 잡는 방법은 아직 많이 알려져 있지 않습니다. 그래서 매일 하는 행동 때문에 도파민의 균형이 깨지고 있다는 사실을 모르고 살아가는 경우가 참 많습니다. 많은 성공학 지침서에서 "매일 아침에 일어나서 무엇을 해야 한다", "성공한 사람들은 다 이런 것을 아침마다 했다" 또는 "매일 이런 루틴을 만들어야 한다" 등의 이야기를 합니다.

물론 틀린 말들이 아닙니다. 분명 성공한 사람들이 가지고 있는 비슷한 루틴들이 있죠. 하지만 우리가 알아야 하는 것은 이것만이 아닙니다. 이러한 루틴이 어떻게 나의 뇌에 변화를 일으키는지를 정확히 알아야 합니다. 나의 어떤 행동이 나의 뇌를 어떻게 변화시킬 수 있는지를 심리학적인 측면뿐 아니라, 뇌 과학을 통해 생화학적인 변화도 정확히 이해할 수 있다면 아주 큰 변화가 생깁니다.

도파민의 균형을 지키고 그 혜택을 받아 우리 삶을 업그레이드할 수 있다면 어떨까요? 그런 면에서 도파민의 균형을 위한 과정을 이해하는 것은 매우 가치 있는 일입니다. 그 과정은 사실 단순하지는 않습니다. 우리가 먹는 음식부터, 수면의 질 그리고 운동 및 행동 습관 같은 모든 것이 관여합니다. 약간은 어려울 수 있습니다. 하지만 이것을 이해하고 실천하는 것과 그냥 모르고 따라 하는 것에는 차이가 생깁니다.

원리를 이해하면 따라오는 실행력

성공한 사람들이 이렇게 했으니까 그냥 따라 하면 된다는 것과는 완전히 다른 차원에서 생각할 수 있습니다. 그리고 단순히 남들을 따라 하는 것이 아닌 나만의 응용된 루틴을 만들어낼 수 있습니다. 자신에게 가장 적합한 성공 루틴을 스스로 만들 수 있다는 것이죠. 이것은 도파민의 균형을 유지하는 원리를 정확히 이해할 때 가능합니다.

이렇게 스스로 만들어낸 루틴은 강력한 힘을 가집니다. 바로 실행력이 따라오는 것이죠. 그냥 남들이 이렇게 하니까 똑같이 따라 한다면 며칠이나 실천할 수 있을까요? 대부분의 사람이 꾸준히 실천하지 못하는 이유가 여기에 있습니다. 정확한 원리를 이해하고 스스로 자신만의 루틴을 만든 사람들은 완전히 다릅니다. 새로운 실험에 대한 도전 의식도 생기고요. 이러한 새로운 시작이 또 도파민을 활성화하기도 하죠. 그리고 더 꾸준히 오랫동안 실천할 수 있는 실행력을 만들어낼 수 있습니다.

이 책에서는 의욕이 넘치게 만드는 많은 루틴을 설명하고 있습니다. 내용을 다 읽고 나면 그러한 루틴이 어떤 원리로 만들어졌는지 이해할 수 있을 것입니다. 그리고 그 이해를 통해 자신만의 실험적인 성공 루틴을 만들어가는 것이 중요합니다. 그것이 결국 나의 인생을 업그레이드해줄 나만의 루틴인 것입니다.

세트 포인트4

'나'를 가장 잘 아는 '나'

자신에 대해 얼마나 잘 알고 있나요? 아니, 질문을 바꿔보겠습니다. 지금 내가 어떤 감정을 느끼고 있는지 알고 있나요? 내가 모르고 있는 것은 무엇인가요? 평소에는 거의 생각해보지 않았던 질문들일 것입니다. 하지만 매우 중요한 질문들입니다. 내가 나를 알아가는 과정에서 꼭 필요한 질문이기 때문이죠.

　내가 나를 아는 것! 바로 메타 인지metacognition입니다. 자신이 생각하는 과정, 자신의 감정 그리고 행동을 객관적으로 관찰하면서 이해하는 능력입니다. 즉, 자신이 무엇을 알고 무엇을 모르는지 아는 것, 자신의 인지에 대해 판단하는 자기 인지능력이죠. 이 능력은 오로지 인간만이 가지고 있습니다.

오직 인간만이 가능한 것, 메타 인지

동물도 지능이 있고 학습이 가능합니다. 하지만 인간과 유전자가 98.4%가 동일한 침팬지조차 메타 인지 능력이 없습니다. 인간과 똑같이 지능을 통해 학습이 가능하고, 기쁨과 슬픔을 느끼기도 하지만 어떤 동물이든 메타 인지를 가지지는 못합니다. 오로지 인간만 가능한 것이죠. 그 이유는 무엇일까요? 그것은 뇌의 구조 때문입니다. 전두엽은 기억과 사고, 이성과 학습, 추론과 감정 조절을 담당하는 아주 중요한 부위입니다. 고등동물은 모두 전두엽을 가지고 있죠.

하지만 인간은 전두엽 앞에 다른 뇌 부위가 하나 더 있습니다. 바로 전전두엽prefrontal lobe입니다. 전두엽 앞에 있어 붙은 이름이죠. 전전두엽은 전두엽보다 더 초월적인 사고를 가능하게 해줍니다. 인간만이 메타 인지가 가능한 이유가 여기에 있습니다. 저뿐만 아니라 이 글을 읽고 있는 모든 사람이 당연히 전전두엽을 가지고 있습니다.

그리고 더 중요한 사실은, 성공한 사람들의 전전두엽이 그렇지 못한 사람들보다 훨씬 더 발달해 있다는 것이죠. 이는 즉 메타 인지 능력이 좋다는 이야기입니다. 예를 들어보겠습니다. 무언가 열심히 공부하고 배워 성장하는 사람들의 출발점은 뭘까요? '내가 아직 모르는 것이 많다'라는 인지일 것입니다. 모르는 것이 많다는 것을 알아차리는 능력! 메타 인지 능력이 부족하면 '내가 아는 것이 전부다'라는 착각에 빠지기 쉽습니다. 또는 내가 모르는 것이 있어도 그건 그렇게 중요하지 않다는 생각을 하게 되죠. 결국 새로운 배움과 성장의 필요성조차 느끼지 못합니다.

또 다른 예를 들어보겠습니다. 교육학을 연구한 학자들은 공부를 잘하는 학생들의 공통점을 찾아냈습니다. 그것이 바로 메타 인지 능력이었는데요. 공부를 잘하는 학생들은 자신이 무엇을 알고, 무엇을 모르는지 정확하게 파악하고 있었습니다. 그래서 내가 어떤 부분을 더 공부해야 하는지를 잘 알고 있었죠. 그 덕분에 더 효율적인 학습이 가능했습니다. 반면 공부를 못하는 학생들은 공부를 열심히는 하지만 자신이 어느 부분을 알고, 어느 부분을 모르는지 확실하게 구분하지 못했습니다. 그냥 처음부터 끝까지 똑같은 강도로 공부하죠. 그리고 나중에 시험을 보면서야 자신이 아는 것과 모르는 것을 비로소 알게 됩니다.

삶의 업그레이드, 감정 조절이 기본이다

심리학에서 메타 인지는 매우 중요한 역할을 합니다. 감정 조절에 있어 메타 인지가 필수적이기 때문입니다. 자신의 감정을 자신이 알아차려야 스스로 조절도 가능하기 때문이죠. 지금 내가 어떤 감정인지를 인지하는 순간, 비로소 그 감정에서 빠져나와 제3자의 입장에서 나를 바라볼 수 있습니다.

감정에서 빠져나오지 못하고 행동하게 된다면, 액팅 아웃acting out을 하게 됩니다. 액팅 아웃이란 스스로 인식하지 못한 상태에서 말이 아닌 행동으로 갈등을 표현하는 행위입니다. 이것은 메타 인지 능력이 없는 동물에게서 나타나는 행동과 비슷합니다.

메타 인지가 좋은 사람은 일단 목표를 명확하게 설정하고 계획을 세우는 데 그 능력을 발휘할 수 있습니다. 특히 목표가 진행되는 상황을 파악하고 평가하는 데도 남다른 능력을 발휘할 수 있죠. 자신의 상태를 빨리 파악하고 새로운 전략을 만들어가는 데도 메타 인지는 중요합니다. 다양한 관점에서 분석하고 창의적인 해결책을 만들어내는 데 도움이 되는 능력이죠. 그뿐 아니라 메타 인지는 자아 성찰에서도 능력을 발휘합니다. 감정을 조절하고 어려운 상황을 낙관적으로 바라보는 힘을 만들어내죠. 결국 회복 탄력성과 연결되는 능력입니다.

여기까지만 들어보면 메타 인지가 무슨 만능열쇠처럼 느껴지는데요. 맞습니다. 끊임없이 성장하고 인생을 업그레이드하는 삶을 사는 사람들은 학습 능력, 창의력, 끈기, 인내심, 스트레스 적응 능력, 감정 조절, 문제 해결력 등이 복합적으로 잘 형성되어 있는데요. 이 모든 것이 전전두엽에서 발휘되는 메타 인지 능력과 관련이 있습니다. 바로 '알아차림 능력'입니다.

그렇다면 이러한 능력은 타고나는 것일까요? 아니면 후천적으로 개발이 가능할 것일까요? 여기에 대한 답을 드리기 전에 먼저 분명히 할 것이 있습니다. 제가 말씀드릴 것들이 아무리 식상하다고 느껴지더라도 꼭 실천해볼 거라는 약속입니다. 이 약속을 먼저 하고 다음을 읽어나가면 좋겠습니다.

메타 인지를 키우는 여러 명상법

메타 인지는 일부 타고나는 능력이 맞습니다. 하지만 후천적인 노력을 통해서도 충분히 개발이 가능한 능력입니다. 메타 인지 능력을 키우는 가장 좋은 훈련법은 무엇일까요? 바로 '명상'입니다. 어떤가요? 너무 식상한가요? 하지만 이것은 확실합니다. 저는 이 책의 2부에서 누구나 쉽게 할 수 명상에 대해 설명할 것입니다. 명상을 처음 접할 때는 누구나 어렵다고 느낍니다. 하지만 명상이 스스로를 알아차리는 과정이라는 것을 깨닫고 나면 그때부터 명상이 아주 쉬워집니다. 명상에 대한 설명 부분에서는 잠시 책을 내려놓고 스스로의 호흡을 알아차리는 명상을 꼭 따라 해보기를 바랍니다. 또 이 책에서 설명하는 스트레스 관리 및 낙관성 훈련의 여러 가지 구체적인 방법도 결국은 다 메타 인지 훈련과 연관되는 내용이라는 것을 미리 알려드립니다. 명상뿐 아니라 자신을 들여다볼 수 있는 모든 방법이 앞만 보고 달려가기 전에 먼저 숙달되어야 합니다. 그 방법들을 따라 하다보면 자신도 모르게 메타 인지 능력을 키우고 있다는 것을 알 수 있을 것입니다. 이 책에 나오는 많은 실천 방법은 결국 인생 업그레이드의 만능열쇠를 만들어가는 도구들입니다.

세트 포인트5
단단한 공감과 배려

‘사람’의 정의는 ‘생각을 하고 언어를 사용하며, 도구를 만들어 쓰고 사회를 이뤄 사는 동물’입니다. 사회적 동물이라는 것이죠. 사람은 혼자 살 수 없습니다. 성공하는 삶을 살아가는 사람들은 공통적으로 인간관계가 아주 좋습니다. 진정한 부자는 돈뿐 아니라 ‘사람 부자’입니다. 이 말이 많은 사람과 관계를 유지해야 한다는 의미는 절대 아닙니다.

이는 관계의 양을 말하는 것이 아니라, 질을 뜻하는 것입니다. 다른 사람들과 행복하고 신뢰 있는 관계를 유지할 수 있어야 합니다. 또 아주 친하지 않더라도, 원만하게 도움을 주고받을 수 있는 사람들을 어렵지 않게 찾을 수 있는 것이 바로 '사람 부자'의 특징입니다.

공감, '사람 부자'인 사람들의 특징

특히 '사람 부자'인 사람들은 주변 사람들의 머릿속에 그가 성공할 사람으로 인식되어 있습니다. 이 부분이 좀 생소하게 느껴질 수 있습니다. 하지만 좋은 관계를 유지하고 신뢰를 얻는 것은 매우 중요한 능력입니다. 이제부터 이것이 어떻게 이뤄지는지 구체적으로 설명해보려고 합니다.

다른 사람으로부터 받는 스트레스, 정말 만만치 않죠. 인간관계는 우리 삶에 항상 존재합니다. 마치 우리가 매일 숨을 쉬는 것처럼 항상 관계를 형성하면서 살아가죠. 그래서 관계를 건강하게 잘 형성할 수 있는 사람들은 훨씬 더 즐겁고 행복합니다. 그리고 부자가 될 확률도 훨씬 높아지죠.

반대로 인간관계로 인해 스트레스를 크게 받게 되면, 거기에 에너지를 뺏기고 의욕이 떨어지면서 삶 자체가 힘들어집니다. 그렇다면 인간관계로 인한 스트레스는 어떤 이유에서 생길까요? 우리는 상대방으로부터 나의 마음을 이해받지 못할 때, 즉 공감 받지 못할 때 스트레스를 받습니다. 공감을 받고 싶은 욕구는 누구나 가지고 있기 때문에 이러한 욕구가 충족되지 않으면 감정이 나빠지기 쉽죠. 심한 경우, '저 사람은 나를 무시하나?' 생각하며 내 존재에 대한 부정으로까지 이어질 수 있습니다.

가까운 사람일수록 공감에 대한 욕구가 더 커집니다. 가장 가까운 배우자, 부모, 자녀, 친구, 이런 사람들은 나에게 공감해줄 거라는 기대가 아주 크죠. 그런데 이런 사람들에게도 공감을 받지 못하면 그때는 매우 큰 스트레스 상황이 되는 것입니다.

그렇다면 공감을 잘하는 사람과 못하는 사람, 남을 잘 이해하고 친근하게 대하는 사람과 그렇지 못한 사람, 그 차이는 무엇일까요? 물론 성격 차이도 있습니다. MBTI에서 F와 T의 차이죠. 하지만 이외에도 이러한 차이를 만드는 요소들이 있습니다. 먼저 스스로가 몸이 힘들지 않고 마음이 편안한 상태일 때 남들을 더 이해하고 공감해줄 수 있는 여유가 생깁니다. F와 T만의 문제가 아니죠. 같은 사람이라도 그 사람의 심신 안정성에 따라 완전히 달라집니다. 기분이 좋고 몸이 편안한 상태라면 더 공감해줄 수 있고, 이해해줄 수 있고, 좋은 말도 많이 해줄 수 있는 것은 인간의 보편적 특성입니다. 결국 내가 먼저 편안하고 행복해질 수 있는 능력의 차이죠.

관계 형성에 중요한 호르몬을 잡아라

그리고 또 하나가 있습니다. 바로 뇌에서 분비하는 호르몬 때문인데요. 우리가 흔히 '배려 호르몬'이라고도 부르는 옥시토신입니다. 옥시토신은 사랑과 유대감 그리고 친밀감을 불러일으키는 호르몬입니다. 의학에서는 자궁수축호르몬이라고도 하죠. 이는 옥시토신이 출산 과정에서 산모의 뇌에서 돌발적으로 분출되어 자궁을 수축시키고 진통을 일으키며 출산을 유도하는 호르몬이기 때문입니다.

그런데 이 호르몬의 역할이 자궁 수축에서 끝나는 것이 아닙니다. 옥시토신이 듬뿍 분출된 산모는 아기를 낳으면서 아주 강력한 모성애를 가지게 됩니다. 아기와 엄마의 유대감이 형성되는 것이죠. 인간이 태어나는 순간부터 옥시토신은 관계 형성에서 아주 중요한 역할을 하는 호르몬인 것입니다.

이렇게 유대감 형성에 중요한 옥시토신을 스스로 분비가 더 잘되게 만들면 어떨까요? 남들에게 더 공감하고 배려를 베푸는 사람으로 변화할 수 있습니다. 더 좋은 인간관계를 형성하고 더 많은 사람과 친밀한 관계를 유지할 수 있습니다. 또 옥시토신에 관련한 연구를 보면 신뢰와 친밀감 형성 이외에도 뇌의 통증 감수 영역에 작용을 해서 통증을 감소시켜줍니다. 그리고 사회적 행동을 촉진하는 데 아주 큰 도움이 되기 때문에 더 적극적으로 긍정적인 관계를 형성해나갈 수 있습니다. 이처럼 인간관계도 생화학적 반응에 의한 뇌 호르몬의 합성과 관련이 있고, 나아가 더 많은 것이 우리 몸과 뇌가 만들어내는 반응에 의해 결정될 수 있습니다.

여기까지 읽었다면, 우리 마음은 오로지 정신력 즉, 멘탈을 붙잡는 것만으로 컨트롤할 수 있는 영역이 아니라는 사실을 이해했을 것입니다. 마음의 조절은 몸과 뇌가 만들어내는 생화학적 반응들이 함께 맞물렸을 때만이 가능합니다. 우리가 원하는 삶 또한 마찬가지입니다.

사회적인 성공을 하고 돈이 많은 부자가 되는 것만 좇는 것이 아니라, 지금보다 더 성장하고 인생을 조금씩 업그레이드해가는 것이 중요합니다. 결과보다 과정이 더 중요해져야 한다는 것이죠. 과정에 중요성을 부여할 때, 좋은 결과로 이어질 확률도 높아지는 건 당연한 이야기일 것입니다.

지금까지 매일 성장하는 사람들, 업그레이드하는 삶을 사는 사람들이 가진 세트 포인트 다섯 가지를 알아봤습니다. 다음 파트에서는 이 세트 포인트를 갖추기 위한 MBS 최적화 프로그램을 알아보겠습니다.

II

몸-마음-뇌를 최상의 상태로!
MBS 최적화 프로그램

이번 파트에서는 'MBS 최적화 프로그램'을 소개하겠습니다. 지난 18년간 임상 경험과 연구들을 통해 몸과 마음과 뇌 그리고 잠재의식까지 모두 통합적으로 관리해야 삶이 바뀐다는 것을 알게 되었습니다. 그래서 나온 것이 바로 이 MBS 최적화 프로그램입니다. M은 마음과 정신력Mind and Mental, B는 몸과 뇌Body and Brain, 그리고 S는 잠재의식Subconscious mind입니다.

MBS 최적화 프로그램은 실제로 임상 현장에서 많이 활용되었고 많은 사람의 변화를 끌어냈습니다. 저는 MBS 최적화 프로그램을 6단계로 정리했습니다. 이 6단계를 차근차근 이해해갈수록 인생을 업그레이드하기 위해 무엇을 어떻게 해야 하는지 구체적인 방법들을 알아가게 될 겁니다. 성공한 사람들이 했으니까 그냥 하는 것이 아니고, 이 과정이 나의 몸과 뇌를 어떻게 바꾸는지 정확히 이해하게 될 겁니다. 그리고 그 이해는 당신의 실행력을 훨씬 더 높여줄 것입니다.

본격적인 내용에 들어가기에 앞서 MBS 최적화 프로그램 6단계란 무엇인지 개괄적으로 정리해보겠습니다.

1단계는 '몸과 마음의 정렬'입니다. 몸의 자세에 따라 호르몬이 변화한다는 연구가 있습니다. 자신 있는 자세를 딱 2분만 취해도 불안하게 만드는 호르몬이 감소하고 자신감 호르몬이 상승합니다. 이러한 연구 결과들을 토대로 우리 몸의 습관부터 바꿔야 합니다. 또 마음은 몸과 연결되어 있죠. 즉, 마음의 안정은 부교감신경을 활성화하는 등 몸으로 끌어낼 수 있습니다. 이처럼 마음의 변화를 이끄는 몸의 습관을 만들어가는 것이 1단계입니다.

2단계는 '스트레스 관점 훈련'입니다. 아무리 몸과 마음을 잘 관리해도 외부에서 들이닥치는 스트레스 상황 때문에 유지해온 균형이 무너지는 경우가 많습니다. 그래서 스트레스를 잘 관리하는 것이 너무나도 중요합니다. 2단계는 스트레스를 관리하고, 그것을 오히려 나의 힘으로 바꾸는 방법들로 구성되어 있습니다.

3단계는 '건강한 관계에 대한 기술'입니다. 좋은 인간관계는 무작정 노력한다고 얻어지는 것이 아닙니다. 사람의 심리를 구체적으로 파악할 수 있어야 합니다. MBS 최적화 프로그램 중에서도 이 3단계는 특히 유용한 이론으로, 비단 성공뿐 아니라 가족, 친구, 동료와 좋은 관계를 유지하기 위해 필요한 만능

열쇠를 가지게 되는 단계입니다.

4단계는 내가 원하는 방향으로 '현실을 이끄는 단계'입니다. '끌어당김의 법칙'에 관한 이야기인데요. 이미 많이 알려진 얘기이지만, 아직 반신반의하는 사람도 많을 것입니다. 끌어당김의 효과를 최대로 끌어올리기 위해서는 그 의문을 확실하게 풀어주는 검증된 연구 결과들을 알고 가야 합니다. 그래서 4단계는 내가 성공할 수 있다는 믿음을 가지는 단계이기도 합니다.

5단계는 '잠재의식 최적화 단계'입니다. 지금까지 살아오면서 몰랐던 나의 잠재의식을 깨닫는 거죠. 잠재의식이 나의 목표와 정렬되지 않으면 원하는 것을 이룰 수 없습니다. 이러한 상황을 '심리적 역전'이라고 부릅니다. 심리적 역전을 파악하고 잠재의식을 바꾸기 위해서는 강력한 심리 기법이 필요합니다. 바로 NLP와 자기최면을 배워보는 단계입니다.

6단계는 목표를 설정하고 '성공 루틴을 만드는 단계'입니다. 뇌 과학자 앤드류 후버만Andrew Huberman은 도파민 활성을 위해 매일 루틴을 만들고, 그것을 잘 마친 자신을 칭찬하는 것이 아주 중요하다고 말합니다. 결국 자신의 루틴을 만들기 위해 앞의 다섯 단계가 필요했던 것입니다. 루틴을 하루하루 실천해나가면 MBS 최적화가 유지되고 결국 삶이 성공적으로 바뀌어나갑니다.

1단계
몸과 마음의 정렬

진정한 성공은
마음에서 시작된다

8년 전, 한 회사에 스트레스 관리에 관한 강의를 하러 갔습니다. 제가 도착하자마자 회사의 교육팀장님이 제 손을 잡으며 말하더군요.

"박사님, 직원들 스트레스 검사 결과입니다."

그러고는 직원들이 참여한 '직장인 스트레스 조사'의 결과를 보여줬습니다. 그 조사는 '회사 우울증', '심리적·신체적 이상', '언어폭력'을 겪고 있거나 경험한 적이 있는지 묻고 있었습니다. 심리적·신체적 이상을 겪고 있다고 응답한 비율이 무려 87.8%였습니다. 10명 중 8명이 넘었죠. 그리고 77.8%의 응답자가 회사 우울증이 있다고 답변했습니다.

토요일 아침이면 완치되는 우울증?

"우리 직원 4명 중 3명이 회사 우울증입니다. 어떻게 해야 이 상황을 해결할 수 있을까요?"

팀장님은 걱정 가득한 얼굴로 물었습니다. 우선 팀장님을 안심시켰습니다. 직원들이 스트레스로 인해 겪는 문제는 비단 이 회사만의 문제가 아니었기 때문입니다. 팀장님이 보여준 자료는 우리나라 직장인들의 평균적인 통계였습니다. 무엇보다 제가 팀장님을 안심시킨 이유는 따로 있었습니다.

먼저 '회사 우울증'이란 정확히 무엇일까요? 이는 의학 용어에는 없는 말입니다. 우울증이라고 하면 심각하고 부정적인 느낌을 줍니다. 그런 중증의 우울증은 의학 용어로 '주요 우울 장애major depression'라고 합니다. 반면에 회사 우울증은 사회적으로 만들어진 신조어입니다. 이 둘은 증상이 많이 다릅니다. 정신건강의학과 학회에서 정의하는 주요 우울 장애의 진단 기준(DSM-5)을 보면, 우울감이 최소한 2주 이상 지속되면서 신체적·정신적·행동적 변화가 수반될 때 그것을 우울증이라고 진단합니다. 단순하게 기분이 좋지 않고 의욕이 없는 상태와는 확실하게 구분되는 것이죠. 우리가 '회사 우울증'이라고 일컫는 상태는 진짜 우울증에 해당하지 않습니다.

회사 우울증의 증상은 이렇습니다. 평소에는 우울하지 않다가 회사만 가려고 하면 우울해집니다. 아침에 출근할 때는 우울하다가 퇴근 때가 되면 또 괜찮아집니다. 월요일에 끙끙 앓다가 금요일이 오면 증상이 좋아지고요. 토요일 아침이면 완치되는 것이 회사 우울증입니다.

그럼 회사 우울증의 원인은 무엇일까요? 직장인들은 회사를 다니며 월급을 받고 그것으로 생계를 유지합니다. 즉 회사에 생계가 걸려 있죠. 스트레스를 안 받을 수 없고, 긴장을 안 할 수 없는 환경입니다. 그런데 회사에서 일을 한다는 게 여간 만만한 일이 아니죠. 월급을 받으려면 하고 싶지 않은 일도 해야 하고, 어려운 일을 해내고 성과도 내면서 경쟁까지 해야 하기 때문입니다.

4명 중 1명은 '회사 우울증'을 모른다

이런 상황에 스트레스가 발생하는 것은 당연합니다. 이 사실을 받아들이는 것이 스트레스를 다루기 위한 첫 단계입니다. 그런데 스트레스를 받는 게 당연하다면, 우리는 그냥 우울해지는 수밖에 없는 걸까요? 그렇지 않습니다. 팀장님이 토로한 말에 답이 있습니다.

"우리 직원 4명 중 3명이 회사 우울증입니다."

여기 아주 중요한 사실이 숨어 있죠. 1명은 회사 우울증이 없다고 대답한 거예요! 이런 사람들은 뭘까요? 재벌 2세여서 생계가 아닌 취미로 회사에 나오는 걸까요? 아닙니다. 4명 중 1명, 회사 우울증이 없다고 대답한 사람들은 바로 스트레스로부터 내 감정을 보호하고 안정을 유지할 수 있는 사람입니다.

스트레스 관리에 뛰어난 사람이 좋은 성과를 내는 것에 대해서는 이미 많은 연구 결과가 있습니다. 성장하는 사람들은 '높은 에너지high energy'를 가지고 있습니다. 여기서 말하는 에너지는 몸의 에너지를 의미합니다. 두 번째로 '긍정 정서positive emotion'를 가지고 있습니다. 이 두 가지가 없으면 '성과performance'를 내기 어렵습니다. 이것은 누구에게나 통하는 원칙입니다.

관련해서 재미있는 연구 결과들을 살펴보겠습니다. 긍정 심리학자이자 하버드대학교에서 행복학 강의를 하고 있는 숀 아처Shawn Achor 교수는 학생들의 마음 상태와 수학 성적의 연관성을 두고 실험을 했습니다. 놀랍게도 마음에 따라 성적이 달라지는 결과가 나왔습니다. 수학 시험을 앞둔 학생들에게 행복했던 순간을 떠올리도록 했을 때 성적이 더욱 향상하는 결과가 나온 것입니다.

직장인의 업무 수행 능력을 평가했을 때도 마찬가지였습니다. 긍정적인 직장인이 일도 더 잘하고 생산적이라는 것이죠. 긍정적인 판매원은 그렇지 않은 사람보다 37% 더 높은 실적을 보였고, 긍정적인 영업사원은 56% 더 높은 실적을 보였습니다. 놀라운 것은 객

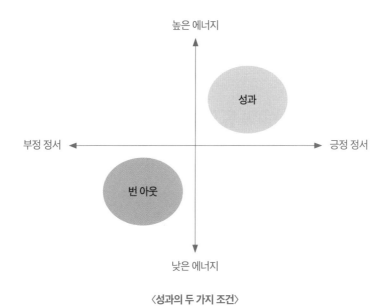

높은 에너지

성과

부정 정서 ← → 긍정 정서

번 아웃

낮은 에너지

〈성과의 두 가지 조건〉

관적 진단이 중요한 의사도 예외가 아니라는 사실입니다. 긍정적인 의사가 그렇지 않은 의사보다 19% 더 빠르고 정확한 진단을 내렸으며, 3배 더 높은 합리성과 창조성을 보였습니다. 긍정적인 사람과 부정적인 사람은 모든 분야에서 성과에 차이가 나타납니다.

또 다른 연구 결과를 살펴보겠습니다. 소냐 류보머스키 Sonja Lyubomirsky는 캘리포니아대학교 심리학과 교수입니다. 그는 약 225편의 논문을 취합해 메타 분석을 진행했고 이 연구에 참여한 직장인 수만 무려 27만 5,000명이었어요. 그리고 이 분석을 통해 "행복한 감정을 유지할 수 있는 직장인이 성공한다"라는 결과가 나왔습니다.

마음이 일으킨 동기부여와
성공의 선순환

연구 결과를 보면 행복감이 높은 직장인은 상사에게 좋은 평가를 받았습니다. 또 좋은 성과를 보여줬고, 그만큼 개인적인 수입이 좋았습니다. 결혼 생활에 대한 만족도도 높았고, 건강 상태도 더 좋았습니다. 이처럼 행복한 감정과 성공은 확실한 상관관계가 있습니다. 그런데 이런 의문이 들 수도 있습니다.

'행복해서 잘 사는 게 아니라, 잘 사니까 행복한 거 아닌가?'

이에 대한 연구도 이미 진행되었습니다. 이 연구를 진행한 사람은 경영 컨설턴트 토니 슈왈츠Tony Schwartz입니다. 그는 '에너지 프로젝트The Energy Project'를 창안했습니다. 금융 기업을 대상으로 행복도가 낮고 실적이 낮은 직원들을 트레이닝하는 프로젝트였죠. 이 트레이닝은 실무 노하우, 영업 노하우를 알려주는 것이 아니었습니다. 내 몸과 마음을 관리하는 법, 행복해지는 법을 가르쳐주는 것이었습니다. 프로젝트를 시작하고 2~3년 후, 트레이닝을 받은 직원들의 성과가 올라감으로써 몸과 마음의 에너지가 성과를 내는 중요한 요인이라는 것이 명백하게 증명되었죠. 이 놀라운 연구 결과는 〈하버드 비즈니스 리뷰Harvard Business Review〉에 실리기도 했습니다. 성공하려면 먼저 몸이 건강하고 마음이 행복해야 합니다. 행복해져야 의욕도 생기는 거니까요.

몸과 마음의 곳간이 채워져야 공감이 나온다

부부 사이에 공감이 중요하다는 이야기를 많이 들어봤을 겁니다. 물론 공감이 부부에게만 중요한 것은 아닙니다. 부모는 자녀에게 공감해주고, 의사는 환자에게 공감해주고, 선생님은 학생에게 공감해줘야 합니다. 직장에서는 상사와 부하, 동료들 사이의 공감이 또 중요하고요. 그래서 한때 기업 교육에서 공감 코칭이 매우 유행하기도 했습니다. 공감은 크게 어려운 일이 아닙니다. 상대방이 이야기할 때 이 한마디면 되니까요.

"아~ 그렇구나."

참 쉬워 보이지만 사실상 현실에서는 쉽지가 않습니다. 공감이 어려운 이유는 뭘까요? 내가 행복하지 않아서 그렇습니다. "곳간에서 인심 난다"라는 속담을 생각해보세요. 내 몸의 곳간, 마음의 곳간이 채워져 있지 않으면 인심, 공감이 생기기 어려울 수밖에 없습니다. 공감과 인정을 주고받아야 서로 간에 동기부여도 생기는데 말이에요.

이것은 기업에서도 아주 중요한 문제입니다. 행복하지 않은 리더는 인심을 베풀 수가 없습니다. 마음에 여유가 없는데 누구의 말에 공감할 수 있겠습니까? 부하 직원도 마찬가지고요. 그룹을 이끌어가는 리더십도, 리더를 따르는 팔로워십도, 회사를 사랑하는 애사심도 다 인심에서 나옵니다. 심지어 나를 사랑하는 것도, 내 미래를 위해 열심히 일하고 공부하고 스스로를 개발하는 것도 말이죠. 그러니 우리는 내 '몸과 마음의 곳간'부터 채워야 합니다.

마음이 몸의
변화를 만든다

몸과 마음의 연결성에 관해 본격적으로 이야기하기 전에, 재미있는 실험을 해보도록 하겠습니다. 먼저 양손을 맞대고 가운뎃손가락의 길이를 재보세요. 똑같을 수도 있고 어느 한쪽이 길 수도 있습니다. 두 손가락의 길이를 확인했으면 손을 가만히 무릎에 내려놓으세요. 그리고 눈을 감습니다. 양 손가락의 길이가 달랐다면 짧은 쪽에, 길이가 같았다면 오른쪽 가운뎃손가락에 정신을 집중합니다. 숨을 천천히 쉬면서 정신을 집중한 손가락이 조금씩 늘어난다는 상상을 해보세요. 상상 속에서 마치 고무 인간이 된 듯 손가락을 쭉 늘여보는 것입니다. 아주 생생하게 1분 이상 계속 상상해보세요. 그리고 눈을 떠보세요. 손가락 길이가 확 늘어나 있죠?

멀쩡한 사람들이 집단 구토를 한 이유

우리는 상상, 즉 마음의 상태를 통해 몸을 바꿀 수가 있습니다. 유명한 '플라시보 효과placebo effect'는 '속임 약 효과'라고도 불립니다. 이는 환자에게 가짜 약을 투여하며 의사가 진짜 약이라고 말하면 치료 효과에 대한 환자의 믿음으로 병세가 호전되는 현상을 말합니다. 반대로 바른 진단과 처방에도 환자가 부정적인 기대나 불안이 있을 때 오히려 증상이 나빠지거나 부작용이 생기는 현상이 '노시보 효과nocebo effect'입니다. 과학자들은 신약을 개발할 때 '플라시보보다 효과가 분명해야 한다'를 기준으로 두기도 합니다.

마음이 신체 상태에 개입한 또 다른 사례를 살펴보겠습니다. 미국 LA의 몬터레이 공원에서 식중독 소동이 있었습니다. 미식축구 경기 중 갑자기 여러 인원이 식중독 증세를 보였습니다. 이 사람들이 공통적으로 섭취한 게 뭐가 있는지 조사했더니 자판기 음료였습니다. 그리고 장내 방송이 나왔습니다. 자판기 음료에 문제가 있는 것 같으니 마시지 말라는 내용으로요.

방송이 나가자마자 사람들이 집단적으로 구토를 시작했습니다.

상황이 더 기가 막힌 것은 해당 자판기 음료를 마시지 않은 사람들도 같은 증세를 보인 것입니다. 경기장에 있는 사람들 모두 난리가 나서 응급실로 실려 갔습니다. 모두 치료를 받고 있는데, 경찰이 다시 조사를 해보니 자판기 음료에는 아무런 문제가 없었습니다. 사람들에게 다시 이 사실을 알렸는데, 거짓말처럼 모두 상태가 호전되어 바로 귀가할 수 있었습니다. 놀랍게도 이 이야기는 실화입니다.

또 국내에서 실험한 사례도 있습니다. KBS의 한 다큐 프로그램에서 다룬 내용입니다. 여성 8명을 대상으로 우유 시음회를 진행했습니다. 참가자 전원이 우유를 마시고 인터뷰를 시작했습니다. 그런데 도중에 한 여성이 "속이 좀 이상한데?"라고 얘기했습니다. 실험을 위해 투입한 연기자였습니다. 그러자 옆에 있던 다른 여성이 "저도 이상해요" 말하고는 갑자기 쓰러져 속을 게워냈습니다. 역시나 연기자였습니다.

나머지 6명은 어떤 반응을 보였을까요? 다들 똑같이 속이 안 좋다면서 화장실에 줄을 서기 시작했습니다. 토하고 세수하면서 힘들어하는 모습이 화면에 그대로 보였습니다. 며칠 후, 가장 증세가 심했던 몇 분을 찾아가 인터뷰를 진행했습니다. 실제로 몸에 빨간 두드러기가 나서 긁고 병원에 가서 주사까지 맞았다는 이야기를 했습니다. 우유에는 아무 문제도 없었는데 말이죠.

생각은 몸을 바꾸고 몸은 삶을 바꾼다

하버드대학교 심리학과 교수인 엘렌 랭어Ellen Langer는 4개 호텔에서 84명의 미화원을 대상으로 연구를 진행했습니다. 84명을 두 그룹으로 나눠 한 그룹에만 호텔 미화 활동은 엄청난 운동 효과가 있다고 교육했습니다. 침대 시트를 교체할 때 몇 칼로리가 소모되고, 화장실을 청소할 때 몇 칼로리가 소모되고⋯ 이런 것들을 설명해주면서 운동 효과를 알려준 것이죠.

다른 한 그룹은 교육을 받지 않고 그냥 업무에 임했습니다. 그리고 4주 후, 체중의 변화를 관찰했습니다. 교육받은 그룹, 즉 '내가 지금 운동하고 있구나' 하고 믿은 사람들에게는 놀라운 결과가 나타났습니다. 똑같은 일을 했는데 체중이 줄고 혈압까지 감소한 것입니다. 진짜 운동 효과가 나타난 것이죠.

또 다른 연구도 있습니다. 그것은 '밀크셰이크 실험'인데요. 참가자들을 두 그룹으로 나눠 한 그룹에는 지방과 설탕 함유가 낮은 저칼로리의 '센시 셰이크Sensi-shake'를, 다른 그룹에는 지방과 설탕 함유가 높은 고칼로리의 '인덜전스 셰이크Indulgence-shake'를 줬습니다. 그리고 일주일 간격으로 두 그룹의 셰이크 종류를 서로 바꿨죠. 참가자가 지금 센시 셰이크를 먹는지, 인덜전스 셰이크를 먹는지도 그때그때 설명을 해줬습니다.

그리고 혈액검사를 통해 섭취 전후의 그렐린ghrelin 수치를 바로바로 측정했습니다. 그렐린은 단기적인 섭식 행동을 조절하는 데 기여하는 식욕 촉진 호르몬입니다. 고칼로리의 인덜전스 셰이크를 먹으면, 열량의 과잉 섭취를 막기 위해 식욕 촉진 호르몬인 그렐린의 분비가 떨어지겠죠? 센시 셰이크를 먹으면 인덜전스 셰이크를 먹을 때보다 그렐린의 분비가 높을 것이고요.

실제 측정한 결과도 그렇게 나왔습니다. 그런데 사실 두 그룹은 계속 같은 셰이크를 먹었습니다. 실험에 사용된 센시 셰이크와 인덜전스 셰이크는 이름만 다른 같은 셰이크였던 것이죠. 생각만으로 호르몬 같은 몸속의 흐름까지 바꿀 수 있다는 것은 굉장히 중요한 이야기입니다. 몸속의 흐름이 바뀌면 행동과 성과도 바뀌고, 궁극적으로 내 삶도 바뀔 수 있습니다.

삶에 질병을 불러오는 스트레스

스트레스를 많이 받으면 질병에 걸릴 확률이 높아진다는 것은 이제 모두가 당연하게 아는 사실입니다. 미국의 저명한 방사선 종양학자이자 암 환자 심리 치료 전문가인 칼 사이먼튼Dr. Carl Simonton은 자신의 저서에서 "암은 환자의 삶에 어떤 문제가 있음을 표시하는 징후다. 이 문제들은 주로 발암 6~18개월 전에 스트레스로 인해 악화된 것들이다. 스트레스로 인한 좌절과 포기 같은 감정적 반응은 신체의 천연 방어력을 억압하고, 몸이 비정상적 세포를 만들게 한다"라고 말했습니다. 거의 대부분 암 환자가 진단 6~18개월 전에 아주 충격적인 스트레스를 경험했다는 것이죠. 이것은 스트레스의 조절과 관리가 잘 이뤄지지 않을 때 겪을 수 있는 아주 나쁜 결과의 한 예입니다.

매사추세츠대학교 의과대학 교수이자 명상 전문가인 존 카밧진 Jon Kabat-Zinn은 마음 챙김에 기반한 스트레스 관리법, MBSR Mindfulness-Based Stress Reduction 프로그램을 개발했습니다. 이는 명상과 요가를 통해 긴장을 완화함으로써 스트레스를 줄일 수 있다는, 이른바 마음 챙김 명상법입니다. 이 프로그램은 하버드, 듀크, 스탠퍼드 등 많은 의과대학의 주목을 받았습니다. 지금까지 전 세계 720여 개의 의료 기관과 기업, 학교, 단체 등 다양한 분야에서 활용되고 있습니다. 존 카밧진도 스트레스 감소 클리닉을 운영했습니다. 10주 과정의 명상과 요가 코스로 구성된 이 클리닉은 충분한 긴장 완화를 위한 일상적 훈련을 제공했어요. 이는 정말 놀라운 결과를 만들어냈습니다.

1991년, 캘리포니아대학교 의과대학의 딘 오니시 Dean Ornish 교수는 심장병 치료를 위한 혁신적 프로그램을 개발했습니다. 단순히 의학적 치료만 받던 환자들에게 요가와 명상을 통한 긴장 완화와 스트레스 관리, 저지방 식이요법을 병행하게 한 것인데요. 환자들의 상태가 전보다 상당히 호전되는 결과가 나타났습니다. 혈관 대체 수술이 불가피한 수준의 심각한 환자들까지 동맥의 플라크* 가 크게 감소하는 효과를 보였습니다.

우리 외부의 상황은 객관적이고 일정해도, 우리가 인지하고 생각하고 받아들이는 방법에 따라 그 영향이 크게 달라질 수 있다는 것을 증명한 실험들을 살펴봤습니다. 이제 그 원리를 좀 더 구체적으로 살펴보겠습니다.

---

* 경동맥 내벽에 지방, 칼슘, 콜레스테롤을 비롯한 세포 부산물이 축적된 것.

마음과 몸은
어떻게 연결되어 있을까?

로체스터대학교 의료센터 명예교수였던 로버트 에이더Robert Ad-
er는 뇌, 행동, 면역 체계의 관계를 탐구하는 연구 분야인 심리신경
면역학을 공동으로 창안한 미국의 심리학자입니다. 그는 감정과 면
역에 관해 주로 이야기했습니다. "뇌와 면역 체계 사이를 가장 활
발하게 움직이는 화학적 매개체들은 감정을 조절하는 신경 영역에
특히 집중되어 있다"라고 주장했죠.

  병원을 찾는 환자들을 보면 입술에 물집이 잡혀 오는 경우가 꽤
있어요. 헤르페스˙라고 하죠. 이 병은 피로 누적으로도 생기지만, 스
트레스가 쌓여 생기기도 합니다. 꼭 몸이 피로하지 않더라도 얼마

든지 생길 수 있는 병이에요. "저는 특별하게 하는 일도 없고, 매일 잠도 충분히 자는데 왜 이런 병이 생기는 걸까요?" 하고 의아해하는 환자들이 있습니다. 정말 왜 그런 걸까요? 몸이 힘들지 않아도 정신적 피로가 쌓이면 그렇게 병이 생기기도 합니다. 이런 사례가 곧 감정과 면역의 관련성을 밝히는 중요한 증거인 것이죠.

삶을 원하는 방향대로 바꿀 수 있는 열쇠

세계적으로 주목을 받은 재미있는 실험 결과가 있습니다. 그 내용은 "면역 체계도 두뇌처럼 학습한다"라는 것이었는데요. 실험 방식은 이렇습니다. 쥐에게 면역 세포의 일종인 티세포T cell를 감소시키는 약물을 주입합니다. 인위적으로 면역력을 떨어뜨리는 것이죠. 그리고 이때 약물만 투여하지 않고 사카린이 들어간 달짝지근한 물을 함께 줍니다. 이것이 면역력에 직접 영향을 주지는 않습니다. 설탕물 비슷한 것이에요. 면역력을 떨어뜨렸다가 회복되면 다시 약물을 투여하고, 이 과정을 계속 반복합니다. 쥐의 면역 체계에 이것

---

* 바이러스의 감염으로 피부 또는 점막에 크고 작은 물집이 생기는 피부병. 입술과 음부에 생기는 단순 포진과 신체 한쪽에 신경통과 함께 발진이 생기는 대상포진이 있다.

이 어느 정도 학습되었을 때, 다음부터는 약물 없이 사카린 물만 먹이는 겁니다. 아까 사카린은 면역력에 직접 영향을 주지 않는다고 말씀을 드렸죠? 그런데 쥐가 사망을 합니다. 투약 없이 사카린 물만으로 티세포가 감소한 거예요.

이와 비슷한 연구가 또 있습니다. 바로 파블로프의 조건반사 실험입니다. 실험 과정도 워낙 잘 알려져 있는데요. 개에게 먹이를 줄 때마다 종을 치고, 그 행위를 여러 차례 반복하면, 먹이를 주지 않고 종만 쳐도 개가 침을 흘리며 기다립니다. 여기서 조건반사의 핵심이 무엇일까요? 바로 '학습'입니다. 위의 쥐 실험도 마찬가지입니다. 신경 체계와 면역 체계의 연결성을 이용한 학습 실험인 것이죠. 그 연결성이 전제되지 않으면 학습이 불가능합니다. 실험이 성공했다는 것은 신경 체계와 면역 체계의 연관성이 증명된 것입니다.

정신신경면역학은 신경계와 면역계 그리고 스트레스의 관계를 깊이 있게 연구하는 학문 분야입니다. 윌리엄 보몬트 병원William Beaumont Hospitals에서 보몬트 연구소 의료 책임자를 역임한 데이비드 펠튼David Felton은 정신신경면역학자입니다. 그는 1985년 면역학 의학 잡지에 신경 세포와 면역 세포 간의 접촉에 관해 발표했습니다. 전자현미경을 이용해 신경 세포와 면역 세포가 비슷한 연결고리를 통해 연결되어 있는 것을 발견한 것이죠. 신경과 면역 사이에는 연결 고리가 하나 더 있었습니다. 바로 호르몬인데요. 스트레스를 받을 때 분비되는 호르몬이 면역 기능에 장애를 일으킨다는 사실이 밝혀졌습니다.

정신신경면역학은 영어로 표기하면 'psychoneuroimmunology'입니다. 이는 'psycho(정신)+neuro(신경)+immunology(면역학)'의 연결을 직관적으로 보여줍니다. 줄여서 PNI라고도 표기하며, 이에 관한 개념들은 이제 의학계에서 완전히 자리를 잡고 있습니다. 아래 표를 통해 인간이 건강을 분석하고 평가하는 관점이 어떻게 변화해왔는지 확인할 수 있습니다.

전통적인 생물 의학의 관점 (Traditional Biomedical View)	몸(Body) ↔ 마음(Mind)
전통적인 종교의 관점 (Traditional Religious View)	영혼(Spirit) ↔ 마음(Mind)
정신신경면역학, 인본주의적 관점 (PNI, Humanistic View)	영혼(Spirit) 마음(Mind) △ 몸(Body)

〈인간 구성의 관점〉

1946년 세계보건기구(이하 WHO)에서 발표한 세계 보건 헌장은 '건강'에 대한 정의를 '신체적, 정신적 그리고 사회적으로 완전히 양호한 상태'라고 하고 있습니다. 그리고 1998년에 '영적 spirtual' 항목을 추가해 건강의 정의를 수정했습니다. 진정한 성공은 재물적 성취만을 뜻하지 않습니다. 신체, 정신, 관계 그리고 영혼까지 모든 면에서 건강하고 유복해야 하겠죠. 균형 잡힌 건강에서 행복이 비롯되고, 행복에서 동기부여의 힘이 발현되고, 그 힘을 발전시켜 성장하는 오늘을 만들 수 있습니다. 그렇게 되면 우리는 비로소 삶을 원하는 방향으로 이끌 수 있을 것입니다.

성공한 사람들은
잠을 이렇게 잔다

여러분은 하루 몇 시간 정도 주무시나요? 잠자는 동안 겉보기에는 아무 일도 일어나지 않는 것 같지만 수면 시간은 굉장히 중요한 시간이에요. WHO에서는 하루 7~9시간이 가장 건강한 수면 시간이라고 이야기했습니다. 하루 24시간 중 8시간을 잔다고 하면 인생의 3분의 1에 해당하는 시간이에요. 내가 잠자는 동안 내 몸과 뇌는 계속 변하고 있습니다.

잠을 자는 동안 나쁜 감정들은 사라진다

무엇보다 수면은 사실 감정과 밀접하게 연결되어 있습니다. 수면이 감정을 좌우한다고 해도 과언이 아니죠. 2019년 11월, 학술지 〈네이처 인간 행동학Nature Human Behaviour〉에 UC버클리 연구진의 놀라운 연구 결과가 실렸습니다. 잠을 못 자면 불안 수위가 최고 30%까지 상승하고, 반대로 숙면을 취하면 정서적으로 안정이 된다는 내용이었습니다. 평상시에 불안을 많이 느끼는 분들은 잠을 제대로 못 자는 경우가 많습니다. 불안해서 잠을 잘 못 자면 수면 부족으로 불안감이 더 생깁니다. 악순환의 연속이죠. 반면에 깊고 편안한 잠은 감정에 긍정적 영향을 미칩니다. 전전두엽의 감정 억제 메커니즘을 복원해 감정적·생리적 반응도를 낮추는 것이죠.

최근에 발표된 관련 연구가 또 하나 있습니다. 2022년 5월, 스위스 베른대학교 연구진은 〈사이언스Science〉에 "뇌는 잠을 자며 나쁜 감정은 완화시키고 좋은 감정은 저장하는 작업을 한다"라고 발표했습니다. 연구진은 특히 렘수면 상태에 주목했습니다.

신경 세포는 정보를 받는 수상돌기와 다른 세포에 정보를 전하는 축삭돌기를 갖습니다. 렘수면 동안 수상돌기는 활발하게 정보를 받아들입니다. 잠자는 동안에도 계속 여러 가지 감정을 분류하는 것이죠. 그런데 특이한 것은 이때 세포체는 활동을 중단합니다.

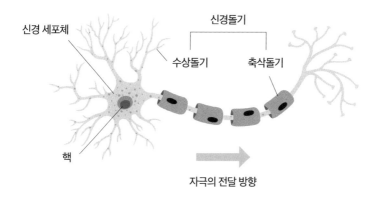

신경돌기

신경 세포체

수상돌기   축삭돌기

핵

자극의 전달 방향

〈신경 세포의 구조〉

그렇지 않으면 나쁜 감정까지 여과 없이 다른 세포로 전달될 테니까요. 이 같은 '감정 분류 과정'이 잠자는 동안 감정을 해소하는 데 아주 중요한 역할을 합니다. 부정적인 감정을 적절하게 차단해주니까요.

렘수면과 비렘수면의 주기를 활용하는 법

렘REM, Rapid Eye Movement수면과 비렘수면의 균형이 잡힌 건강한 잠을 자는 것은 중요합니다. 렘수면은 수면 단계 중 안구가 신속히 움직이는 것이 관찰되는 단계를 말합니다. 분명 몸은 잠을 자고 있지만 뇌는 아직 활동을 하고 있는 '얕은 잠'인 것이죠. 나머지 1~4단계 수면의 '깊은 잠'을 비렘수면이라고 합니다.

다음 그림을 함께 볼까요? 각성은 깨어 있는 상태입니다. 우리는 렘수면에서 시작해 4단계 수면으로 점점 더 깊은 잠에 빠집니다. 그러다 다시 점점 더 얕아지고 또다시 깊어지는 과정이 반복됩니다. 렘수면과 비렘수면을 주기적으로 오가는 것이죠. 개인적 차이는 있겠지만 한 주기가 약 1시간 30분 정도 걸립니다. 오후 11시에 잠들어 다음 날 오전 6시 30분에 깬다면 약 다섯 번의 주기를 거치는 것입니다.

그림에 나타나듯이 주기가 반복될수록 잠이 얕아지고 렘수면 시간이 길어집니다. 잠에서 깨기 쉬운 상태가 되는 것이죠. 몇 시간 못 잤을 때 일어나려고 하면 상당히 피곤한 이유가 바로 깊은 잠, 비렘수면 중에 깨려고 해서 그런 것입니다.

깊은 잠이 몸의 피로를 풀어주는 데 중요한 역할을 한다면, 얕은 잠은 정신적·감정적 조절에 도움을 줍니다. 지금은 렘수면을 특별히 강조했지만 비렘수면도 분명히 중요합니다. 커피를 너무 많이 마셔 카페인을 과다 섭취하면 깊은 잠에 들기가 어려우니 주의하세요. 규칙적이고 정상적이고 건강한 수면 패턴을 유지해야 몸과 마음의 피로가 모두 해소될 수 있습니다.

잠을 제대로 못 자면 여러 가지 건강 문제를 일으킵니다. 그중 하

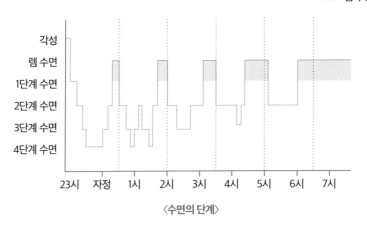

▨ 렘 수면

각성
렘 수면
1단계 수면
2단계 수면
3단계 수면
4단계 수면

23시　자정　1시　2시　3시　4시　5시　6시　7시

〈수면의 단계〉

나가 비만입니다. 호르몬의 흐름이 수면에 따라 완전히 달라지기 때문이에요. 잠을 많이 못 자면 식욕 촉진 호르몬인 그렐린이 더 많이 분비됩니다. 잠을 잘 자면 렙틴leptin 같은 식욕 억제 호르몬이 활성화되고요. 잠을 못 자면 살이 찌고 잠을 잘 자면 살이 빠지는 겁니다. 비만뿐만 아니라 골다공증, 고혈압, 치매, 면역력 저하 등 만병의 위험이 수면 부족과 아주 깊은 연관이 있습니다.

건강한 수면을 위해 주의해야 할 것들

잠을 잘 자는 사람들이 성공할 수밖에 없는 이유가 또 있습니다. 건강뿐만 아니라 창의력도 좋아지고, 감정 관리가 잘되니 삶에 대한 의욕이 샘솟는 것이 당연한 수순이죠. 수험생 때 많이 듣는 '사당오락'이라는 말이 있습니다. 4시간 자면 붙고 5시간 자면 떨어진다는 뜻이에요. 그 말만 듣고서 잠도 줄여가며 죽어라 공부하던 시절도 있었지만, 지금 생각해보면 잘못된 이야기입니다. 잠을 잘 자는 것은 나태함을 의미하지 않습니다. 오히려 잠을 충분히 자는 것은 몸과 마음의 컨디션을 지혜롭게 관리하는 하나의 방법입니다. 그렇게 에너지를 충전하고 깨어 있는 시간을 어떻게 의욕적으로 활용할 것인지가 더욱 중요합니다.

잠이 그렇게 중요하다면, 건강한 수면을 위해 우리가 주의해야 할 것들은 무엇이 있을까요? 먼저 카페인과 알코올을 섭취하지 않는 것입니다. 카페인은 당연히 숙면을 방해하죠. 숙면이 어려운 분들은 카페인을 딱 2주만 끊어보세요. 그럼 수면 상태가 확 좋아질 수도 있습니다. 알코올도 그렇습니다. 알코올은 처음에 수면을 유도하는 데는 도움이 되지만 숙면에는 방해가 됩니다. 그래서 술을 마시고 자면 잠은 빨리 들지만 깊은 잠에 들지 못해 자고 나도 계속 피곤함을 느낍니다.

두 번째는 잠자기 전에 블루 라이트를 멀리하는 것입니다. 특히 잠자기 전에 핸드폰을 오래 보면 뇌가 자극되어 숙면이 어려워집니다. 그래서 자기 전에 핸드폰을 보더라도 블루 라이트 차단 기능은 반드시 켜놓아야 합니다. 그뿐 아니라 집에 있는 조명도 잠들기 2~3시간 전부터는 좀 어둡게 해놓는 것이 좋은데요. 잠들기 직전까지 너무 밝은 조명에 노출되어 있으면 빨리 잠들기가 어렵습니다. 그 이유는 숙면 호르몬인 멜라토닌 분비가 잘되려면 어두운 환경이 필요하기 때문이죠. 그래서 빛을 가능한 줄이는 것이 좋습니다. 또 방 안의 전자 기기가 뿜어내는 불빛도 숙면을 방해합니다. 그래서 빛을 가리거나 침실 밖으로 옮겨놓는 것이 좋습니다.

세 번째는 수면 직전 운동은 피하는 것입니다. 운동이 건강에 좋기는 하지만 잠자기 직전에 운동을 하면 교감신경이 활성화되며 숙면에 방해를 받을 수밖에 없습니다. 그래서 너무 늦은 시간에는 강도 높은 운동을 피하고, 잠자기 전에는 스트레칭과 심호흡을 통해 몸과 마음을 진정시키는 것이 좋습니다. 명상을 함께 하면 더 좋아요. 그래야 부교감신경이 활성화되고 긴장이 이완되면서 숙면할 준비가 됩니다.

네 번째는 침실의 온도인데요. 너무 덥거나 너무 추우면 당연히 숙면이 어렵습니다. 그래서 적당한 온도를 유지하는 것이 아주 중요하죠. 사람마다 느끼는 것이 좀 다르겠지만 일반적으로 20~25도 정도를 유지하면 숙면에 도움이 됩니다. 그런데 계절마다 체감온도가 많이 달라서 여름에는 약 25도, 겨울에는 좀 더 낮은 온도가 적절합니다.

다섯 번째는 규칙적인 시간에 잠자리에 드는 것입니다. 잠드는 시간뿐만 아니라 일어나는 시간도 같은 시간대를 유지하는 것이 제일 좋습니다. 이러한 규칙적인 수면 패턴은 숙면을 위한 몸의 준비를 위해 아주 중요합니다. 주말에도 평소 수면 시간에서 크게 벗어나지 않고 패턴을 꾸준히 유지하는 것이 훨씬 더 좋습니다.

다음으로 숙면을 위해 무엇보다 활성화해야 하는 것이 있습니다. 바로 멜라토닌이죠. 멜라토닌은 우리 몸의 생체리듬을 조절해 수면을 유도하는 호르몬이에요. 그런데 멜라토닌이 합성되기 위해서는 세로토닌이 필요합니다. 세로토닌은 '행복 호르몬'으로 잘 알려져 있어요. 대표적인 신경전달물질인 세로토닌은 불안하고 우울한 감정을 다독여 평온함과 행복감을 느끼도록 해줍니다. 과다한 스트레스로 세로토닌이 줄어들면 멜라토닌이 제대로 분비되지 않아 쉽게 잠들지 못합니다. 즉 마음이 편안해야 잠도 잘 온다는 것이죠.

수면은 잠재의식과 현재 의식이 만나는 상태입니다. 잠재의식을 활용해 현실에 긍정적 영향을 주려면 잠재의식을 최적화할 준비를 하고서 잠자리에 들어야겠죠. 지금까지 이론 위주였다면 이제는 '바로 써먹을 수 있는' 실용적 방법을 소개할 것입니다.

잠재의식을 깨우는
호흡법과 스트레칭

수면은 잠재의식과 현재 의식이 만나는 중요한 활동입니다. 잠재의
식과 현재 의식을 만나게 하는 또 다른 방법이 하나 있는데요. 바로
호흡입니다. 호흡은 심신 에너지 관리를 위한 기본입니다. 우리가
깨어 있는 상태로 잠재의식을 만나기 위해서는 잠재의식에 최적화
된 뇌파를 찾아야 합니다. 뇌파를 바꾸려면 여러 가지 행동이 필요
합니다. 그때 기본이 되는 것이 호흡이에요.

뇌파를 트랜스 상태로 바꾸는 연습

뇌파에는 여러 종류가 있습니다. 가장 빠른 뇌파가 '감마gamma파'입니다. 감마파는 극도로 긴장하고 불안하고 흥분했을 때 흔들리는 뇌파로, 30Hz 이상의 가장 높은 진동수를 가지고 있습니다. 경직된 상태에 나타나는 '하이베타high beta파'도 마찬가지로 불안 또는 긴장과 관련이 있으며, 18Hz 이상의 진동수를 가집니다. '베타beta파'는 가장 일반적인 뇌파입니다. 활동적인 상태에서 집중력을 유지할 때, 일을 할 때 나오는 뇌파입니다. 'SMR파'도 베타파와 비슷합니다. 일하거나 집중할 때 나오는 뇌파예요. 우리가 원하는 뇌파는 '알파alpha파'와 '세타theta파'입니다. 알파파의 진동수는 8~13Hz이고, 세타파는 알파파보다 더 느린 4~8Hz의 진동수를 가집니다. 깨어 있는 상태에서 잠재의식과 만나기 위해서는 이 두 뇌파를 만들 수 있어야 해요.

심호흡을 통해 알파파를 만들 수 있습니다. 이때 호흡은 복식호흡입니다. 완전히 힘을 뺄 거예요. 복식호흡을 처음 해보는 분들은 제대로 되고 있는지 잘 모를 수 있습니다. 복식호흡이 잘되고 있는지 확인하는 법은 다음과 같습니다. 한 손은 가슴에, 한 손은 배에 올립니다. 그리고 숨을 코로 천천히 들이마시고 입으로 천천히 내쉬어요. 그때 가슴이 아닌 배에 올린 손이 오르내린다면 제대로 하

뇌파의 종류	뇌파의 형태	뇌의 상태
델타파(1~4Hz)		숙면 상태
세타파(4~8Hz)		졸리는 상태, 망상, 산만함, 백일몽
알파파(8~12Hz)		집중이 느슨하고 정신이 멍한 상태
SMR파(12~15Hz)		움직이지 않는 상태에서 집중력을 유지하는 상태
베타파(15~18Hz)		활동적인 상태에서 집중력을 유지하는 상태
하이베타파(18~30Hz)		경직된 상태, 불안, 긴장
감마파(30Hz 이상)		흥분, 불안, 순간 인지

〈여러 가지 뇌파의 특징〉

고 있는 겁니다.

이렇게 복식호흡을 하면 의학적으로 우리 몸에서 어떤 변화가 일어날까요? 복식호흡의 장점은 자율신경 중에서 우리 몸과 마음의 긴장을 풀어주는 부교감신경을 활성화한다는 아주 큰 장점이 있는데요. 복식호흡을 하면 폐와 복부를 가로막는 횡격막이 위아래로 크게 움직이죠. 그러면서 횡격막 아래쪽에 있는 부교감신경을 자극합니다. 그리고 자연스럽게 몸의 긴장이 풀리죠. 그런데 단순히 몸의 긴장만 풀리는 것이 아닙니다. 부교감신경은 신기하게도 몸과 마음의 긴장을 동시에 풀어줍니다. 그러면서 불안감도 줄어들고요. 화가 났을 때도 복식호흡을 하면 마음이 진정됩니다. 그래서 복식호흡은 평소에 자주 연습하는 것이 좋습니다. 긴장을 풀고 안정적인 상태를 유지할 수 있도록 도움을 주는 복식호흡은 우리가 인생을 살아가면서 성장하고 성공을 이루는 데 있어 아주 중요한 방법이죠.

잠시 책을 내려놓고 복식호흡을 다섯 번만 해보세요. 일단 등을 기대고 편하게 앉으세요. 온몸의 힘을 다 빼고 눈은 감는 것이 좋습니다. 코로 천천히 들이마시고, 입으로 길게 내뱉으며 호흡합니다. 나도 모르게 몸에서 힘이 쫙 빠질 거예요. 힘이 어깨부터 빠지는 사람도 있고, 발끝부터 빠지는 사람도 있습니다. 상관없어요. 어쨌든 호흡을 통해 몸에 힘을 빼는 것이 중요합니다. 호흡하면서 긴장이 풀리는 느낌이 들 거예요.

이렇게 힘을 쭉 뺄 때 뇌파가 알파파로 바뀝니다. 버스나 지하철을 타고 앉아서 이동할 때 혹은 휴식 시간에 틈틈이 해주세요. 이렇게 매일매일 기본 베이스를 쌓는 것이 중요합니다. 호흡을 통해 뇌파를 바꾸는 것을 소홀히 하지 마세요. 뇌파가 낮아져 알파파에 도달하면 스트레스 해소에 도움이 되고 뇌의 휴식에 아주 효과적입니다. 집중력, 기억력과 학습 능력 향상에도 도움이 되고요.

효과적으로 긴장을 푸는 '쉔 호흡법'

복식호흡 중에서도 특별한 호흡법이 있습니다. 바로 '쉔 호흡법'입니다. UCLA 데이비드 게펜 의과대학 심신의학 교수인 마크 쉔 Marc Schoen이 만든 호흡법입니다. 이 호흡법은 그의 저서 《편안함의 배신》이라는 책에 소개되어 있습니다. 저는 이 책을 보고 이 방법으로 호흡을 해보면서 많은 도움을 받았는데요. 이 쉔 호흡법은 아주 간단합니다. 일단 복식호흡과 같은 방식으로 하면 됩니다. 들이마실 때는 코로 천천히 들이마십니다. 그리고 내쉴 때가 조금 다른데요. 일반적인 복식호흡은 입으로 천천히 내쉬는 것이죠. 그런데 쉔 호흡법은 몇 번 끊으며 나눠서 숨을 내쉽니다.

숨을 천천히 들이마신 후에 약 2초간 숨을 참고요. 그다음 아주 짧게 약 1초 정도 입으로 숨을 내쉽니다. 그리고 또 약 2초간 숨을 참습니다. 그다음 다시 또 짧게 1초 정도 내쉬고요. 또 2초간 참습니다. 그리고 또 1초간 숨을 내쉽니다. 그리고 2초간 참습니다. 이렇게 숨을 짧게 1초간 내쉬고 참는 과정을 세 번 하고 마지막 네 번째 숨은 그냥 끝까지 천천히 내쉬면 됩니다. 물론 처음부터 잘 안 될 수도 있어요. 하지만 꾸준히 하다보면 쉽게 따라 할 수 있을 겁니다.

이렇게 중간에 세 번 끊어서 숨을 내쉬는 것이 핵심인데요. 이렇게 호흡을 하면 왜 긴장이 더 잘 풀릴까요? 그 이유는 이렇게 호흡을 하면 호흡에 더 집중할 수 있고, 마지막 네 번째 숨을 내쉴 때 더 편안하고 자연스럽게 힘을 빼면서 숨을 내쉴 수 있다고 합니다. 쉔 호흡법도 평소에 연습을 좀 해놓으면 좋고요. 정말 내가 긴장을 빨리 풀고 싶을 때, 너무 중요한 순간인데 너무 긴장될 때, 또는 화가 나거나 불안감이 생길 때 꼭 활용해보면 좋겠습니다.

이렇게 여러 가지 방법의 심호흡을 통해 알파파에 도달한다면, 세타파에는 어떻게 도달할 수 있을까요? 세타파가 나오는 것은 잠들기 직전의 상태라고 생각하면 됩니다. 완전히 잠에 들면 '델타delta파'가 나오고요. 잠들기 직전 또는 잠에서 깬 직후의 비몽사몽에 세타파가 나옵니다. 깨어 있으면서 잠재의식과 만나고 있는 순간인 거예요. 이때 어떤 생각과 행동을 하는지가 아주 중요해요. 그 자세한 내용은 '5단계 잠재의식 최적화'에서 자세히 설명하도록 하고, 여기서는 근육 이완에 관해 좀 더 설명을 드리겠습니다.

근육이 이완되면 감정이 개선된다

에드먼드 제이콥슨은 의사이자 생리학자로 오랜 시간 근육과 감정에 관해 연구했습니다. 그는 '점진적 근육 이완Progressive Muscle Relaxation^(이하 PMR)'이라는 근육 이완 기법을 개발했습니다. PMR은 사람의 몸과 마음 사이에 밀접한 관련이 있다는 것을 전제하고 있어요. 신체가 불안·두려움·스트레스 같은 정신적 요소에 영향을 받는다는 것이죠. 에드먼드 제이콥슨은 "과학적 실험 결과 신체 근육이 완전히 이완된 상태에서는 부정적인 감정이 줄어든다"라고 말했습니다.

근육이 이완되면 감정이 개선된다니, 이게 정말일까요? 한번 생각해봅시다. 우리 몸이 가장 이완되었을 때를 생각해볼까요? 마사지를 받는다고 상상해보면, 뭉쳐 있던 근육이 시원하게 풀리면서 기분이 좋잖아요. 반신욕을 할 때도 마찬가지로 몸의 긴장이 쫙 풀리죠. 하고 나오면 상당히 개운하고 상쾌한 기분이 듭니다. 신체의 릴랙스가 마음의 릴랙스로 이어지는 것입니다. 감정 관리에는 심호흡도 좋지만 근육의 긴장을 풀어주는 것도 큰 도움이 됩니다. 그렇다면 즉각적인 근육 이완을 위해서는 무엇을 해야 할까요? 바로 스트레칭입니다.

아침마다 스트레칭을 해주면 몸도 풀어지고 감정 관리에도 아주 좋습니다. 현대인들은 엄청나게 많은 육체적 스트레스를 받습니다. 지하철에서 보면 다들 똑같은 자세를 하고 있어요. 스마트폰을 들고서 고개를 푹 숙이고 있습니다. 이 자세는 등세모근에 긴장을 주고 통증을 일으키는 데다 감정 정화에 굉장히 안 좋은 영향을 미칩니다.

등세모근 외에 중요한 근육이 또 있습니다. 바로 목빗근입니다. 등세모근은 뒤쪽, 목빗근은 앞쪽의 근육입니다. 눈과 얼굴이 있는 쪽의 근육이기 때문에 이 근육을 풀어주면 눈이 맑아지고 머리가 시원해집니다. 수시로 주물러주세요. 처음 풀어줄 때는 많이 아플 수도 있습니다. 목 건강을 위한 것도 있지만 마인드 관리에 아주 중요하다는 것도 잊지 않기를 바랍니다.

긍정적 감정을 유지하는 전전두엽

이제 마음을 편하게 만들고 뇌 신경을 안정화해주는 자세를 알려 드릴 건데요. 그 전에 먼저 편도체amygdala에 대해 잠깐 설명드리겠습니다. 편도체는 뇌의 중앙 깊숙한 곳에 위치하는데요. 주된 역할은 몸에서 들어오는 정보로 감정 반응을 처리하고 기억하는 역할을 합니다. 특히 불안, 공포, 분노와 같은 생존과 관련된 감정 반응을 처리하죠. 그래서 편도체가 활성화되면 부정적 감정에 사로잡히기 쉽습니다. 욱하고 터지는 감정 폭탄이죠. 과거의 트라우마에 갇혀 꼼짝 못 하거나, 눈앞의 유혹에 쉽게 넘어가기도 합니다. 그런데 이 편도체를 억제하는 곳이 있습니다. 바로 전전두엽입니다. 뇌의 가장 앞쪽에 위치해 생각과 감정 그리고 행동을 조절합니다. 또 성

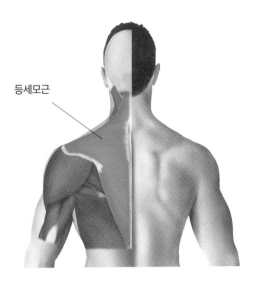

등세모근

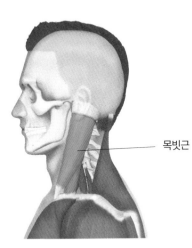

목빗근

〈등세모근과 목빗근〉

공에 꼭 필요한 끈기, 집중력, 문제 해결 능력 등 모든 것이 이곳에서 이뤄지죠. 바로 뇌 속 CEO라고 보면 됩니다.

이 두 가지 뇌의 중요한 부위, 즉 전전두엽과 편도체는 서로 밀접하게 연결되어 있는데요. 항상 뇌 속에서 전쟁을 하고 있습니다. 그렇다면 우리는 이 전쟁을 어떻게 이끌어야 할까요? 네, 그렇습니다. 성공적인 삶을 살고 싶다면 당연히 CEO, 즉 전전두엽의 편을 들어 줘야 합니다. 전전두엽이 강력할수록 스트레스에 잘 대처하고, 합리적인 의사 결정을 내리며, 목표를 향해 흔들림 없이 나아갈 수 있습니다. 그런데 평소에 이 두 세력은 팽팽하게 대립하고 있기 때문에 한쪽이 강해지면 한쪽이 약해집니다. 시소처럼 움직이는 것이죠. 그럼 결론이 나왔습니다. 우리는 먼저 편도체를 안정화해야 합니다. 그리고 전전두엽을 활성화해가야 하는 것이죠. 이 두 가지를 잘하는 사람들이 어려운 상황에서도 긍정적 감정을 잘 유지하고 끈기 있게 돌파해가는 것입니다.

부정적 감정을 다스리는 '편도체 안정화'

멘탈이 강하다는 것은 무엇일까요? 바로 감정 조절이 잘된다는 것입니다. 그렇다면 감정은 무엇일까요? 감정과 생각은 어떻게 다를까요? 생각은 스스로 할 수 있는 것이고요. 감정은 스스로 하는 것이 아니고 나에게 느껴지는 것입니다. 그래서 스스로 조절하기 어렵습니다. 마치 통증이 느껴지는 것과 같이 감정도 느껴지는 것이죠. 허리가 아프거나 머리가 아플 때의 통증은 느껴지는 것이죠. 내가 생각으로 조절하기 어렵습니다. 감정도 비슷합니다. 통증처럼 느껴진다는 것이죠.

관련해서 아주 재미있는 연구가 있는데요. 2013년 미국심리과학학회Association for Psychological Science의 학술지 〈심리과학Psychological Science〉에 실린 논문이 있습니다. 캐나다 브리티시컬럼비아 대학교의 심리학 교수 대니얼 랜들스Daniel Randles가 연구를 진행했는데요. 진통제의 일종인 타이레놀이 심리적 아픔에도 효과가 있었다는 것이죠. 실험 참가자 130명을 두 그룹으로 나눠 실험을 진행했는데요. 한 그룹은 타이레놀을 주고 다른 그룹은 위약을 투여하면서 심리적 불안과 두려움을 일으키는 영상을 보여줬습니다. 그 결과 이러한 마음의 아픔에도 타이레놀이 효과적이었는데요. 그 이유는 뇌가 불안, 두려움 같은 것도 '통증'으로 인식하기 때문이라고 설명했습니다.

이 연구에서 볼 수 있듯이 감정은 내가 조절하기 어려운 것이고 느껴지는 것이죠. 그래서 생각과는 다릅니다. 생각은 이성을 담당하는 전두엽에서 이뤄집니다. 반면 감정은 편도체에서 느껴지게 만들죠. 편도체는 훨씬 더 원시적인 뇌 부위입니다.

그렇다면 멘탈이 강한 사람은 어떤 사람일까요? 바로 편도체가 안정된 사람입니다. 편도체가 민감한 사람은 부정적 감정에 쉽게 휩쓸려 '유리 멘탈'이 됩니다. 그러나 편도체가 안정된 사람은 감정에 쉽게 휩쓸리지 않는 '강철 멘탈'이 되는 것이죠.

결국 강철 멘탈은 편도체를 얼마나 안정화하는지에 달려 있습니다. 그래서 많은 뇌 과학자가 그 방법들을 연구하고 소개하고 있는데요. 그렇게 밝혀진 편도체 안정화 방법을 알려드리겠습니다.

첫 번째는 뇌 신경 이완 자세입니다. 우리 몸은 여러 가지 신경의 지배를 받고 있죠. 감각신경, 운동신경, 자율신경이 우리 몸 곳곳에 분포되어 있습니다. 그런데 이 신경들이 시작되는 뿌리가 어디일까요? 크게 두 군데로 나눌 수 있는데요. 첫 번째가 뇌에서 직접 나오는 신경들이고요. 두 번째가 척수에서 나오는 신경들입니다. 뇌에서는 12쌍, 총 24개의 뇌 신경이 직접 나오고요. 척수에서는 31쌍, 총 62개의 신경이 나옵니다.

그럼 뇌 신경과 척수신경은 어떻게 다를까요? 바로 신경들이 분포하는 위치가 다릅니다. 척수신경은 주로 팔다리와 몸통의 감각과 운동을 담당합니다. 그런데 뇌 신경은 주로 머리와 목 부위에 분포하는데요. 시각과 후각, 눈동자의 움직임, 턱의 움직임, 혀의 움직임, 머리와 목의 근육들을 지배하며 호흡에도 관여합니다. 이렇게 뇌 신경은 머리, 얼굴, 목의 근육, 호흡과 밀접하게 연결되어 있기 때문에 이러한 근육들이 긴장하면 뇌 신경도 함께 긴장하게 됩니다. 반대로 얼굴과 목의 근육이 이완되면 뇌 신경도 함께 편안해지죠. 그래서 눈 주위 근육, 관자놀이, 턱, 혀, 목과 등세모근 등 이러한 근육에 힘을 빼고 이완을 해주는 것이 바로 뇌 신경 안정화의 아주 중요한 방법입니다.

그래서 자세가 중요한데요. 먼저 허리를 펴고 척추를 똑바로 세워보세요. 의자에 앉아 있다면 등받이에 기대지 마세요. 의자 앞부분에 걸터앉아 척추를 세워야 합니다. 그리고 시선은 정면을 바라보면서 경추도 바로 세웁니다. 이러한 자세가 되면 목과 어깨에 근육 긴장이 풀리기 시작합니다. 이 상태에서 시작하면 되는데요. 처음에는 심호흡으로 시작합니다. 천천히 숨을 들이쉬고 아주 천천히 내쉽니다. 이렇게 심호흡을 다섯 번 정도 하고 얼굴 근육에 힘을 빼는 건데요. 그냥 힘을 빼기 어려우면 얼굴을 마사지하는 것도 좋습니다. 마사지하는 부위는 관자놀이와 광대, 그리고 하관입니다. 이 근육들은 뭔가를 씹을 때 사용되는 교근咬筋인데요. 스트레스를 많이 받는 사람들이 교근에 힘이 많이 들어갑니다.

이 부분의 긴장을 풀어주고 힘을 빼면 뇌 신경 안정화에 큰 도움이 되는데요. 일단 마사지를 30초 정도 해주고 턱에 힘을 쫙 빼는 것입니다. 이때 입이 살짝 벌어질 수도 있습니다. 입을 다물고 있더라도 위아래 치아가 서로 닿지 않을 정도로 힘을 빼야 합니다. 그리고 눈 주위 근육도 힘을 뺍니다. 그럼 눈의 초점이 흐려지고 눈이 스르르 감길 수도 있습니다. 이마 근육도 힘을 빼고요. 이렇게 얼굴의 근육들에 모두 힘을 뺍니다. 그리고 목과 어깨의 힘을 빼기 위해 자세를 바르게 하고 어깨를 내립니다. 또는 목 근육을 미리 스트레칭하고 시작해도 좋습니다. 이렇게 뇌 신경이 주로 분포하는 얼굴과 목의 근육들에 완전히 힘을 빼는 연습을 하는 것이죠. 이 상태에서 심호흡을 천천히 하면서 5~10분 정도 유지하는 것입니다.

편도체를 안정화하는 또 다른 방법이 있는데요. 바로 유산소운동입니다. 운동을 하는데 왜 편도체가 안정될까 이해가 안 될 수 있는데요. 이건 확실히 검증되어 있습니다. 유산소운동을 꾸준히 하면 심장 기능이 좋아집니다. 심장의 효율이 좋아지는 것이죠. 심장의 역할은 뭔가요? 온몸에 혈액을 잘 뿜어주는 것입니다. 심장의 효율이 좋아지면 한 번 박동할 때 더 많은 양의 혈액을 뿜어줄 수 있기 때문에 심박동 수가 줄어듭니다. 그래서 유산소운동을 꾸준히 하는 사람은 평소 심박동 수가 낮은 편인데요. 이렇게 심박동 수가 낮아지는 것 자체가 편도체를 안정화해줄 수 있습니다.

여기서 유산소운동을 할 때 너무 강한 운동보다는 적당한 운동이 더 도움이 됩니다. 아주 천천히 달리거나 아니면 빨리 걷기 정도가 좋습니다. 약간 숨이 차지만 옆 사람과 대화를 할 수 있을 정도의 강도로, 하루 30분에서 1시간 정도 유산소운동을 꾸준히 하면 편도체 안정화에 큰 도움이 됩니다.

이렇게 편도체가 안정화되었다면 그다음은 전전두엽을 활성화해야 하는데요. 이 방법은 MBS 최적화 프로그램 2단계에서 자세히 설명하겠습니다.

딱 2분 만에
성공 호르몬을 깨우는 방법

독일 출판사 슈프링거Springer에서 발간하는 〈인간 생리학Human Physiology〉이라는 학술지가 있습니다. 2004년에 발행된 30호 저널에 자세에 관한 연구가 실렸습니다. 지금부터 단 2~3분 만에 성공 호르몬을 깨우는 방법을 알려드리겠습니다.

자신감을 일깨워주는 마법의 자세

바로 '코브라 자세'입니다. 코브라 자세를 3분 동안 유지하면 테스

〈코브라 자세〉

토스테론이 16% 상승하고, 코르티솔이 11% 감소하는 결과가 나타났습니다. 코르티솔은 부신 副腎에서 나오는 스트레스 호르몬입니다. 물론 이 호르몬도 우리 몸에 나름의 역할이 있지만 너무 많이 분비되면 감정에 나쁜 영향을 미칩니다. 우선 그 자체로 스트레스를 많이 받고 있다는 뜻이기도 하고, 불안감이 높아질 수 있습니다. 코르티솔 분비를 낮춰야 마음이 편해지는 것이죠.

테스토스테론은 남성호르몬입니다. 남성호르몬이라고 여성에게서 아예 분비되지 않는 것은 아니에요. 테스토스테론 분비가 높아지면 용기 있는 행동을 할 수 있게 됩니다. 남성호르몬 수치가 높은 사람이 도전적인 경우가 많아요. 뭔가 해내려는 의욕이 넘치는 것입니다. 도전하는 사람이 뭔가를 성취하고 쟁취할 가능성도 높은

법이에요. 3분이면 투자할 가치가 충분합니다.

이제 2분 만에 성공 호르몬을 높이는 방법을 알려드리겠습니다. 훨씬 더 쉽고 효과도 좋은 방법입니다. 2010년에 미국 〈세이지 저널 Sage Journals〉에서 '자신감 자세 Power Posing'에 관한 연구 논문이 발표되었습니다.* 자신감 있는 자세를 2분 동안 취했더니 테스토스테론이 19% 상승하고, 코르티솔이 무려 25%나 감소하는 결과가 나타났습니다. 단 2분만으로 불안감은 떨어뜨리고 자신감은 높인 겁니다. 반면에 자신감 없는 자세를 2분 동안 취했더니 코르티솔이 17% 증가하고, 테스토스테론이 10% 감소했습니다.

자신감 있는 자세는 '원더우먼 자세'라고도 불립니다. 저는 강의를 하러 가면 강단에 서기 전에 뒤에서 항상 이 자세를 취하고 있습니다. 양손을 허리에 짚고 가슴과 허리를 딱 폅니다. 양손이 좀 부담스러울 때는 한쪽 손이라도 올리고 있습니다. 회의 테이블에 서서 내 의견을 말할 때도 양손을 딱 짚고 구부정하지 않은 자세로 당당하게 말합니다.

평소 혼자 있을 때 2분만 투자해서 자세를 한번 잡아보기를 바랍니다. 성공 호르몬이 깨어나 우리를 자신감 있고 긍정적인 사람으

---

* Carney DR, Cuddy AJ, Yap AJ. *Power posing: brief nonverbal displays affect neuroendocrine levels and risk tolerance.* Psychol Sci. 2010 Oct;21(10):1363-8.

〈자신감 있는 자세(High-Power Poses)〉

〈자신감 없는 자세(Low-Power Poses)〉

로 만들어줄 것입니다. 무의식적으로 구부정하고 움츠러드는 자신감 없는 자세가 되지 않도록 습관적으로 확인해주면 좋습니다.

자신감을 끌어올리는 또 다른 방법도 하나 더 소개하겠습니다. 제가 오래전에 읽었던 책 《마술처럼 발표하고 거인처럼 말하라》에 나오는 내용인데요. 이 책의 저자인 테드 제임스Tad James와 데이비드 셰퍼드David Shephard는 유명한 NLP 트레이너이면서 라이프 코치이자 비즈니스 컨설턴트입니다. 우선 자리에서 일어납니다. 그리고 잠시 우울한 기분을 느껴보는 것입니다. 그러면서 자신의 자세를 살펴보는데요. 대부분 머리는 아래를 향하고 바닥을 보면서 서 있을 겁니다. 그리고 마음속에서는 이런 말을 되뇌고 있을 겁니다.

'안 돼…. 왜 하필 이럴 때 이런 일이 생기지? 왜 하필 나한테 이런 일이 일어나는 거지?'

이러한 생각들이 머릿속에서 맴돌고 있을 겁니다. 그런 상태에서 잠시 그 우울감을 그냥 느껴봅니다. 그리고 이제 완전히 다른 모습으로 바꿔보겠습니다. 머리를 좌우 또는 위아래로 힘차게 흔듭니다. 그리고 몸 전체를 움직이고 팔과 다리를 힘차게 흔들어봅니다.

이제 다리를 어깨 너비로 벌리고 섭니다. 그리고 다리에 있는 근육에 단단히 힘을 줍니다. 허벅지 근육과 엉덩이 근육에도 힘을 줍니다. 그다음에는 배와 허리의 근육에도 힘을 줍니다. 이제 가슴에 있는 근육에 힘을 주면서 어깨를 활짝 폅니다. 그리고 눈을 최대한 위로 치켜뜨면서 힘을 줍니다. 이제 치아가 다 보이도록 활짝 웃습니다. 그리고 마음속으로 '예스'라고 외칩니다. 한 번이 아니고 열 번 이상을 최대한 빠르게 '예스, 예스, 예스, 예스, 예스' 하면서 외칩니다.

이 순간에 자신의 감정을 느껴보기 바랍니다. 우울감과 무기력은 어디로 갔을까요? 정말 빠르게 우리 감정이 바뀝니다. 그리고 의욕과 자신감이 생깁니다. 처지고 의욕이 떨어질 때, 무기력에서 벗어나고 싶을 때마다 이 방법을 사용해보기 바랍니다.

긍정적 마음을 만드는 초간단 습관

이번에는 성공을 끌어들이는 1분 에너지 발산법을 알려드리겠습니다. 딱 1분만 유지하면 몸과 마음의 에너지가 확 올라가는 방법입니다. 바로 표정을 바꾸는 것입니다. 캘리포니아대학교 명예교수이자 정신질환, 임상심리학 전문가인 폴 에크만Paul Ekman의 실험이 있습니다. 실험 참가자들에게 센서를 붙여 체온, 맥박, 혈압 등을 측정합니다. 처음에는 무표정한 상태로 측정합니다. 그러다가 무표정한 얼굴에서 화난 얼굴로 표정을 바꾸는 거예요. 실제로 화가 난 것은 아니고 미리 연습한 대로 표정만 바꾸는 것입니다. 놀라운 결과가 나타났습니다. 약 1분이 지나면서 맥박과 혈압이 오르고 신체 상태가 진짜 화난 사람처럼 바뀌었습니다. 특정한 표정을 흉내 내면 몸도 그 표정에 따른 생리적 유형으로 바뀌는 것입니다. 이런 연구들을 접하면서 저는 결심했습니다.

'진짜 억지로라도 하루 종일 웃어보자.'

마침 2박 3일 동안 아주 중요한 워크숍 과정에 참가하게 되었습니다. 당시 2박 3일은 저에게 정말 소중한 시간이었습니다. 개원하고 1년에 휴가를 딱 2박 3일 내던 때인데, 휴식을 포기하고 강의를 들으러 간 거였으니까요. 그래서 내 에너지를 최대로 끌어올려 강의를 100% 흡수하겠다는 각오를 다졌습니다. 마침 표정 관련 연구들을 접했고, 2박 3일 내내 의식적으로라도 웃는 얼굴을 유지하겠다고 다짐했습니다. 그리고 저에게 어떤 변화가 생겼을까요? 지금 돌이켜보면 그 시간이 제 인생에서 너무나도 중요한 터닝 포인트를 만들어줬습니다. 그 자세한 이야기는 3부에서 자세히 설명드리겠습니다.

표정은 삶을 바꿉니다. 표정 하나로 신체 상태, 몸만 바뀌는 것이 아니고 감정 상태, 마인드까지도 달라질 수 있기 때문입니다. 표정으로 감정을 조절할 수 있는지 실험한 내용이 있습니다.* 먼저 타인의 감정을 알아보는 능력을 측정하는 정서 공감 능력 테스트를 통해 정서 공감 능력이 높은 집단과 낮은 집단을 구분합니다. 그리고 얼굴 표정을 고정해주는 가면을 쓰고 정서를 유발하는 영상을 시청합니다. 웃는 가면을 쓴 채 혐오 영상을, 찡그린 가면을 쓰고는 행복 영상을 시청합니다. 그동안 얼굴 온도 변화를 비롯한 생체 반응을 기록하고, 시청을 마치고는 실험 참가자가 스스로 정서 상태에 관해 자기 보고 진술서를 작성합니다. 높은 정서 공감 집단은 찡그린 가면을 쓰면 행복 영상을 보고도 훨씬 슬픔을 느꼈습니다. 웃는 가면을 쓰면 슬픔이 덜했습니다. 표정이 감정을 만들 수 있다는 얘기죠.

우리는 기분이 안 좋으면 무의식적으로 표정을 찡그립니다. 이때 의식적으로 웃는 얼굴을 하면 나의 감정을 조절할 수 있게 됩니다. 집에서 혼자 거울을 보고 웃는 연습을 해보세요. 생각처럼 쉽지 않을 겁니다. 쑥스럽고 이게 뭐 하는 짓인가 생각이 들 수 있지만, 감정을 조절하는 스스로의 방법을 찾고 있다면 가장 기본적이고 가장 큰 변화를 가져올 수 있는 방법이니 꼭 해보면 좋겠습니다.

• EBS, '말하기의 다른 방법 - 1부 표정의 비밀', '다큐 프라임', 2010년 5월 17일 방영, https://www.youtube.com/watch?v=5x4tajccAec(38:40~41:20).

'스마일' 대신 '아이'를 외치다

저는 마흔이 될 때까지 제 표정을 모르고 살았습니다. 이런 연구들을 알게 되고 제 얼굴을 보니 매일 찡그리고 살고 있더군요.

'내가 지금까지 이렇게 어두운 표정으로 살아왔구나….'

너무 후회가 되었고, 반성도 했습니다. 그래서 표정을 바꿔봐야 겠다고 생각하고 거울을 보고 연습하기 시작했어요. 처음에는 저도 너무 어려웠습니다. 그 어려움을 극복한 두 가지 방법을 소개해드릴게요.

먼저 세면대 앞 거울에 영어 단어를 딱 하나 써서 붙여놨습니다. 세수할 때마다 보려고요. 미소를 뜻하는 '스마일 smile'을 쓰려다 나를 의미하는 '아이 I'를 썼어요. 거울 속의 나를 보면서 나에게 보내는 미소라는 생각을 했습니다. 그리고 볼 때마다 "아이" 하고 소리 내어 읽었습니다. '아'를 발음할 때는 입을 크게 벌려 얼굴 근육을 스트레칭해줍니다. 그리고 '이'를 발음할 때는 입꼬리를 올리면서 활짝 웃습니다.

이것을 아침에 세수할 때, 저녁에 세수할 때 매일 하루에 두 번씩 했습니다. 처음에는 아침에 3초, 저녁에 3초 연습한다고 수십 년 동안 굳어 있던 표정이 하루아침에 바뀔까 생각했어요. 그런데 3개월 정도 지나니 놀라운 변화가 생겼습니다. 하루는 출근하려고 엘리베이터를 탔는데 거울이 보였어요. 옆에 사람이 함께 타고 있었는데도 무의식중에 '아이' 하며 웃는 표정을 지었습니다. 습관이 된 것이죠. 그때부터 제가 근무하는 곳곳에 거울을 걸고 더 열심히 연습했습니다. 그때 그 미소 연습이 저의 인생에서 너무 중요한 것이었다는 것을 뒤늦게 알게 되었습니다.

두 번째 방법은 '거울 하이파이브'예요. 하이파이브는 2명 이상의 사람이 손뼉을 마주치는 것입니다. 하이파이브는 주로 어떨 때 하나요? 탁월한 성과를 내 기분이 좋거나, 친한 사람을 만나 반가울 때 하죠. 그래서 하이파이브를 하는 순간에 대체로 사람들은 기분이 좋습니다. 이것이 조건반사를 활용한 사례예요. 파블로프의 개가 종소리를 듣고 침을 흘리는 것처럼, 우리도 하이파이브를 치면 자동으로 기분이 좋아지는 것입니다. 지금까지 기분이 좋을 때 하이파이브를 해왔기 때문에 이미 그 행동과 나의 감정에 조건반사가 걸려 있는 것이죠.

방법은 간단합니다. 거울 속에 있는 나와 하이파이브를 하는 거예요. 실제로 굉장히 많이 활용되는 방법입니다. 성공학을 강의하는 여러 멘토가 강조했고, 이 방법을 통해 우울증에서 벗어난 분들도 있어요. 거울을 보고 '아이' 발음하기 그리고 거울 속 나와 하이파이브하기. 이 두 방법을 일상에서 바로 적용해보기를 바랍니다.

2단계
스트레스 관점 훈련

스트레스에 대한
'인식'을 바꿔라

우리는 왜 스트레스를 관리해야 할까요? 바로 건강과 직결되는 문제이기 때문입니다. 충북대학교 수의학과에서 토끼를 대상으로 진행한 스트레스 실험이 있습니다. 토끼들을 친밀군과 스트레스군으로 나누고 똑같이 콜레스테롤이 높은 먹이를 줬습니다. 친밀군 토끼에게는 먹이를 주면서 쓰다듬어주고 사랑을 표현했습니다. 스트레스군 토끼에게는 먹이를 먹을 때 우리를 팡팡 쳐서 놀라게 하고, 움직이지 못하게 장치를 해놓은 채 맹수 울음소리를 들려줬습니다.

그렇게 편안한 환경과 스트레스 환경으로 차이를 주고 4주 후 토끼들의 신체 변화를 관찰했습니다. 똑같이 콜레스테롤이 높은 먹이를 줬으니 똑같이 건강이 나빠져야겠죠?

하지만 친밀군 토끼는 건강이 전혀 나빠지지 않았습니다. 스트레스군 토끼는 눈으로 가는 혈관이 막혀 각막혼탁이 심하게 왔어요. 직접 혈관을 검사해보니 찌꺼기가 잔뜩 껴 좁아져 있었습니다. 이런 실험 결과를 보면 스트레스 관리가 건강한 삶으로 가는 지름길이라는 생각이 드는데요.

"스트레스는 건강에 나쁜 영향을 미친다."

모두가 너무나 잘 아는 이야기입니다. 그런데 이 당연해 보이는 명제를 확신할 수 없게 만드는 놀라운 연구가 쏟아져 나왔습니다. 그 흐름을 함께 짚어보며, 스트레스에 대한 인식을 어떻게 바꾸면 좋을지 한번 이야기해보도록 하겠습니다.

동물의 스트레스와 인간의 스트레스는 다르다

캐나다의 내분비학자 한스 셀리에Hans Selye는 동물 실험을 통해서 스트레스가 건강에 어떻게 나쁜 영향을 미치는지를 연구하고 설명했습니다. 그러나 인지, 스트레스 관리를 연구한 미국의 심리학자 리처드 라자루스Richard Lazarus는 그에 대해 동물 실험 결과를 인간에게 그대로 적용하기에는 무리가 있다고 지적했습니다.

라자루스가 지적한 차이점은 이런 것이었습니다. 먼저, 동물이 실험 상황에서 겪는 스트레스와 인간이 일상에서 겪는 스트레스는 다르다는 내용이었습니다. 앞서 다뤘던 토끼 실험을 한번 봅시다. 토끼가 결박된 상태에서 맹수의 울음소리를 듣는 스트레스는 인간에게 어느 정도의 스트레스일까요? 무려 전쟁 스트레스와 맞먹습니다. 그런데 우리가 현대 사회에서 일상적으로 받는 스트레스는 그것과 차원이 다르죠.

그렇다면 우리는 언제 스트레스를 받을까요? 가족이 나에게 공감해주지 않을 때, 공부할 게 많고 해야 할 일이 많을 때, 중요한 시험이나 승진 발표를 앞두고 있을 때 등입니다. 인간은 고등 인지능력으로 인해 스트레스에 직면합니다. 미래를 생각하고 사건을 예측하려 하기 때문에 관계가 불안정하고, 미래 계획이 불투명하고, 기한이 임박해오면 스트레스를 받는 거예요. 사실 이것은 목숨이 달린 스트레스는 아닙니다. 스트레스의 원인이 당장의 생존에 있는 동물과는 달라요.

두 번째는 '인간은 개념 conceptualization을 가지는 동물이기에 다르다'라는 것이었습니다. 인간이 '생각하는 동물'이라는 점에서 첫 번째 차이와 비슷한 맥락에서 출발합니다. 인간이 개념을 갖는다는 것이 스트레스에 무슨 의미가 있을까요? 라자루스의 관점에서 보면, 인간에게 스트레스를 주는 것은 어떤 사건 자체가 아니고 그 상황에 대한 개인적 관점입니다. 스트레스를 받아들이는 관점에 따라 결과 또한 달라진다는 거예요.

집중력을 향상시키는 스트레스 호르몬

2012년에 미국 마르케트대학교의 아비올라 켈러Abiola Keller 교수는 아주 기가 막힌 연구 논문을 내놓았습니다. 그는 3만 명의 연구 참가자에게 아래와 같은 두 가지 질문을 던졌어요.

1. 지난 1년간 스트레스를 얼마나 많이 받으셨나요?

1) 거의 없음

2) 적음

3) 보통

4) 많음

2. 스트레스가 건강에 얼마나 나쁜 영향을 미친다고 생각하시나요?

1) 별로 나쁜 영향을 미치지 않는다고 생각한다.

2) 보통의 영향을 미친다고 생각한다.

3) 나쁜 영향을 많이 미친다고 생각한다.

그리고 질문에 대한 답변에 따라 연구 참가자들을 아래 표와 같은 12개의 그룹으로 나눴습니다. 두 가지 질문에 답을 하신 분들은 아래 12개 그룹 어딘가에 속하실 겁니다.

그리고 6년 동안 이 12개의 그룹을 추적 관찰하며 사망 위험률을 조사했어요. 어느 그룹의 사망 위험률이 가장 높았을까요? 예상했겠지만, 아래 표에서 12에 해당하는 그룹, 스트레스를 많이 받으면서 스트레스가 건강에 악영향을 미친다고 생각하는 그룹의 사망 위험률이 가장 높게 증가했습니다. 43%라니 굉장히 많이 증가했죠.

그럼 사망 위험률이 가장 낮은 그룹은 어디일까요? 뜻밖에도 아래 표에서 4에 해당하는 그룹이었습니다. 스트레스를 많이 받았지

		지난 1년간 스트레스를 얼마나 많이 받았는가?			
스트레스가 건강에 나쁘다고 생각하는가?		거의 없음	적음	보통	많음
	별로 그렇게 생각하지 않는다	1	2	3	4
	보통이다	5	6	7	8
	그렇다고 생각한다	9	10	11	12

〈스트레스의 양과 스트레스에 대한 인식에 따른 사망 위험률〉

만, 스트레스가 건강에 별로 나쁜 영향을 미치지 않는다고 생각하는 그룹이 전체 그룹 중에서 사망 위험률이 가장 크게 감소한 결과가 나온 거예요. 이 연구 결과가 발표되고 스트레스 연구자들은 큰 혼란에 빠졌습니다. 스트레스는 건강에 직결되는 것이 기존의 연구 동향이었으니까요.

어떻게 이런 결과가 나왔을까요? 이것이 바로 인간이 가진 개념화 능력의 결과입니다. 개인이 받은 스트레스의 양보다 개인이 스트레스를 어떻게 인식하는지에 따라 결과가 달라진 거예요.

같은 해에 재미있는 연구가 또 하나 있었습니다. 미국의 심리학 박사 제레미 제이미슨Jeremy A. Jamieson이 진행한 비슷한 스트레스 실험입니다. 우선 스트레스 상황을 만들어놓고 젊은 실험 참가자들을 대상으로 면접을 봅니다. 이때 면접관들은 일부러 악의적인 질문을 하고, 표정도 자세도 안 좋게 하고 있습니다. 면접이 끝나고 참가자들의 긴장이 고조되어 있을 때 암산을 시켜요. 대답이 잘 나올 리가 없습니다. 그때 계속 큰소리치며 재촉을 합니다.

사실 본격적인 실험 전에, 제이미슨 박사는 참가자들을 3개의 그룹으로 나눴습니다. 첫 번째 '통제 그룹Control Group'은 그냥 실험에 임하게 했습니다. 두 번째 '무시 그룹Ignore Group'은 스트레스를 무시하라고 교육받았어요. 실험 중 스트레스를 받아도, 대답과 암산처럼 주어진 과제에만 집중하면 스트레스를 이겨낼 것이라는 내용이었습니다. 세 번째 '재평가 그룹Reappraisal Group'은 스트레스를 재평가하는 교육을 받았어요. 스트레스를 받을 때 나오는 코르티솔, 에피네프린과 같은 호르몬이 오히려 집중력을 증가시키는 등 수행 능력 향상에 도움을 줄 수 있다는 내용이었죠. 스트레스에 대한 인식을 바꾼 것입니다.

어떻게 받아들일 것인지에 대한 문제

실험에서의 스트레스 상황이 끝나고 3개의 그룹에는 어떤 차이가 나타났을까요? 먼저 아무런 교육도 받지 않은 통제 그룹은 혈관 저항이 가장 높게 나왔습니다. 혈관 저항이 높다는 것은 혈액순환에 문제가 생기고 혈압이 상승할 수도 있다는 것이죠. 무시 그룹은 그보다 좀 낮게 나왔어요. 그런데 스트레스에 대한 인식이 바뀐 재평가 그룹은 혈관 저항이 통제 그룹에 비해 거의 절반까지 확 떨어져 있었습니다. 반면에 심장박출량은 제일 증가했고요. 심장이 한 번 수축할 때마다 뿜어내는 혈액의 양을 심장박출량이라고 하는데, 이 양이 일시적으로 증가하면 혈류가 빨라지고 혈액순환이 잘되면서 운동 중인 근육에 더욱 많은 산소와 에너지를 공급할 수 있게 됩니다. 수행 능력도 일시적으로 좋아지겠죠. 무시 그룹은 심장박출량에 변화가 없었고, 통제 그룹은 오히려 떨어졌습니다.

이렇게 스트레스를 어떻게 인식하는지에 따라 신체 반응, 결과가 달라질 수 있는 것이에요. 켈러의 연구에서처럼 스트레스를 부정적으로 받아들인다면("스트레스가 건강에 나쁘다고 생각한다") 부정적인 영향을 받고(사망률 43% 증가), 제이미슨의 연구에서처럼 스트레스를 긍정적으로 받아들인다면("스트레스 호르몬이 수행 능력 향상에 도움을 줄 수 있다") 긍정적인 영향을 받을 수 있는(심장박출량 증가와 혈액순환 증진) 것입니다.

건강을 위해 스트레스를 관리해야 하는 것이 맞습니다. 하지만 이것이 '스트레스를 받으면 안 된다'라는 뜻은 아니에요. 스트레스가 무조건 건강을 해치는 것은 아닙니다. 스트레스를 받는지 안 받는지, 적게 받는지 많이 받는지보다 중요한 것은 '어떻게' 받아들이는지의 문제입니다.

스트레스의
'흐름'을 바꿔라

일상에서 스트레스를 피하기란 참 쉽지 않습니다. 앞서 우리가 매일같이 받는 스트레스에 대한 '인식'을 어떻게 바꿀 것인지에 관해 이야기했습니다. 스트레스로부터 자신을 보호하는 방법이죠. 지금부터는 스트레스의 '흐름'을 바꾸는 방법을 다뤄보려고 합니다.

직무 스트레스가 긍정적일 수 있다?

코넬대학교에서 발표한 직무 스트레스에 관한 논문이 있습니다.

이 논문이 나오기 전까지는 모두가 직무 스트레스 때문에 건강도 나빠지고 능률도 떨어진다고 생각했습니다. 스트레스는 꼭 줄이는 것이 좋다고 계속 이야기했죠. 그런데 이 논문에서 직무 스트레스의 요인에는 부정적인 것도 있지만, 긍정적인 것도 있다고 밝혔습니다.

연구진이 요인분석을 통해 구분한 직무 스트레스 요인은 두 가지입니다. '방해 요인Hindrance Stressor'과 '도전 요인Challenge Stressor'이 있는데요. 2000년도에 이 논문이 발표되고 끊임없이 관련 연구가 쏟아졌습니다. 그런데 국내에서는 바로 다뤄지지 않았어요.

그러다 2016년에, 마침내 직무 스트레스의 도전·방해 요인에 관한 국내 연구 논문이 발표되었습니다.[**] 저는 이 논문을 쓰고 경희대학교 장영철 교수님 지도하에 경영학 박사 학위를 받았습니다. 방해 요인과 도전 요인의 개념을 가지고 우리나라 직장인 400명을 대상으로 직무 스트레스 요인을 분석했습니다. 그럼 이 논문을 바탕으로 보다 더 구체적인 이야기를 해보겠습니다.

• Cavanaugh MA, Boswell WR, Roehling MV, Boudreau JW. *An empirical examination of self-reported work stress among U.S. managers.* J Appl Psychol. 2000 Feb;85(1):65-74.

•• 이동환, 장영철, '직무스트레스의 도전·방해요인이 신체적 증상 및 종업원 인게이지먼트에 미치는 영향 - 긍정정서의 매개역할', 〈인적자원관리연구〉 2016 제23권, 제1호 : 237-259.

1	나는 동시에 진행해야 할 업무가 많다.
2	직장에서 나에게 기대하는 것이 무엇인지 정확하게 모르겠다.
3	직장에서 나의 고용 안정성은 낮다.
4	나는 업무를 완수하는 데 시간이 촉박하다.
5	우리 회사의 의사 결정은 합리적 측면보다는 사내 정치가 더 영향을 미친다.
6	나는 책임이 따르는 중요한 업무를 맡고 있다.
7	나의 업무를 수행하는 데 불필요한 형식과 절차가 많다.
8	나의 업무는 까다롭고 어렵다.

〈직무 스트레스 요인〉

우리가 직장을 다니며 겪는 직무 스트레스에는 여러 가지 요인이 있습니다. 이 중에 도전 요인도 있고 방해 요인도 있어요. '업무가 많다', '시간이 촉박하다', '책임이 따른다', '업무가 까다롭고 어렵다'가 도전 요인입니다. 방해 요인은 '회사의 기대를 모르겠다', '고용 안정성이 낮다', '회사의 결정에 사내 정치가 영향을 미친다', '불필요한 형식과 절차가 많다'입니다. 이렇게 나눠보니 느낌이 아주 다르죠?

도전 요인도 물론 스트레스인 것은 맞지만 이렇게 생각해볼 수 있습니다.

'어렵고 힘든 일이지만 내가 이것을 잘 해냈을 때 더 발전하고 성장할 수 있을 거야.'

이렇게 도전 요인은 스스로 도전하고, 발전하고, 성장하고, 인정받는 요인으로 작용하기도 합니다. 반면에 방해 요인은 어떨까요? 아무리 좋게 생각하려고 해도 전혀 도움이 되지 않아요. 이 도전 요인과 방해 요인으로 국내 직장인 400명 이상을 대상으로 진행한 연구 결과는 과연 어떻게 나왔을까요? 결론적으로 도전 요인은 직무 몰입도와 조직 몰입도를 증가시키고, 불면증을 유의미하게 감소시켰습니다. 반면 방해 요인은 불면증, 두통, 소화불량, 감기 등의 증상을 증가시켰습니다. 해외 연구와 마찬가지로 도전 요인은 긍정적인 결과들을 보여줬습니다.

긍정 정서를 결정하는 세트 포인트

다시 앞의 여덟 가지 요인을 살펴보겠습니다. 여기에서 중요한 지점을 하나 발견할 수 있습니다. '회사의 불명확한 기대', '낮은 고용 안정성', '사내 정치', '불필요한 형식과 절차' 같은 방해 요인은 내가 혼자 해결할 수 있는 문제가 아닙니다. 조직 차원에서 개선해줘야 하는 문제들이죠.

하지만 도전 요인은 그렇지 않습니다. 개인마다 도전 요인을 다르게 받아들이고 다른 결과를 낼 수 있습니다. 그렇다면 도전 요인을 잘 받아들이는 사람과 그렇지 못한 사람의 차이는 무엇일까요? 바로 '긍정 정서'로 밝혀졌습니다.

연구 결과를 보면 긍정 정서가 높은 사람은 도전 요인을 좋은 방향으로 받아들이고 더 성장해요. 그리고 마침내 성과를 내고 성공을 이룹니다. 반면 긍정 정서가 낮은 사람은 같은 도전 요인도 좋게 받아들이기 어렵죠. 그러니까 나아가지도 못하고 자꾸 제자리걸음 하고 힘들어하는 거예요. 긍정 정서야말로 성과를 내는 원동력이 된다는 것입니다.

그렇다면 긍정 정서는 어떻게 만들어지는 것일까요? 미국의 유명한 과학 학술지에 실린 논문에 나온 얘기입니다.[*] 무엇이 행복, 긍정 정서를 결정하는가? 여기에는 상황, 행동, 세트 포인트라는 세 가지 요인이 있습니다. 대부분의 사람이 우리가 행복해지거나 반대로 스트레스를 받고 감정이 상하게 되는 이유가 상황 때문일 것이라고 생각해요. 그런데 사실 행복감의 주요인에서 상황은 10%밖에 차지하지 않습니다.

---

* Lyubomirsky S, Sheldon K. M, Schkade D, '*Pursuing Happiness: The Architecture of Sustainable Change*', Review of General Psychology. 2005 Vol. 9, No. 2 : 111-131.

무엇이 행복을 결정하는가?

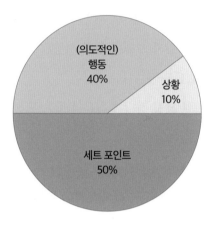

〈행복에 영향을 미치는 세 가지 요인〉

행복에 미치는 영향이 두 번째로 큰 요인은 바로 행동입니다. 행동 앞에 '의도적인'이라는 말이 붙었어요. 일상에서 스트레스를 받으면 긍정적 감정을 유지하기 위해 하는 행동들이 있습니다. 휴식을 취하고, 취미 생활을 하고, 원하는 공부를 하는 것이 다 포함되는 거예요. 이런 의도적인 행동들이 행복 요인의 무려 40%를 차지합니다.

그럼 행복의 제일 큰 요인이 무엇일까요? 세트 포인트가 50%로 가장 큰 비중을 차지하고 있습니다. 설정 값 즉, 유전적인 성격 같은 것이 여기에 해당합니다. 그렇다면 이 세트 포인트를 우리가 바꿀 수 있을까요? 네, 바꿀 수 있습니다. 이게 핵심입니다. 어떻게 하면 우리의 행복에 가장 지대한 영향을 미치는 세트 포인트를 우리가 원하는 방향으로 바꿔갈 수 있을까요? 그 방법들을 앞으로 차차 알아가보도록 하겠습니다.

스트레스에 따른 우리 몸의 변화

"나는 스트레스를 잘 안 받아"라고 말하는 사람들이 있습니다. 사실은 스트레스 받으면서도 자신이 스트레스를 받고 있다는 걸 모르는 사람이 꽤 많습니다. 우선 스트레스 자가 진단 테스트를 알려드리겠습니다.

다음 테스트는 《코르티솔 커넥션 The Cortisol Connection》이라는 책에 나온 것입니다. 스트레스가 우리 몸에 미치는 영향을 잘 설명해주는 의학 서적인데, 여기 나온 테스트를 제가 임상적으로 간추리고 우리나라의 상황에 맞게 조금 고쳐봤습니다.

아예 해당하지 않거나 1년에 1~2회 정도로 빈도가 희박하다면 '없음'으로 여기고 0점을 매기면 됩니다. 2~3달에 1회 정도면 '가끔'으로 1점, 1달에 2회 이상이면 '자주'로 2점을 매겨주세요. 이 테스트는 감정도 들어가지만 신체적 증상이 많이 포함되기 때문에

1	스트레스 상황을 얼마나 자주 경험합니까?	
2	특별한 이유 없이 피로를 얼마나 자주 느낍니까?	
3	쉽게 잠들지 못하거나 잠들어도 자주 깹니까?	
4	불안 또는 우울, 분노와 같은 부정적 감정을 얼마나 자주 느낍니까?	
5	갑자기 성욕이 감퇴하는 것을 느낀 적이 있습니까?	
6	최근에 와서 체중이 쉽게 불어납니까?	
7	최근에 와서 식욕이 감소하고 체중이 줄었습니까?	
8	갑자기 단 것이 먹고 싶어지거나 식탐이 생기는 경우가 있습니까?	
9	기억 장애나 집중력 장애를 얼마나 자주 경험합니까?	
10	긴장성 두통이나 어깨, 목의 근육 긴장을 자주 경험합니까?	
11	복부팽만, 트림과 신물, 설사와 변비 같은 소화기 증상을 자주 경험합니까?	
12	감기나 몸살에 얼마나 자주 걸립니까?	

〈심신 스트레스 검사〉

단순한 심리 테스트보다 더 정확합니다.

모든 문항에 점수가 매겨졌다면 합계를 내주세요. 총점 5점 이하가 가장 양호하고, 6~10점이 위험, 11점 이상이 고위험입니다. 하지만 11점 이상이라도 너무 놀라지 마세요. 해외에서 시작한 테스트이기 때문에 우리나라 상황에 잘 안 맞는 부분도 있습니다. 그래서 지금 말씀드린 기준에 5점을 더하면 알맞을 것 같습니다. 총점 10점 이하 양호, 11~15점 위험, 16점 이상 고위험으로 보면 됩니다.

지금까지 계속 얘기했지만, 스트레스로부터 내 몸을 보호할 수 있는 방법이 굉장히 많습니다. 지금 이 테스트를 통해 자신의 스트레스 점수를 알아두고 이 방법들을 적용했을 때 얼마나 변화가 생겼는지 확인해보면 좋겠습니다.

스트레스 진단도 마쳤으니 다시 돌아가겠습니다. 우리 행복에 영향을 미치는 주요인에 관해 이야기하고 있었는데요. 그중 우리가 바꿀 수 있는 것은 무엇이고, 어떻게 바꿀 수 있을지가 중요한 관건이 될 것 같습니다. 이번 단계에서 차근차근 알아보겠습니다.

호르몬을 알면
감정 조절이 가능하다

스트레스를 받으면 우리 몸은 어떻게 반응할까요? 상상해봅시다. 평화로운 평야에 얼룩말이 풀을 뜯어 먹고 있어요. 그때 사자가 나타난 겁니다. 초긴장 상태의 스트레스 상황입니다. 얼룩말은 선택의 기로에 놓였어요. 싸울 것이냐, 도망갈 것이냐. 스트레스 연구자들이 여기에서 '투쟁-도피 반응fight or flight response'이라는 명칭을 따왔어요. 스트레스 상황 초기에 나타나는 인간의 신체 반응을 부르는 말입니다.

스트레스는 도파민을 부른다

얼룩말은 어떤 반응을 할까요? 코르티솔, 에피네프린 같은 스트레스 호르몬이 분비됩니다. 왜냐하면 위기에 맞서든 도망가든 근육에 힘이 필요하기 때문이에요. 이러한 호르몬은 근력을 내는 데 도움을 줍니다. 위기를 벗어나 안정되면 어떻게 될까요? 분비된 호르몬은 힘을 쓰는 데 모두 소진되고 얼룩말은 다시 안정을 찾습니다. 다만 이것은 어디까지나 동물의 경우죠.

얼룩말은 사자와 싸우거나 도망가거나, 분비된 호르몬을 열심히 소비하며 담판을 짓습니다. 그렇지만 인간의 경우는 그렇지 않죠. 우리 일상의 스트레스 상황은 벗어날 수 있는 명확한 방법이 없습니다. 그냥 계속 스트레스 받는 거예요. 그렇게 되면 코르티솔, 에피네프린 같은 호르몬이 소진되지 못하고 몸에 남아 있습니다. 그래서 자꾸 입맛이 당기고 혈압이 오르는 것이죠. 스트레스를 잘 관리하려면 남은 호르몬을 소모할 수 있는 활동을 해야 합니다. 그게 바로 운동이에요.

여기서 재미있는 게 인간과 동물의 스트레스 반응에 또 하나의 차이가 있습니다. 인간은 코르티솔, 에피네프린 외에 다른 호르몬이 더 분비됩니다. 도파민과 옥시토신이라는 호르몬입니다. 이것 때문에 스트레스 반응이 동물과 좀 달라져요. 도파민은 도전 의식을 불러일으킵니다.

스트레스를 이겨내려는 힘을 불러일으키는 호르몬이에요. '도전 반응challenge response'을 끌어내는 겁니다. 인간은 어려운 상황이 닥쳤을 때 몸을 괴롭히는 호르몬도 나오지만, 상황을 타개하려는 의지를 북돋는 호르몬도 나와요.

스트레스에 맞서고 관계를 맺게 하는 힘

옥시토신은 관계와 관련된 호르몬이에요. 스트레스를 많이 받은 날 친구를 만나고 싶은 것도 바로 이 호르몬 때문입니다. '친교 반응befriend response'을 일으켜 사람을 만나고 싶고, 누구한테 얘기하고 싶어지는 거예요. 스트레스 상황에 동물이 보이는 반응은 투쟁-도피 반응, 그리고 '좌절 반응defeat response'입니다. 마찬가지로 부정적인 반응입니다. 하지만 인간은 도파민의 영향으로 도전 반응을, 옥시토신의 영향으로 친교 반응을, 그리고 나아가 '배려 반응tend respose'까지 보입니다.

친교 반응과 배려 반응을 일으키는 옥시토신은 사랑의 호르몬으로 불리기도 합니다. 옥시토신이 많이 나오는 사람은 주변사람과 관계가 좋고 배려를 잘합니다. 옥시토신과 친교 반응에 관한 재미

있는 실험이 있습니다. 옥시토신을 분비시키는 방법으로는 가까운 사람과 대화하기, 사랑하는 사람과 포옹을 하거나 스킨십을 하기 등이 있는데요. 이 실험에서는 반려견과 사람이 딱 100초 동안 눈을 마주치게 했습니다. 100초 후, 사람의 경우 옥시토신이 4배 증가하고 동물도 40% 증가했어요.

옥시토신은 아기를 낳기 직전에 나오는 자궁수축호르몬이기도 합니다. 아기를 낳은 엄마 몸에는 엄청난 양의 옥시토신이 있겠죠. 그래서 강력한 모성애가 생겨납니다. 그렇기 때문에 옥시토신이 인간에게 필요한 관계를 유지하는 대표적인 호르몬인 것입니다. 심지어 미국에서는 사회성이 부족해 연애를 못하거나, 대화를 어려워하는 사람들을 위해 옥시토신 스프레이까지 나왔다고 합니다.

옥시토신, 도파민 모두 스트레스 관리에 중요한 호르몬입니다. 스트레스에 맞서고 관계를 맺고 힘을 얻게 해주니까요. 그런데 우리는 스트레스 상황을 맞닥뜨리면 무기력해지기도 합니다. 앞에서도 잠시 언급한 좌절 반응 때문인데요. 이제 좌절 반응은 왜 생기는지, 우리가 겪는 무기력의 원인이 무엇인지 이야기해보겠습니다. 그 원인을 알아야 극복할 수도 있을 테니까요.

성공을 망치는
무기력의 원인

마틴 셀리그먼은 학습된 무기력, 낙관주의, 긍정 심리학 등의 개념을 제시한 미국의 저명한 심리학자입니다. 이분이 무기력이 생기는 이유를 처음으로 증명했어요. '학습된 무기력 실험'입니다. 개 24마리를 8마리씩 3개의 그룹으로 나눴습니다. 그리고 박스 3개를 만들었습니다. 1번 박스는 바닥에서 가벼운 전기 충격이 무작위로 나타납니다. 그때 박스에 들어 있는 개는 매우 놀랍니다. 하지만 그개에게는 전기 충격을 멈출 방법이 있었습니다. 천장에 매달려 내려와 있는 판을 코로 움직이면 되는 것이었어요. 그래서 1번 박스의 개는 전기 충격이 올 때마다 스스로 충격을 멈췄습니다. 2번 박스도 똑같이 전기 충격이 무작위로 생겼다 사라졌다 합니다. 하지만 전기 충격을 멈추는 장치가 없습니다. 그래서 2번 박스에 있는 개는 전기 충격이 왔을 때 매우 놀라지만 스스로 멈출 방법이 없기 때문에 저절로 멈출 때까지 기다리는 수밖에 없죠. 3번 박스는 아무런 전기 충격도 주지 않았습니다. 이러한 3개의 박스에 각각 미리 나눠놓은 8마리의 개를 1마리씩 넣어 학습을 시켰습니다.

이러한 학습이 진행되고 개들을 다른 박스로 옮겼습니다. 이 박스는 반으로 나뉘어 있고 그 경계에 개가 뛰어 넘어갈 수 있는 낮은 벽을 세웠습니다. 그리고 한쪽에만 전기 충격 장치를 설치했죠. 앞에서 학습된 개들을 이 박스에 넣어 전기 충격을 줬을 때 어떤 행동을 했을까요? 1번과 3번 박스 그룹의 개들은 전기 충격이 오자 바로 벽을 넘어 대피했습니다. 그런데 2번 박스 그룹이 문제였죠. 8마리 중 6마리가 대피를 포기했습니다. 처음에 박스에서 어떤 행동을 해도 전기 충격을 멈출 수 없었잖아요. 언제 충격이 올지 예측도 못 하고, 충격이 와도 할 수 있는 게 없습니다. 이때 좌절 반응이 일어난 것이죠. 무기력을 학습한 것입니다. 내가 조절할 수 없다고 한번 인식하면, 다음에 조절할 수 있는 상황에도 시도조차 안 하게 되는 것입니다.

1974년에 도널드 히로토Donald Hiroto라는 미국의 또 다른 심리학자가 인간을 대상으로 비슷한 실험을 했습니다. 똑같이 대학생 실험 참가자를 3개의 그룹으로 나누고, 이번에는 전기 충격이 아닌 소음에 노출을 시켰어요. 1번 그룹은 방 안에 있는 번호판에서 특정 버튼을 찾아 누르면 소음을 멈출 수 있었습니다. 2번 그룹은 어떤 버튼을 눌러도 소음을 멈출 수 없었고, 3번 그룹은 소음에 노출시키지 않았어요. 이후 3개의 그룹 모두 소음에 노출되고, 소음을 멈출 수 있는 장치가 주어져요. 1, 3번 그룹은 여러 시도 끝에 소음을 멈추는 버튼을 찾았습니다. 2번 그룹은 찾으려는 시도도 하지 않고 포기해요. 4명 중 1명만 버튼을 찾아내고 나옵니다.

우리는 생활 속에서 무기력을 학습합니다. 살아오면서 내가 알지 못하고, 극복할 수 없는 상황을 마주하죠. 이것이 반복되면 인생이 무기력해지기 시작합니다. 새로운 상황에 도전하려 하지 않고, 적극적으로 위기를 벗어나지 않아요. 우리는 어떻게 이 무기력을 떨쳐낼 수 있을까요?

앞에서 행복을 결정하는 세 가지 요인을 다뤘죠. 상황, 행동, 그리고 세트 포인트입니다. 가장 큰 부분을 차지하는 세트 포인트가 성격 같은 유전적인 부분을 포함한다고 말씀을 드렸습니다. 그런데 태어나고 살아가면서 학습되는 무기력도 세트 포인트에 영향을 미칩니다.

긍정, 상황을 인정하는 힘

'positive'. 한국말로 긍정이라는 뜻이죠. 낙관적이고 어딘가 좋아 보입니다. 긍정의 반대말인 부정은 어딘가 나빠 보이고요. 사실 긍정의 사전적 의미는 '인정함'입니다. 좋다는 의미 이전에 어떠한 상태를 그대로 인정해주는 의미가 있어요. 우리의 마인드 컨트롤은 긍정의 진짜 의미, '인정'에서 출발합니다. 어떤 상황이 닥치면 그 상황을 인정하느냐 못하느냐, 거기부터가 시작인 거예요.

어려운 상황이 닥쳤을 때, 내가 이 상황을 인정하느냐 부정하느냐에 따라 나의 태도가 달라집니다. 인정하는 것은 받아들이는 것이고, 부정하는 것은 그 상황을 내가 바꾸겠다는 의지와 연결되는 것이에요. 열심히 노력해서 타개할 수 있는 상황이면 인정하지 않는 것이 당연합니다. 예를 들어 직장에서 외국어 능력 부족으로 어려움을 겪고 있다면 열심히 공부하면 돼요. 충분히 위기를 이겨낼 수 있습니다.

그런데 내가 바꿀 수 없는 상황도 있어요. 내가 태어난 환경, 부모 혹은 이미 벌어진 일들은 못 바꿉니다. 이런 경우에는 긍정해야죠. 받아들여야 합니다. 이처럼 상황을 인정하고 받아들일 것인가, 아니면 부정하고 도전할 것인가를 빨리 판단하는 게 첫 번째 관건이에요.

저의 다섯 번째 저서 제목이 《나의 슬기로운 감정생활》입니다.

떠오르는 드라마 시리즈 제목들이 있죠. 저는 드라마 '슬기로운 감빵생활'을 정말 재미있게 봤습니다. 감옥 생활만큼 스트레스를 많이 받는 상황이 또 있을까요? 만약 내가 재소자라면 이 상황을 긍정해야 할까요, 부정해야 할까요? 스스로가 어떻게 해결할 수 없으니 긍정해야겠죠. 이 드라마의 등장인물들은 각자 나름대로 적응할 방법을 찾아갑니다.

주인공 '제혁'은 잘 나가는 프로야구 선수였지만, 억울하게 감옥에 들어왔습니다. 여동생이 성폭행당하려는 현장을 목격하고, 범인과 몸싸움을 벌이다 옆에 있던 둔기로 머리를 내려쳤어요. 뇌사에 빠진 범인이 결국 사망하면서 감옥에 들어온 것이었습니다. 얼마나 억울합니까? 그래도 제혁은 긍정하고 상황을 빨리 받아들였습니다. 그리고 앞으로의 상황을 내가 어떻게 바꿀 것인지 고민합니다. 긍정에서 도전으로 넘어간 거예요.

그러던 중 새로운 재소자 '유 대위'가 들어옵니다. 이 인물도 군대에서의 사고로 억울하게 수감되었습니다. 유 대위는 빨리 상황을 긍정하지 못하고 계속 힘들어합니다. 그러다 제혁과 유 대위, 두 인물이 감옥 목욕탕에서 만나는 장면이 나와요. 유 대위가 이렇게 말합니다.

"교도소 체질이신가봅니다. 여기 생활이 즐거워 보여서요. 아니면 아무 생각이 없으신 건가."

주인공 제혁은 황당한 표정을 짓더니 이렇게 대답합니다.

"나도 매일매일이 화가 나. 그런데 그렇게 어떻게 살아? 그렇게 못 살아. 여기가 좋아서가 아니라 살아야 하니까 이러는 거야. 유 대위님 억울한 건 잘 알겠는데, 살고 싶으면 그 화를 잘 다스려야지. 안 그러면 못 버텨, 못 산다고."

이 대화 이후 유 대위 또한 태도가 달라집니다. 상황을 받아들여 긍정하고 적응하는 단계로 넘어가는 것이죠.

감정은 곧 나의 삶이 된다

감정 조절의 시작은 인정입니다. 굉장히 유명한 명언이 있어요.

"가장 강한 종은 힘이 세거나 두뇌가 발달한 종이 아니다. 단지 변화에 적응해 살아남는 종이다."

찰스 다윈Charles Darwin이 한 말이에요. 그다음 명언입니다.

"우리가 갖춰야 할 가장 중요한 능력은 감정 적응 능력이다. 왜냐하면 감정이 곧 나의 삶이기 때문이다."

이것은 제가 한 말입니다. 농담처럼 명언이라고 했지만, 그만큼 중요한 이야기라는 말씀을 드리고 싶습니다. 감정을 관리하는 것 자체가 내 삶을 바꾸는 것입니다. 감정을 조절하면 의욕이 생기고 인심이 납니다. 성공하는 삶으로 가는 사람은 계속 자신의 감정을 확인하고 싸웁니다. 다운되지 않고 편안한 상태를 유지하기 위해 노력합니다.

이제부터 스트레스의 나쁜 반응을 줄이는 방법을 말씀드리겠습니다. 같은 상황에서도 사람마다 심리적 반응이 다르게 나타나는 이유가 있습니다. A는 스트레스를 받으면 바로 짜증이 나고, 울컥하고, 화를 버럭 내는 사람입니다. 그러고는 집에 가서 후회하고, 우울해지고, 잠들지 못합니다. 반면에 B는 "아, 그럴 수 있지" 하고 인정하며 평정심을 찾습니다. 감정 조절에 능통합니다. 두 사람의 가장 큰 차이가 뭘까요? 이 문제를 알면 감정 조절의 고수가 될 수 있습니다. 그 차이는 바로 '성격'에 있어요. 그런데 성격을 바꿀 수 있을까요? 사실은 반반입니다. 어디까지는 바꿀 수 없고, 어디까지는 바꿀 수 있습니다.

타고난 성격을 뿌리째 바꿀 수 없습니다. 하지만 뿌리가 아니라 성격에서 자라난 가지들이 생각 습관, 가치관을 만듭니다. 이것들은 바꿀 수 있어요. 타고난 성격을 다 바꿀 필요는 없습니다. 성격에서 튀어나온 가치관, 생각 습관만 바꿔도 감정 조절을 잘하고 나쁜 심리적 반응을 줄일 수 있습니다. 바꿀 수 없는 환경, 타고난 성격은 받아들이고 바꿀 수 있는 가치관, 생각 습관을 개선하는 것에 관해 이야기를 이어가보겠습니다.

환경이 아닌
생각 습관이 문제다

본격적으로 생각 습관 개선을 이야기하기 전에, 낙관성 자가 진단 테스트를 해보겠습니다. 낙관성도 세트 포인트에 포함되는 요소입니다. 선천적 유전이든 후천적 학습의 결과든 낙관성도 성격이기 때문입니다. 나의 행복을 결정하는 아주 중요한 부분 중 하나입니다.

　마틴 셀리그먼 연구팀에서 사용한 테스트를 제가 우리나라 현실과 문화에 맞게 수정하고 축소해서 만든 32문항입니다. 각 문항은 특정 상황을 설명합니다. 그 아래에 상황을 만든 두 가지 이유가 나와요. 그중에서 내 생각과 더 가깝다고 느껴지는 문항을 선택하면 됩니다. 정답은 없습니다. 두 문항 모두 내 생각과 다를 수 있지만, 그나마 가까운 것으로 고르면 됩니다. 오래 생각하지 않고 바로 선택하는 게 정확합니다. 32문항이 4개의 그룹으로 나뉘어 있는데, 체크가 끝나면 각 그룹 점수를 합산해 적어주세요. 반드시 테스트를 먼저 하고 결과를 보기 바랍니다.

그럼 지금부터 테스트 결과를 해석해보겠습니다. 심리학 최고의 거장들이 모여 만든 테스트이기에 아주 과학적인 테스트입니다. 이 테스트는 평상시의 생각 습관을 '지속성 Permanence 차원'과 '만연성 Pervasiveness 차원'으로 나눠 다룹니다. 어떤 일이 생겼을 때 '항상 있는 일'이라고 생각하는지, '이번에만 있는 일시적인 일'이라고 생각하는지를 따지는 것이 지속성 차원이에요. 낙관적인 사람은 좋은 일에 관해 '항상'이라고 생각하고, 나쁜 일에 관해 '이번에만'이라고 생각합니다.

테스트 문항을 예로 들어보겠습니다. '입시 면접을 잘 치렀다' 같은 상황에 '나는 원래 면접을 잘 본다', '나는 그날따라 면접 시간에 자신감이 넘쳤다'라는 두 가지 답변이 있습니다. 전자의 답변은 '항상'을 택하고 후자의 답변은 '이번에만'을 선택한 거예요. A 그룹은 긍정적인 상황을 제시하지만, B 그룹은 부정적인 상황을 제시합니다. '소득세 신고서를 제때 제출하지 않아서 벌금을 물어야 한다'는 문항에는 '나는 세금 내는 것을 늘 미룬다'와 '올해는 세금 내는 것을 게을리했다' 두 답변이 있어요. 앞의 것은 '항상'이고 뒤의 것은 '이번에만'입니다. A, B 그룹은 생각 습관의 지속성 차원을 측정하는 문항으로 구성되어 있어요.

C, D 그룹은 만연성 차원을 측정합니다. 어떤 일이 생겼을 때 '전부'로 받아들이는지, '일부'로 받아들이는지를 따지는 것입니다. 삶의 일부에서 일어난 성공이나 실패를 삶 전체로 확대해서 생각하는지를 보는 겁니다. 낙관적인 사람은 좋은 일을 '전부'로 받아들이고 나쁜 일을 '일부'로 받아들입니다. '나를 좋아하는 누군가가 나에게 꽃을 보냈다'라는 문항에 '나는 사람들에게 인기가 좋다'라고 답변하면 만연성이 높은 것이고, '그 사람이 나를 매력적으로 봤다'라고 답변하면 만연성이 낮은 겁니다. C 그룹은 좋은 일에 대한 만연성을, D 그룹은 나쁜 일에 대한 만연성을 측정하는 문항으로 구성되어 있습니다.

A, C 그룹 점수가 각 6점 이상, B, D 그룹 점수가 각 3점 이하면 낙관적인 사람입니다. 그리고 제일 중요한 점수는 B와 D 그룹의 합계입니다. 나쁜 일이 생겼을 때 마음가짐을 알아보는 점수로 '희망 점수'라고 해요. 이 점수가 6점 이하면 희망적인 사람입니다. 지금 확인한 점수를 오늘 날짜로 기록해두세요. 그래야 변화를 눈으로 확인할 수 있으니까요.

문항	체크	점수
1. 남편/아내 (또는 애인)과 다툰 뒤에 화해했다.		
내가 상대를 용서해 주었다.		0
나는 상대를 늘 용서해준다.		1
2. 집에 손님을 초대하여 훌륭한 저녁 시간을 가졌다.		
내가 그날 저녁에는 유난히 멋지게 행동한 것 같다.		0
나는 그런 모임을 준비하는 데 재능이 있다.		1
3. 주식으로 많은 돈을 벌었다.		
내 주식 중개인이 그때 결정을 잘했다.		0
내 주식 중개인은 일류 투자가다.		1
4. 운동경기에서 내가 우승했다.		
그때는 누구든지 이길 자신이 있었다.		0
나는 언제나 열심히 최선을 다한다.		1
5. 파티에 갔는데 함께 춤추자는 제의를 자주 받았다.		
내가 원래 파티에서 인기가 많다.		1
그날 밤 나의 모습이 보기 좋았다.		0
6. 입시 면접을 아주 잘 치렀다.		
나는 원래 면접을 잘 한다.		1
그날은 면접 시간에 자신감이 넘쳤다.		0
7. 남편/아내(또는 애인)의 제안으로 낭만적인 곳에서 주말을 보냈다.		
그 사람은 며칠 간 휴식이 필요했다.		0
그 사람은 평소 좋은 장소를 잘 찾아내고 즐긴다.		1
8. 주요한 사업의 책임을 맡으라는 제안을 받았다.		
내가 관리 감독에 재능이 있다.		1
내가 최근에 비슷한 사업에서 잘 해낸 경력이 있었다.		0
점수 합계		( )

〈낙관성 테스트 - A그룹 문항〉

문항	체크	점수
1. 남편/아내 (또는 애인)의 생일을 깜빡 잊었다.		
나는 원래 사람의 생일을 잘 기억 못 한다.		1
요즘 바쁜 일로 정신이 없었다.		0
2. 도서관에 연체료를 1만 원 내야한다.		
독서에 열중하다보면 책 반납하는 것을 잊곤 한다.		1
보고서 작성에 열중하다보니 책 반납을 깜빡 잊었다.		0
3. 더 이상 참지 못하고 친구에게 화를 냈다.		
그 친구는 늘 성가시게 군다.		1
그날따라 그 친구의 기분이 안 좋았다.		0
4. 소득세 신고서를 제때 제출하지 않아서 벌금을 물어야 한다.		
세금 내는 것을 늘 미루는 편이다.		1
올해에는 세금 내는 것을 게을리했다.		0
5. 요즘 많이 지친 느낌이 든다.		
평소 쉴 시간이 없다.		1
이번 주에 특히 바빴다.		0
6. 친구의 말에 마음의 상처를 받았다.		
그 친구는 늘 다른 사람에 대해서 생각도 않고 말을 한다.		1
그 친구가 기분 나쁜 일이 있어서 나에게 화풀이를 했다.		0
7. 스키를 타다가 크게 넘어졌다.		
스키는 어렵다.		1
노면이 얼어 있었다.		0
8. 휴가 때 늘어난 체중이 줄지 않는다.		
다이어트는 늘 실패한다.		1
내가 선택한 다이어트 방법이 효과가 없었다.		0
점수 합계		( )

〈낙관성 테스트 - B그룹 문항〉

문항	체크	점수
1. 나를 좋아하는 누군가가 나에게 꽃을 보냈다.		
그 사람이 나를 매력적으로 봤다.		0
나는 사람들에게 인기가 좋다.		1
2. 지방자치단체 공직에 출마해서 당선이 되었다.		
선거운동에 온 힘을 기울였다.		0
나는 무슨 일이든 열심히 한다.		1
3. 회사에서 촉박하게 부여받은 과제를 결국 제때 해냈다.		
나는 회사 일을 잘한다.		0
나는 모든 일을 잘한다.		1
4. 질식사 할지도 모를 사람을 살려냈다.		
질식을 막는 법을 알고 있다.		0
위급 상황에서 어떻게 해야 하는지를 알고 있다.		1
5. 상사가 나에게 조언을 구했다.		
내가 그 분야에 대해서 잘 알기 때문이다.		0
내가 훌륭한 조언을 잘하기 때문이다.		1
6. 친구가 어려울 때 도와줘서 고맙다고 인사를 했다.		
나는 그 친구가 어려울 때는 기꺼이 돕는다.		0
나는 사람들을 잘 돕는다.		1
7. 의사는 내 몸매가 좋다고 말했다.		
나는 운동을 게을리하지 않으려고 애쓴다.		0
나는 건강에 신경을 많이 쓴다.		1
8. 회사에서 멋진 상을 받았다.		
내가 중요한 문제를 해결했기 때문이다.		0
내가 최고의 사원이었기 때문이다.		1
점수 합계		( )

〈낙관성 테스트 - C그룹 문항〉

문항	체크	점수
1. 중요한 약속을 지키지 못했다.		
가끔 기억력이 떨어질 때가 있다.		1
가끔 일정표 확인하는 것을 잊을 때가 있다.		0
2. 중요한 시험을 망쳤다.		
나는 시험을 같이 봤던 다른 사람들보다 똑똑하지 못하다.		1
시험 준비를 충분히 하지 못했다.		0
3. 정성껏 요리했는데 친구가 많이 먹지 않는다.		
나는 요리에 소질이 없다.		1
요리를 너무 급하게 준비했다.		0
4. 오랫동안 연습했는데도 경기에서 지고 말았다.		
나는 운동에 별로 소질이 없다.		1
이 종목은 내가 잘 못한다.		0
5. 데이트 신청을 했는데 거절당했다.		
그날은 제대로 되는 일이 하나도 없었다.		1
데이트 신청을 할 때 말이 꼬이고 말았다.		0
6. 애인이 잠시 냉각기를 가지자고 한다.		
내가 너무 자기중심적이었다.		1
애인에게 충분히 시간을 쓰지 못했다.		0
7. 내 주식 값이 떨어져 오를 기미를 보이지 않는다.		
주식을 살 때 경기 동향을 잘 몰랐다.		1
주식 선택을 잘못했다.		0
8. 신용카드로 결제하려는데 한도 초과로 결제가 되지 않는다.		
나는 때때로 내가 돈이 많다고 착각하며 돈을 쓴다.		1
나는 때때로 카드 대금 지불 시한을 잊고는 한다.		0
점수 합계		( )

〈낙관성 테스트 - D그룹 문항〉

점수를 기록해주세요.	
A 그룹 문항 합계 점수	( )점
B 그룹 문항 합계 점수	( )점
C 그룹 문항 합계 점수	( )점
D 그룹 문항 합계 점수	( )점
B + D 그룹 문항 합계 점수	( )점

A그룹 문항 합계 점수 : ( )점			B그룹 문항 합계 점수 : ( )점		
해석	7~8점	매우 낙관적	해석	0~1점	매우 낙관적
	6점	약간 낙관적		2~3점	약간 낙관적
	4~5점	평균		4점	평균
	3점	약간 비관적		5~6점	약간 비관적
	0~2점	매우 비관적		7~8점	매우 비관적
C그룹 문항 합계 점수 : ( )점			D그룹 문항 합계 점수 : ( )점		
해석	7~8점	매우 낙관적	해석	0~1점	매우 낙관적
	6점	약간 낙관적		2~3점	약간 낙관적
	4~5점	평균		4점	평균
	3점	약간 비관적		5~6점	약간 비관적
	0~2점	매우 비관적		7~8점	매우 비관적

B + D 그룹 문항 합계 점수 : ( )점		
해석	0~2점	매우 희망적
	3~6점	약간 희망적
	7~8점	평균
	9~11점	약간 절망적
	12~16점	매우 절망적

〈낙관성 테스트 결과 해석〉

뇌의 필터링에 따라
마음이 다르게 만들어진다

이번에는 감정을 바꾸는 구체적인 메커니즘을 말씀드리겠습니다. 뇌는 보통 1.4kg 무게에 280억 개의 신경 세포를 가지고 있어요. 신경 세포를 연결하면 1만 km에 달합니다. 그리고 뇌는 300억 비트를 가진 컴퓨터와 같은 기능을 합니다. 신경 세포 하나가 100만 비트의 정보를 담을 수 있는 초소형 컴퓨터라고 보면 됩니다. 하나의 신경 세포에서 다른 신경 세포로 정보를 전달하는 데는 단 0.02초밖에 걸리지 않아요.

어떤 것을 받아들이고, 어떤 것을 걷어낼 것인가

실제로 일상에서는 뇌가 빨리빨리 돌아가는 느낌이 잘 안 듭니다. 이것을 설명하는 뇌 과학 이론이 있어요. 우리 뇌는 1초에 200만 비트의 정보를 받아들입니다. 200만 비트면 영단어 5만 개 정도의 용량이에요. 시각, 청각, 촉각 등 오감을 동원해서 받아들입니다. 그런데 받아들이기만 해요. '인식'은 그만큼 하지 못하는 것이죠. 인식 용량은 1초에 134비트, 숫자 7개 정도 기억할 수 있는 용량입니다. 나머지 정보는 '필터링 시스템'에 걸러져요. 애초에 받아들이지 못하거나 잊어버리거나 잠재된 무의식으로 가라앉습니다.

현재 의식으로 떠오르는 정보, 인식할 수 있는 정보는 고작 숫자 7개 정도예요. 언뜻 보면 우리 뇌가 일하는 방식이 비효율적으로 보일 수 있습니다. 하지만 필터링 시스템이 없다면 뇌가 어떻게 될까요? 과부하에 걸립니다. 반드시 필요한 시스템이에요. 그런데 이게 작동하는 것이 사람마다 다릅니다. 쏟아지는 정보 속 무엇을 받아들일지 선택하는 것이 다 달라요. 개인의 경험, 습관에 따라 달라집니다.

예를 들어볼게요. 회식을 한다고 상상해봅시다. 수십 명이 웅성웅성 떠드니까 어디서 누가 무슨 말을 하는지 잘 안 들려요. 그런데 누가 내 이름을 언급하면 그것만 들립니다. 내 이름은 필터링이 안 되는 것이죠. 익숙하니까요. 필터링 시스템은 뇌가 나름대로 상황을 판단하고, 필요한 정보만 빠르게 인식하는 작용입니다.

우리의 일상은 200만 비트의 상황입니다. 수없이 많은 자극과 정보가 쏟아져요. 그리고 그 아수라장의 상황에서 필요한 정보만 '요만큼' 인식합니다. 그리고 그렇게 인식한 정보가 우리의 마음을 만들어요. 스트레스 상황에서도 어떤 것을 받아들이고, 어떤 것을 걸어내는지가 중요한 관건입니다. 내가 환경을 바꿀 수는 없지만 필터링 시스템을 조절하고 훈련할 수는 있어요. 바로 나의 인식, 마인드가 달라지는 길입니다. 이제 필터링 시스템을 바꾸는, 성공하는 사람은 모두 다 가지고 있는 놀라운 습관을 이야기해볼게요.

상황을 바꿀 수 없다면 관점을 바꿔라

제가 5년 전에 만났던 환자 분 이야기를 들려드리겠습니다. 30대 중반의 여성 분이 만성피로 때문에 왔는데 검사해보니 아무 이상이 없었습니다. 그런데도 환자 분은 이유 없이 매일 몸이 피곤한 거예요. 기능 의학 검사를 통해 몸의 에너지, 세포 기능을 끌어올리는 치료들을 시작하기 전에 제가 그분에게 이렇게 말씀을 드렸습니다.

"몸의 치료도 좋지만 스트레스 관리를 좀 하셔야겠어요. 그래야 치료도 잘될 것 같습니다."

얼굴이 어두운 것이 스트레스를 많이 받는 것 같았거든요. 그런데 그분이 저한테 갑자기 화를 내며 이렇게 말합니다.

"제 스트레스를 제가 관리할 수가 없는데 어떻게 관리하라는 거예요?"

자세한 상황을 여쭤봤더니, 직장에 성격이 아주 이상한 팀장이 있다는 겁니다. 본인의 직속 팀장인 데다 팀원들도 그 사람 하나 때문에 다 아주 힘들어하고 있다고요. 그런데 그걸 본인이 어떻게 관리하냐면서 화를 내더군요. 팀장을 바꿀 수도 없고 퇴사를 할 수도 없는데 어떻게 관리를 하냐는 것이었죠.

그날은 그렇게 일단락하고 치료에 들어갔어요. 처음에는 몸 에너지가 좋아졌지만, 잠깐뿐이었습니다. 또 스트레스를 받는 일이 생기면 잠을 못 자고, 에너지가 나빠지고, 오르락내리락했죠. 저는 걱정되기 시작했어요. 이 환자가 정말 좋아질 수 있을까?

그러던 어느 날, 환자 분이 너무 밝은 표정으로 내원했습니다.

"원장님, 그 팀장 퇴사했어요. 퇴사!"

그 이후부터는 환자 분의 상태가 급속도로 좋아졌습니다. 그 이후 세 번 정도 더 오고 아주 기분 좋게 치료를 종결했습니다. 저는 그 환자 분을 보며 '스트레스가 역시 몸의 에너지를 많이 빼앗는구나' 정도로 생각하고 넘어갔습니다. 그리고 3개월이 지났습니다.

접수 명단에 그 환자 분 성함이 다시 올라왔습니다. 환자 분이 진료실로 들어오자마자 그동안 어떻게 지냈는지 여쭤봤습니다.

"원장님, 새로 온 팀장이 더 이상한 것 같아요."

그제야 이 환자 분을 그냥 두면 안 되겠다는 생각이 들었습니다.

"팀장을 다시 바꿀 수도 없고, 환자 분이 당장 퇴사할 수도 없죠? 바꿀 수 없는 환경 때문에 계속 스트레스를 받으면 누구만 손해입니까? 이제 어떻게 할 건가요?"

그때서야 처음으로 환자 분이 허심탄회한 이야기를 했습니다.

"예전 팀장도 지금 팀장도 스트레스를 많이 주는 건 맞는데요. 사실은 이상하게 우리 팀원들 중 제가 제일 힘들어해요. 다른 동료들은 스트레스를 받아도 잘 견디는 것 같은데 저는 마음이 너무 힘들어요. 잠을 못 자고, 몸의 에너지가 떨어져요. 제가 성격이 예민해서 스트레스에 민감한 사람인 것 같아요. 제 성격 좀 어떻게 바꿀 수 없을까요?"

저는 환자 분이 그렇게 털어놓는 모습을 보고 50%는 이미 치료가 되었다고 생각했습니다. 이 생각을 하기까지가 정말 중요하고 어려운 일이니까요. 많은 사람이 환경을 바꿔야 한다고 생각하지 내가 '리프레임 Reframe' 해야 한다고 생각하지 못합니다. 비로소 환자 분이 이에 대한 인사이트가 생긴 것이죠.

'슬기로운 감빵생활'의 제혁처럼 상황을 인정하게 된 겁니다. 인정을 하면 '관점 바꾸기'로 넘어갈 수 있습니다. 상황을 바꿀 수 없으니, 이 상황을 바라보는 관점을 바꾸는 것입니다.

최악의 마음 상태에서 나를 구제하는 법

생각 습관을 바꾸는 것을 리프레임 기법이라고 합니다. 리프레임 기법은 교훈 찾기, 감사하기로 요약할 수 있습니다. 심리적 트라우마가 심한 분들은 이미 잠재의식에 안 좋은 감정이 많이 섞여 있기 때문에 아무리 좋은 감정을 가지려고 애를 써도 소용이 없습니다. 이때 중요한 것이 바로 '교훈 찾기'입니다.

트라우마로 힘들어하는 환자 분이 있었습니다. 먼저 얘기를 듣고 힘든 상황에 충분히 공감해드렸어요. 그리고 질문을 드렸습니다.

"힘든 상황은 잘 알겠습니다. 그런데 혹시 그 일로 좋은 점은 없었나요?"

환자 분 입장에서는 황당했는지 대뜸 화를 냈습니다.

"지금까지 어려운 상황을 얘기했는데 좋은 점이라뇨?"

저는 거기서 물러서지 않았습니다.

"그래도 좋은 점 한번 찾아보세요."

처음으로 거꾸로 생각해보는 겁니다. 희한하게도 말도 안 되는 얘기라고 생각하다가 좋은 점이 어떻게든 나옵니다.

"친한 친구한테 배신당해 지금까지 이렇게 힘들게 살고 있지만, 생각해보니까 제가 그 이후로 좀 더 신중해졌네요."

이렇게 좋은 점을 하나 찾으면 마음속 트라우마가 조금씩 희석되기 시작합니다. 정말로 강력한 심리 기법이에요. 좋은 점을 생각하면 조금씩 괴로운 감정이 줄어듭니다. 이처럼 교훈 찾기는 잠재의식 최적화에 중요한 역할을 해요.

사람을 죽이는 것은 사람을 강하게 만든다

서울대학교 지구환경과학부 이상묵 교수는 우리나라 대표적인 해양지구물리학자입니다. 2006년 캘리포니아 지질 탐사 중 자동차 전복 사고가 일어났습니다. 교수님이 의식을 찾았을 때, 경추가 부러져 사지 마비가 온 상태였어요. 숨 쉬기도 힘든 상태에 할 수 있는 건 생각뿐이었습니다. 서울로 옮겨 온 교수님은 사고 당시 '내가 지금 머리를 안 다쳤으니 직장으로는 돌아갈 수 있겠구나'라고 생각했다고 합니다.

보통 사람 같으면 사지가 마비된 상태에 집중했을 거예요. 하지만 교수님은 반대로 생각했습니다. 머리를 다치지 않은 것에 집중했어요. 그리고 사고 6개월 만에 재활에 성공하고 복귀해서 지금도 연구 활동을 하고 있습니다. 그는 한 인터뷰에서 이렇게 말했습니다.

"내가 다치기 전에도 항상 행복한 것은 아니었습니다. 그때도 불행하거나 슬플 때가 있었죠. 그러니까 다쳤다는 이유로 마냥 더 불행할 것 같지는 않다는 생각이 들더라고요. 저는 사고를 당하고 더 좋은 것을 배웠습니다. 사람을 죽이는 것은 사람을 강하게 만든다. 제아무리 큰 어려운 시련을 당해도 극복할 수만 있다면, 시련도 좋은 것 아니겠습니까?"

이상묵 교수님의 인터뷰를 직접 들어보면 눈물이 납니다. 이렇게나 힘든 상황에서도 리프레임을 통해서 빠르게 복귀하고 꾸준히 연구 실적을 쌓아나가고 있습니다.

감사하는 마음이 성장의 발판이 된다

미국 하트매스Heartmath 연구소의 롤린 맥크래티 Rolline MaCraty 박사는 감사한 마음을 가질 때 몸과 마음의 컨디션이 최상이 된다는 사실을 증명했습니다. 휴식, 명상, 기분 좋은 상상, 그 무엇보다도 감사하는 마음이 들 때 몸과 마음이 가장 편안한 상태, 최상의 상태가 된다는 것이죠. 캘리포니아주립대학교 로버트 에몬스Robert Emmons 교수는 재미있는 연구를 진행했는데요. 실험 참가자들에게 앞으로 약 10주 동안 달성해야 할 목표를 여섯 가지씩 정하게 했습니다. 그리고 실험 참가자들을 무작위로 두 그룹으로 나눴고요. 한 그룹에만 감사한 마음이 들 수 있게 했습니다. 일주일에 최소 5개의 감사한 일을 찾아 기록하게 한 거예요. 그리고 10주가 지난 후에 그 결과를 살펴봤습니다. 그런데 정말 놀랍게도 감사한 일을 기록한 그룹이 목적달성률 20% 높게 나타났어요. 그룹에 따라 참가자들의 태도도 다르게 나타났습니다. 감사한 일을 기록한 그룹의 참가자들은 인내력과 실행력이 훨씬 증가했습니다. 더 대단한 것은 실험이 끝난 다음에도 꾸준히 목표 달성을 위해 노력하는 태도를 보였다는 것이에요.

즉 감사함을 자주 느끼고 기록하는 것은 단순히 나의 스트레스 관리나 감정 조절을 위해서만 필요한 것이 아닙니다. 전전두엽이 발달하고 성장하는 삶으로 다가서는 발판이 되는 것이죠.

가장 간단하지만 가장 큰 효과를 발휘하는 감사 일기

다시 찾아온 환자 분에게도 리프레임 훈련을 권해드렸어요. 감사 일기를 써보라고 제안한 것입니다. 그분이 뭐라고 반응했을까요?

"감사할 일이 있어야 감사 일기를 쓰죠!"

애써 안 찾아도 감사를 느낄 일이 많으면 저희 클리닉까지 안 왔겠죠. 저는 그런 환자 분들에게 감사 일기를 열심히 쓰라는 뜻으로 제가 써온 감사 일기를 보여드립니다. 저는 벌써 15년 이상 감사 일기를 쓰고 있습니다.

감사 일기, 너무 많이 들어 식상하다 싶은 분들도 있을 겁니다. 근데 들어본 사람은 많은데 실제로 실천하는 사람은 제대로 본 적이 없고요. 반대로 꾸준히 실천하고 효과를 못 봤다는 사람도 거의 없습니다. 실제로 감사 일기의 효과에 대한 연구도 많이 있습니다.

감사 일기를 처음 쓸 때는 매우 어렵습니다. 평소에 감사하다는 생각을 안 하고 살았기 때문이죠. 하지만 그동안 생각하지 못했던 것들을 곰곰이 생각하면서 하나씩 찾아가다보면 점점 리프레임 훈련이 됩니다. 예를 들어 내가 지금 이 회사를 다니고 있는 것, 너무 당연하게 느껴지겠지만 내가 이 회사에 들어오기까지의 과정에서 도움을 준 사람은 너무나도 많습니다. 오늘 맛있는 저녁을 먹으면서도 이 음식을 먹을 수 있게 도움을 준 사람이 너무 많습니다. 너무 당연한 것 같지만 하나씩 깊이 생각하면서 고맙고 감사한 대상을 찾아나가는 것이죠. 이렇게 매일 감사 일기를 쓰다보면 점차 생각의 습관이 달라집니다. 저녁에 감사 일기를 쓰기 위해 낮에 생활하면서 일기 쓸 거리를 찾게 됩니다. 그러면 자연스럽게 리프레임을 하게 되고요. 스트레스 환경에서도 감정 조절을 잘할 수 있게 됩니다.

꼭 감사 일기가 아니더라도 자신만의 리프레임 훈련은 꼭 해보기를 바랍니다.

중요한 것은 나의 한계를 정하지 않는 것

저는 어릴 때부터 걱정이 많고 스트레스에 민감했습니다. 그래서 입안이 허는 지병이 있었습니다. 나이가 40이 될 때까지 거의 20년은 입안이 헐어 있었던 것 같은데, 지금은 그 병이 완전히 없어졌어요. 이 또한 리프레임 훈련의 결과라고 생각합니다.

감사 일기 외에도 다른 감사 연습이 있는데요. 그것은 가장 감사한 사람에게 편지 쓰기입니다. 평소에 감사하다고 느끼는데 말로는 표현하지 못했던 사람들에게 편지를 씁니다. 쓰기만 하고 보내지는 않아도 됩니다. 쓰는 순간 감사함을 느끼면 몸과 마음이 편안해집니다.

그런데 감사하기에는 두 얼굴이 있어요. 먼저 감사하기를 하면 마음이 풍요로워지고, 여유가 생기고, 감정이 편안해집니다. 그런데 감사하기를 잘못하면 반대로 마음에 결핍을 만들 수 있어요. 감사하기의 잘못된 예는 이렇습니다.

"이 정도면 감사하지 뭘 더 바라겠어."

우리가 바라는 목표에 한계를 정하는 감사하기는 안 됩니다. 우리가 목표로 나아가는 데 동기부여가 되는 감사하기를 해야 합니다.

"지금까지 잘해온 나에게 너무 감사하다."

"내가 목표를 이룰 수 있게 도움을 주는 주변 모두에게 감사하다."

이런 감사한 마음이 이타적 태도로도 나아갈 수 있어야겠죠.

"감사한 만큼 꼭 큰 성공을 거둬 더 많은 사람에게 도움을 줘야겠다."

이렇게 꾸준히 동기부여가 되는 감사함을 느끼려고 노력하는 것이 중요합니다.

스트레스를 이겨내는
필수 영양소

이제 스트레스를 이겨내는 영양소에 대해 알아보겠습니다. 지금 말씀드릴 첫 번째 영양소는 흡수가 되면 세포 안의 미토콘드리아라는 에너지 공장으로 갑니다. 이 영양소는 미토콘드리아가 에너지를 만드는 과정에서 필수적인 역할을 합니다. 또 이 영양소의 중요한 역할 중 하나가 근육을 편안하게 이완해주는 것이죠. 그래서 이 영양소가 부족하면 근육이 수축됩니다.

그런데 스트레스를 받을 때 이 영양소가 떨어집니다. 스트레스 호르몬이 대사되는 과정에서 소모되기 때문입니다. 그래서 스트레스를 받으면 근육도 빨리 뭉치고 금세 피곤해지는 것이죠. 평상시

이 영양소가 충분히 채워져 있으면 스트레스를 받아도 잘 견딜 수 있습니다. 하지만 평소에 이 영양소가 부족한 사람은 스트레스를 받으면 빨리 피곤해지고 근육도 잘 뭉칩니다. 이 영양소 과연 무엇일까요? 바로 '마그네슘'입니다. 만성피로 스트레스 환자들에게 제일 먼저 처방하는 영양소이기도 하죠.

스트레스에 저항하는 마그네슘과 비타민C

마그네슘이 부족할 때 나타나는 증상으로 가장 먼저 생각나는 것이 눈 떨림 현상일 것입니다. 이 눈 떨림은 근육 수축으로 나타나는 증상입니다. 이외에도 쥐가 잘 나고 어깨가 잘 뭉치는 증상들이 있습니다. 심지어는 내부 장기에 있는 근육이 수축되기도 합니다. 대표적인 게 혈관입니다. 혈관에도 근육 층이 있기 때문에 마그네슘이 많이 부족해지면 혈관도 수축됩니다. 혈관이 수축되어 좁아지면 혈압이 올라가고요. 스트레스를 받으면 마그네슘이 부족해지고, 근육이 수축되고 혈압도 오릅니다. 이러한 여러 증상 때문에 더 긴장하고, 그래서 다시 스트레스를 받고… 악순환입니다.

마그네슘이 가장 많이 들어 있는 음식은 '다시마'입니다. 데쳐 먹어도 되고, 찌개나 국을 끓일 때 육수를 내 먹어도 좋습니다. 식사 중 자연스럽게 섭취하기가 어려우면 영양제도 잘 나와 있습니다. 병원에서 마그네슘을 주사로 놓아주기도 합니다. 링거에 섞어 맞으면 보통 주사 맞는 중에 잠이 드는 환자가 많습니다. 이는 긴장이 풀리면서 편안한 상태가 되기 때문입니다. 스트레스를 받고 술을 마시는 것은 좋지 않습니다. 알코올 해독 과정에서 또 마그네슘이 소모되기 때문입니다. 즉 스트레스 받은 날 술까지 마시면 마그네슘을 두 번 죽이는 셈입니다.

마그네슘 다음으로 중요한 영양소는 '비타민C'입니다. 비타민 C는 만병의 근원인 활성산소를 막아줍니다. 하루 100억 개 이상 생성되는 활성산소는 세포와 DNA를 공격해 여러 병을 일으켜요. 그런데 스트레스를 많이 받고 감정이 나빠지면 활성산소가 더 많이 생깁니다. 이러한 활성산소를 억제하는 항산화 물질 중 가장 대표적이고 저렴하여 가장 흔히 섭취할 수 있는 것이 비타민C입니다.

뇌의 에너지를 즉각 바꾸는 오메가3

뇌의 에너지를 바꿀 수 있는 중요한 영양소를 말씀드리겠습니다. 바로 '오메가3'입니다. 이 영양소는 섭취하면 뇌 신경 세포막으로 가게 되어 신경 세포가 안정됩니다. 예민한 신경을 가라앉혀주는 것입니다. 신경이 예민한 ADHD 아이들을 대상으로 실험했을 때, 오메가3와 같은 불포화지방산을 섭취한 아이들의 증상이 확연히 좋아지는 것이 확인되었습니다.

오메가3는 혈관에도 좋지만, 뇌에도 정말 좋은 영양소입니다. 어린이용 오메가3도 뇌 발달에 도움이 되어 많이 나오는 추세입니다. 최근에는 식약처에서 오메가3를 기억력 향상에 도움을 주는 영양소로 공식 인정했습니다. 오메가3가 가장 많이 들어 있는 음식은 '생선'입니다. 생선을 즐겨 먹지 않으면 영양제로도 섭취가 가능합니다.

오메가3와 반대로 몸에 나쁜 지방산도 있습니다. 바로 '오메가6'입니다. 오메가3가 혈관 건강에 좋은 이유는 우리 몸의 미세 염증을 줄여주기 때문인데요. 오메가6는 미세 염증을 늘립니다. 물론 오메가6에도 종류가 있어서 좋은 작용을 하는 오메가6도 있습니다. 그러나 우리가 많이 먹는 오메가6 중 대부분이 나쁘게 작용합니다.

그런데 식습관이 점점 현대화되면서 오메가3 섭취는 줄고, 오메가6 섭취는 늘고 있습니다. 이 둘의 가장 이상적인 섭취 비율은 1 대 1~4입니다. 요즘은 거의 1 대 20의 비율로 섭취한다고 해요. 우리가 일상에서 자주 먹는 식재료를 예로 들어보겠습니다. 먼저 옥수수입니다. 오메가3, 오메가6의 비율이 어떻게 될까요? 무려 1 대 60입니다. 계란도 똑같이 나와요. 심지어 소고기는 1 대 108의 비율에 이릅니다. 이상적 비율은 1 대 1~4인데 오늘날에는 너무 불균형적으로 섭취하고 있는 거예요. 어떻게 이런 결과가 나왔을까요? 요즘 소들은 옥수수 사료를 먹여 기릅니다. 그래서 그 비율이 붕괴되었어요. 풀을 먹여 기른 소는 1 대 2~4, 방목해 기른 닭의 계란도 1 대 2~4 범주입니다. 소고기, 계란을 사 먹을 때도 이런 점들은 꼭 확인해보세요. 지금까지 소개해드린 마그네슘, 비타민C, 오메가3. 저는 이 세 가지 영양소를 '항스트레스 영양소 삼총사'라고 부릅니다. 기능 의학에서도 정말 중요하다고 강조하는 영양소입니다.

마지막으로 이들 못지않게 중요한 영양소 하나를 추가로 알려드리겠습니다. 바로 '비타민D'입니다. 한국에서는 햇빛으로 비타민D를 충분히 합성하기 어렵습니다. 햇빛만 받아 비타민D를 정상 수치까지 합성하려면 아주 큰 노력이 필요합니다. 민소매에 반바지 차림으로 최소 15~20분 이상, 일주일에 두세 번 햇빛을 받아야 해요. 하지만 추운 계절이 있는 한국에서 1년 내내 그렇게 할 수는 없겠죠. 그래서 우리나라 사람들은 보통 비타민D가 부족합니다. 비타민D가 부족하면 면역력이 많이 떨어집니다. 우울증, 치매, 비만, 동맥경화, 당뇨, 암 등 만병의 원인이 됩니다. 비타민D 수치에 따라 코로나 환자가 중환자실에 가거나 사망할 확률이 10배가량 차이가 났습니다. 비타민D는 음식 섭취로도 얻기 어려워요. 영양제를 먹어서라도 꼭 챙겨야 합니다.

뇌 호르몬을 바꿔야
행복합니다

웃으면 '엔도르핀endorphin'이라는 호르몬이 나옵니다. 재미있는 것을 보고 자연스럽게 웃을 때도 나오고 억지로 웃을 때도 나옵니다. 그래서 웃음 치료가 생긴 것이죠. 엔도르핀이 나오면 NK 세포⁺가 활성화되어 암세포를 죽인다는 연구 결과가 나오고 암 치료에도 웃음 치료가 도입되기 시작했습니다. 웃으면 건강해져요.

• 'Natural Killer cell' 바이러스 및 암세포 대응 백혈구.

햇볕을 쬐며 걸으면 행복해지는 이유

이번에 이야기할 뇌 호르몬은 세로토닌입니다. 앞에 수면에 관해 얘기할 때도 잠깐 다뤘습니다. 세로토닌이 많이 나오는 사람이 멜라토닌도 잘 만들어져 잠을 잘 잔다고 했어요. 엔도르핀은 우리를 즐겁고 신나게 해주죠. 그런데 세로토닌은 마음을 편안하게 만들어줍니다. 단순히 기분이 좋은 것과는 조금 다른 행복감이죠. 그럼 세로토닌 분비를 활성화하는 방법은 무엇이 있을까요?

세로토닌 합성을 위해 필요한 두 가지 요소는 첫 번째가 햇빛, 두 번째가 리듬 운동입니다. 햇빛은 외출만 해도 받을 수 있고 리듬운동은 가장 기본적이고 대표적인 게 걷는 거예요. 햇빛을 받으며 걷는 것이 중요합니다. 직장인을 대상으로 한 수면 연구도 있어요. 점심시간에 30분에서 1시간 정도 햇빛을 받으며 걷게 하자 불면증이 사라졌습니다. 이외에 행복도가 올라간 연구들도 있어요.

세로토닌을 만들기 위해 선크림을 안 바르는 게 좋을까요? 상관없습니다. 비타민D를 위해서라면 안 바르는 게 맞아요. 하지만 세로토닌은 빛을 눈으로 받는 것이라서 선크림의 영향을 받지 않습니다. 햇빛이 밝은 곳에 가면 시각 자극이 뇌로 전달되며 세로토닌 합성을 활성화합니다. 세로토닌이 부족하면 생기는 병이 우울증입니다. 그래서 우울증 약 중에 세로토닌을 활성화하는 약도 있어요.

좋은 에너지를 위한 네 가지 호르몬

다음으로 또 중요한 호르몬이 '도파민'입니다. 도파민이야말로 성공 호르몬이라고 흔히들 얘기하죠. 왜냐하면 도파민이 많이 나오는 사람이 부지런하고 활동적이고 의욕적이기 때문이에요. 이 호르몬은 우리에게 어떤 행복감을 줄까요? 뭔가를 열심히 했을 때 느낄 수 있는 감정, 성취감, 뿌듯함, 만족감입니다.

도파민이 부족하면 생기는 병이 있어요. 바로 파킨슨병입니다. 뇌세포에 문제가 생겨 도파민 형성이 잘 안 되면 파킨슨병에 걸릴 확률이 높아집니다. 노화와도 관련이 있죠. 도파민은 미세하고 정교한 운동 능력을 조절해줍니다. 그뿐 아니라 뭔가 열심히 하고픈 의욕을 가지게 하고, 부지런하게 행동하게 하고, 성취감과 만족감으로 인한 행복을 주는 호르몬이죠. 그래서 도파민은 그만큼 정말 중요해요.

옥시토신도 행복에서 빼놓을 수 없는 호르몬입니다. 사랑하는 사람들과 대화하는 데서 오는 즐거움, 사람은 혼자 사는 게 아니기 때문에 이것도 빼놓을 수 없습니다. 정리하면 엔도르핀은 신나고 재미있고 즐거운 행복을, 세로토닌은 평화로운 행복을, 도파민은 성취감에서 오는 행복을, 옥시토신은 관계에서 오는 행복을 주는 호르몬이에요. 이 네 가지 호르몬을 잘 관리하고 유지하는 사람이 좋은 에너지를 가지고 성공할 수 있습니다.

생활에 변화를 줄 때 삶은 변한다

우리에게 행복을 주는 네 가지 호르몬에 관해 이야기했는데요. 이제 그중에서도 성공과 직결되는 두 가지 뇌 호르몬을 더 자세히 설명해보겠습니다.

먼저 도파민을 다뤄볼게요. 도파민을 행복 호르몬 또는 의욕 호르몬이라고 부르지만, 도파민의 나쁜 점도 있어요. 성취감과 같은 행복감이 잘못 작용하면 중독을 불러일으키기도 합니다. 예를 들어 게임을 하는 동안 도파민이 분출되면 행복감이 생기지만, 종종 이것은 게임 중독으로 이어지기도 하죠. 그래서 도파민을 중독 호르몬이라고도 합니다. 의학적으로는 술이나 마약 중독에도 도파민이 관여한다고 밝혀져 있죠. 그리고 최근에 현대인들이 도파민을 분출시키는 행복감을 느끼기 위해 가장 많이 중독되는 것이 있죠. 바로 스마트폰입니다. SNS를 통해 계속 새로운 소식과 재미있는 영상을 접하면서 나도 모르게 중독이 되죠. 그 과정에도 도파민이 작용하는 것입니다. 그래서 이 도파민은 양날의 칼이라고 보면 됩니다. 잘못 사용되면 알코올이나 마약 중독까지는 아니더라도 게임 중독이나 SNS 중독에 빠져 살게 될 수 있죠. 하지만 반대로 잘 사용하면 자신의 목표와 성공을 위해 의욕을 불러일으키고 행동하게 만드는 너무나도 중요한 호르몬이 되는 것입니다.

도파민을 잘 활용하는 좋은 행동 세 가지와 나쁜 행동 세 가지를 설명드릴게요. 좋은 행동 첫 번째는 '새로운 시도'를 하는 것입니다. 미국 에모리대학교의 뇌 과학자 그레고리 번스Gregory Berns는 도파민을 연구한 대표적인 학자입니다. 그는 많은 연구를 통해 한 가지 결론을 내렸습니다. 도파민이 다량 분비되면 인간은 만족감을 느끼는데, 끊임없이 새로운 것을 추구하고 변화에 두려움 없이 도전할 때 도파민이 활발하게 분비된다는 것이었죠.

새로운 것을 보거나 배울 때, 새로운 사람을 만나거나 새로운 일을 할 때 도파민 분비가 활성화되어 호기심과 의욕이 생깁니다. 새로운 세계에 대한 동경을 포함하는 호르몬인 것이죠. 이 도파민이 많이 나오게 하려면 매너리즘을 주의해야 해요. 생활에 변화가 필요한 겁니다. 출근하거나 산책할 때, 매일 다니던 길 말고 새로운 길로도 가보는 거예요. 집 안의 가구 배치를 바꾸거나 책장을 정리해보는 것도 좋습니다.

도파민 활용에 좋은 행동 두 번째는 하루 목표를 쪼개서 달성하는 것입니다. 즉 하루에 해야 할 일을 전날 저녁에 미리 정리하고, 거기서 시간을 쪼개 오전에 할 일과 오후에 할 일을 정하는 것이죠.

또는 더 세밀하게 시간을 쪼개 1시간 안에 무엇을 할 것인지를 계획하는 것입니다. 그것은 작은 초단기 목표이지만, 그것을 달성하면 작은 뿌듯함과 성취감을 느낄 겁니다. 도파민을 통해 더 동기부여가 될 수 있는 것입니다. 그래서 초단기 목표를 통해 작은 성취감을 자주 느껴보기를 바랍니다.

세 번째는 잠을 충분히 자는 것입니다. 수면 시간이 짧아지면 도파민 분비가 감소하고, 도파민 수용체의 감수성이 저하되는데요. 그래서 잠을 잘 못 자면 기분 저하, 우울증, 불안증이 생기기도 하죠. 그렇기 때문에 하루 7~8시간 정도의 수면 시간을 확보하는 것은 도파민을 길들이는 아주 좋은 방법 중 하나입니다. 그리고 가능한 한 규칙적인 시간에 잠을 자는 것도 중요합니다.

그럼 이제는 나쁜 행동 세 가지입니다. 첫 번째는 아침에 일어나자마자 스마트폰을 오랫동안 들여다보는 것이에요. 이러한 행동은 우리의 두뇌가 하루 동안 집중하지 못하도록 재설계합니다. 아침에 일어나 SNS를 들여다보고 '좋아요'를 누르고 공유를 하면서 도파민이 생성되는데요. 그런데 문제는 이렇게 생긴 도파민은 결국 계속 스마트폰을 바라보게 하는 동기부여를 할 뿐입니다. 그래서 이러한 행동이 두뇌를 분산시키고 내가 해야 할 일에 집중하지 못하도록 훈련하고 있는 셈이죠. 게임도 마찬가지입니다. 게임을 하다보면 도파민이 생성되고 게임에 대한 동기부여만 증가될 뿐이죠. 결국 나의 일에 집중할 수 있는 뇌의 한계를 만들어가게 됩니다. 정말 집중력 있게 일하고 싶다면 이런 습관은 피해야 하죠. 물론 SNS를 통해 일을 해야 하는 사람들도 있습니다. 또 스마트폰이 일의 중요한 수단이 될 수도 있죠. 그런 사람들조차도 일을 위해 사용하는 것뿐입니다. 동기부여를 저해하는 SNS는 하지 않는 것이 핵심입니다.

나쁜 행동 두 번째는 잦은 음주입니다. 술을 마시면서 기분이 좋아지고 계속 그 행동을 하고 싶어지는 것, 도파민의 가장 큰 특징입니다. 결국 기회만 되면 술을 찾게 됩니다. 그리고 뇌의 기능은 점차 떨어지죠. 중독까지는 아니더라도 술을 자주 많이 마실수록 또렷한 정신으로 생각하는 시간은 짧아집니다. 그리고 인생은 점차 하향 곡선을 그리게 됩니다.

마지막으로 피해야 할 세 번째는 잠을 자지 않고 재미있는 것을 계속하는 행동입니다. 예를 들면 게임 또는 도박입니다. 보통 게임이나 도박을 오래 하는 사람들은 당연히 잠을 많이 못 자면서 합니다. 결국 중독으로 이어질 수도 있고요. 또 이러한 불규칙한 수면은 도파민 시스템의 불균형으로 이어지는 나쁜 습관입니다. 그래서 게임을 하더라도 짧게 하고, 잠은 충분히 자는 것이 매우 중요합니다.

지금까지 도파민에 대해 자세히 알아봤습니다. 다음은 옥시토신인데요. 앞에서도 간단히 다뤘습니다. 사랑의 호르몬이라는 별명까지 있는 옥시토신은 친교 반응과 배려 반응을 일으킨다고 했어요. 그래서 옥시토신이 많이 나오는 사람들은 더 사교적인 경향이 있습니다. 이런 사교성이야말로 성공으로 다가가는 지름길이에요. 사람들과의 관계가 좋으면 좋은 기회를 더 많이 만나고, 그 기회를 잡을 수도 있습니다. 옥시토신을 높이는 법은 간단해요. 말도 필요 없이 그냥 안아주면 됩니다. 가까운 사람들, 사랑하는 사람들.

옥시토신은 마음을 치유하는 데도 큰 도움을 줍니다. 감성적 유대 형성 덕분입니다. 스웨덴 예테보리대학교의 아니카 로젠그렌Annika Rosengren 교수는 감성적 유대의 치유 효과를 두고 실험을 했습니다. 1933년 출생 남성 752명을 대상으로 건강검진을 하고, 7년 후 재검진을 진행했습니다. 약 41명이 사망했는데 스트레스를 받은 사람의 사망률이 3배 이상 높았어요. 그런데 다른 사람과 친밀한 유대 관계가 있는 사람은 스트레스를 받아도 사망률에 심각한 영향을 받지 않는 것으로 나타났습니다. 옥시토신을 많이 분비할수록 스트레스에 저항할 수 있는 거예요.

시카고대학교 석좌교수 존 카시오포John Cacioppo도 "인간관계가 건강 및 성공에 핵심적 요소로 작용한다"라고 말했습니다. 실제로 성공한 사람들을 만나보면 좋은 인간관계를 가지고 있습니다. 성공으로 가는 기회와 도움이 관계 속에서 서로 주고받아지는 거죠.

메타 인지와
감정 그래프 그리기

반려동물과 함께 지내는 분들에게 물어보면 동물도 감정이 있는 게 느껴진다고 해요. 슬프고, 기쁘고, 화나고 사람과 똑같이 감정을 다 느낍니다. 그런데 딱 하나 큰 차이점이 있어요. 동물 중 뇌가 꽝장히 발달한 침팬지도 이 점은 인간을 따라오지 못합니다. 바로 내 감정을 내가 아는 능력, '메타 인지'예요.

　메타meta는 '중첩의', '초월적인' 이런 뜻이 있습니다. 메타 인지는 초월적 인지를 뜻하겠죠. 내가 나를 알아차리는 능력, 어떻게 인간만이 이것이 가능할까요? 인간은 이 전전두엽을 활용해 자기 감정을 알아차리는 메타 인지를 발휘합니다.

스스로 트라우마를 희석할 수 있다

'지금 내 기분이 왜 이렇지?'라고 생각해본 적이 있으면 메타 인지가 일어난 거예요. 메타 인지가 안 되면 동물이랑 똑같이 행동합니다. 자신의 감정을 다스리지도, 감정에서 헤어나지도 못해요. 그러니까 메타 인지가 뛰어나면 감정 조절도 잘되는 것입니다. '지금 내가 이런 감정을 느끼고 있구나'를 생각하는 순간 이미 그 감정에서 빠져나와 거리 두기를 하는 셈이에요. 제3자의 눈으로 나를 바라볼 수 있는 능력이죠. 내 머릿속의 또 다른 나, 초월적인 내가 나를 바라보는 겁니다.

메타 인지가 높아 감정 조절을 잘하는 대표적인 경우가 도인들이에요. 명상과 수행을 오래 하면서 스스로를 알아차리는 능력이 좋아진 것이죠. 수행을 많이 한 도인은 감정이 다가오고 지나가는 걸 '들여다본다'라고 표현합니다. '불안한 감정이 오네. 내가 지금 불안해하고 있네. 이제 불안이 가시는구나.' 이렇게 알아차리면서 평온함을 유지할 수 있는 거예요. 그런데 이렇게 위에서 내려다보듯 감정을 다루는 능력이 생기면 기쁜 감정이 와도 그렇게 크게 와닿지 않는다는 점도 있어요. 이렇게 알아차림을 잘하게 되면 감정의 기복이 거의 없게 됩니다.

그럼 어떻게 하면 메타 인지를 깨워 내 감정을 알 수 있을지, 또

한 그 능력을 어떻게 훈련하면 좋을지 지금부터 차근차근 다뤄보겠습니다. 먼저 감정을 정확히 파악하려면 감정에 이름을 붙일 줄 알아야 해요. 그래서 지금부터 '나의 감정 그래프' 그리기를 해보도록 하겠습니다.

과거의 감정 그래프를 그려보는 시간을 가지면 무의식을 관리하고 잠재의식의 트라우마를 희석하는 데 큰 도움이 됩니다. 가로축이 나이를 나타냅니다. 화살표의 시작이 출생, 화살표의 머리가 있는 끝이 현재 나이예요. 양끝의 나이를 적고 중간중간 간격을 고려하며 나이를 채워줍니다. +100으로 갈수록 내 기분 상태가 최상인 거고, -100으로 갈수록 내 기분 상태가 최하인 거예요. 지금까지 살아오면서 겪은 일들을 곰곰이 생각하며 천천히 적어봅니다. 20세

<나의 감정 그래프>

에 재수를 했다면 기분이 아래로 떨어질 거고, 40세에 사업이 잘되어 승승장구했다면 기분도 오르겠죠. 시간의 흐름을 따라가면 그래프가 완성될 것입니다.

내 감정을 파악하기 위한 메타 인지 훈련법

감정 그래프를 그리는 과정에는 중요한 의미가 있어요. 내 삶 속에 있었던 순간순간의 사건들을 최대한 기억해내고, 특정 사건이 그때그때 내 감정에 어떤 영향을 미쳤는지 기록으로 정리해보면 나중에 내 잠재의식을 이해하고자 할 때 굉장히 좋은 자료가 됩니다. 그래프를 다 그렸으면 다음으로 해야 할 일이 있어요. 계속 변화하는 곡선 말고, 뚜렷하게 높고 낮음이 표시되는 지점이 있습니다. 그 지점에 나타난 당시의 감정 상태에 이름을 적는 거예요. 우리의 감정에는 다음 표와 같은 것들이 있습니다. 이 내용은 미국의 심리학 박사 마셜 B. 로젠버그Marshall B. Rosenberg의 책《비폭력 대화》에 나오는 내용을 참고한 것입니다.

이런 감정들을 그 지점마다 하나씩 적는 거예요. 감정 그래프를 그리고, 감정의 이름도 모두 적었다면 다음 단계로 나아갈 준비를 마쳤습니다. 무슨 감정에 어떤 이름을 붙여야 하는지를 알게 된 거

좋은 상태의 감정		
감동하다	만족스럽다	충족되다
고맙다	반갑다	편안하다
고무되다	신뢰하다	호기심이 나다
기쁘다	안도하다	활기에 차다
낙관하다	열정적이다	흥분하다
놀라다	영감을 받다	희망에 차다
마음이 열리다	의기양양하다	
나쁜 상태의 감정		
걱정되다	무기력하다	외롭다
고민스럽다	불안하다	의기소침하다
기가 죽다	불편하다	절망하다
노하다	성나다	좌절하다
당황하다	슬프다	초조하다
뒤숭숭하다	실망하다	혼란스럽다
마음이 내키지 않는다	언짢다	

〈감정 상태 표〉

예요. 이제 본격적으로 내 감정을 파악하기 위한 메타 인지 훈련법을 소개해드리겠습니다.

앞에서도 설명드렸지만, 메타 인지는 내가 나를 알아내는 능력이에요. 감정 관리뿐만 아니라 공부에 있어서도 중요합니다. 이 메타 인지가 뛰어나면 공부도 잘해요. 내가 어느 부분을 모르고, 어느 부분을 아는지 잘 파악하는 겁니다. 메타 인지가 떨어지면 공부해도 효율이 안 나요. 내가 모르는 부분, 약한 부분을 집중적으로 공략해야 하는데 그게 잘 안 되는 거예요. 이것은 교육학에서 가르치는 메타 인지의 중요성과 활용법입니다.

이렇게 메타 인지는 심리학, 교육학뿐 아니라 모든 분야에서 중요합니다. 이 메타 인지를 훈련하는 좋은 방법이 명상이라고 앞에서 잠깐 설명드렸죠. 그런데 명상이 쉬운 듯 어렵고, 어려운 듯 쉬워요. 명상이 어려운 이유는 생각을 없애야 한다고 생각하기 때문인데요. 여기서 명상에 대해 조금 더 자세히 설명드리겠습니다.

사실 명상은 생각을 없애는 것은 아닙니다. 명상의 핵심은 '자기 스스로를 알아차리는 것'이죠. 그렇다면 나의 무엇을 알아차리는 것일까요? 뭐든지 가능합니다. 나의 몸, 나의 감정, 나의 생각… 즉 내가 나에 대해 알아차림을 하는 것이 명상이죠. 인간만이 가지고 있는 전전두엽 덕분에 자신을 알아차리는 메타 인지가 가능하고요. 또 명상을 꾸준히 하면 전전두엽이 활성화됩니다. 전전두엽이 활성화된 사람은 자기 조절 능력이 높아지고, 끈기와 인내력이 생깁니다. 결국 성장하는 삶으로 나아가는 것이죠.

명상을 시작할 때 가장 먼저 하는 것이 바로 호흡입니다. 스스로의 호흡을 알아차리는 것이죠. 호흡은 우리가 평생 해왔던 것이고, 지금도 계속 자연스럽게 하고 있는 것입니다. 나의 의식을 호흡에 집중하면서 자신의 호흡을 알아차리는 것입니다. 숨을 들이쉴 때 코로 들어오는 공기를 느껴보고, 기도를 통해 공기가 들어가면서 배가 불러오는 것을 느끼고 알아차리는 것입니다. 또 숨을 내쉴 때는 배가 들어가면서 공기가 밖으로 나가는 느낌을 입과 코로 느껴보는 것입니다. 이렇게 그동안 생각하지 못했던 것들에 집중하면서 호흡의 느낌을 알아차리는 명상이 가장 접근하기 쉬운 명상입니다.

　그런데 이것도 쉽지 않습니다. 왜냐하면 시간이 조금만 지나면 바로 호흡을 알아차리지 못하고 딴생각이 들기 때문이죠. 하지만 괜찮습니다. 누구나 그렇습니다. 딴생각이 든다고 '나는 명상이 안 되는 사람이구나' 이렇게 생각할 필요가 전혀 없습니다. 그건 당연한 것이죠. 하지만 그다음이 중요합니다. 딴생각을 하고 있다는 자신을 알아차리는 것이죠. 누구나 잠시 후 이런 생각이 들 겁니다. '아! 내가 지금 호흡을 느끼지 못하고 딴생각을 하고 있구나!' 이런 생각이 드는 것도 스스로의 생각을 알아차리고 있는 것이죠. 그리고 다시 호흡으로 돌아오면 됩니다. 이러한 과정을 계속 반복하는 것이 명상입니다. 이렇게 나의 생각을 알아차리는 연습도 같이 하는 것이죠.

내 감정을 수시로 들여다본다

오래도록 연습하면 나의 호흡을 알아차리고 있는 시간이 점점 더 길어집니다. 하지만 계속해서 호흡에만 집중하고 있을 수 있는 사람은 없어요. 그렇게 잡생각과 알아차리고 있는 시간을 왔다 갔다

하다보면 근육에 힘이 생기듯 메타 인지 능력도 길러집니다. 꼭 명상이 아니어도 평상시에 생활하면서 내 감정을 들여다보는 연습을 하면 메타 인지에 많은 도움이 됩니다. '지금 내 감정이 어떻지? 왜 이렇지?' 틈틈이 고민하는 것입니다. 그러면 어떤 감정이 찾아와도 항상 평온한 상태를 유지할 수 있는 힘을 길러나갈 수 있어요. 이것이 전전두엽을 활성화하는 것입니다.

저도 처음 명상을 공부할 때는 정말 어려운 줄로만 알았습니다. 벌써 10년도 더 전이네요. 그 과정에서 제가 도움을 받은 명상 책 2권을 소개해볼게요. 먼저 《너의 내면을 검색하라》입니다. 제목만 봐도 메타 인지가 떠오르죠? 구글 엔지니어 출신 차드 멍 탄Chade Meng Tan이 쓴 책입니다. 명상에 관해 정말 잘 정리했어요. 쉽게 따라 할 수 있는 명상법을 설명해주고, 저는 이 책에서 '명상이 곧 메타 인지 연습이구나' 하는 것을 알게 되었어요.

저도 실천하고 있는 초간단 명상법을 알려드릴게요. 특별히 자리 잡고 할 것도 없이 그냥 지하철에 앉아서도 할 수 있습니다. 그냥 호흡하면 돼요. 먼저 호흡을 몇 번 할지 숫자를 정해놓습니다. 딱 스무 번 호흡을 하면서, 호흡에 집중하고 알아차려보자는 생각을 하는 겁니다. 그리고 천천히 숨을 들이쉬고 내쉬면서 숫자를 하나씩 세요. 20, 19, 18… 호흡을 알아차리면서 숫자를 생각합니다. 그러다 문득 잡생각이 들면서 어디까지 셌는지 잊어버려요. 그러면 다시 돌아와서 기억나는 숫자부터 시작합니다. 스무 번 호흡하는데 10분 정도 걸리는 것 같아요. 평상시에 수시로 해주면 전전두엽을 활성화해줘서 감정 조절의 기초 체력을 쌓을 수 있어요.

두 번째 책은 《최고의 휴식》이에요. 이 책은 일본의 정신과 전문의 구가야 아키라久賀谷亮가 썼습니다. 명상에는 주의력, 기억력 향상과 노화 예방 같은 여러 가지 효과가 있습니다. 그중에서도 더 중요한 것은 스트레스 반응성을 감소시키고, 회복 탄력성을 향상시켜준다는 건데요. 불안 장애, 외상 후 스트레스 장애 치료에도 당연히 효과적입니다. 효과에 의심의 여지가 없죠. 앞서 말한 것처럼 숫자를 세면서 딱 5~10분씩이라도 일상에서 명상을 해보세요. 뇌를 바꾸고 마인드를 컨트롤하고 메타 인지 능력을 확 끌어올리는 아주 좋은 방법입니다.

힘을 빼고
마음과 대화하기

저는 정말 많은 환자를 만났습니다. 그중 자기 분야에서 크고 작은 성공을 이미 거둔 분들도 있었습니다. 그런 분들이 왜 저희 병원을 찾아온 걸까요? 지금의 위치까지 오르는 데 너무 많은 힘을 쓰고, 너무 많은 스트레스를 받았기 때문입니다. 쌓인 게 있으니까 일이 조금 안 풀리기 시작하면 몸도 마음도 급격히 힘들어지는 거예요. 이런 결과가 나오지 않도록 제가 기술 하나를 미리 알려드리겠습니다. 바로 '힘 빼기의 기술'이에요.

성과를 부르는 힘 빼기 기술

요즘 골프 치는 사람이 참 많은데요. 처음에 골프를 배울 때는 골프 채를 잡은 손과 어깨에 힘이 잔뜩 들어갑니다. 그리고 힘을 줘서 공을 치게 되죠. 그런데 진정한 고수가 되면 힘을 빼고 공을 칩니다. 그래야 공이 더 멀리 나가죠. 골프뿐 아니라 모든 운동이 마찬가지입니다. 탁구, 테니스, 수영도 그렇죠. 고수가 되면 몸에 힘이 빠집니다. 그래야 더 자연스럽게 자세가 나오고 더 좋은 성과를 이룰 수 있죠.

일도 마찬가지입니다. 제가 레지던트 시절에 교수님들과 수술실에 들어가서 느낀 것이 있는데요. 수술을 할 때도 힘이 빠진 상태로 여유 있게 수술하는 교수님들이 있습니다. 당연히 수술 경험이 아주 많은 교수님들이죠. 반대로 경험이 많지 않은 분들은 어깨에 힘이 잔뜩 들어간 상태로 옆에서 보기에도 매우 힘들어 보입니다. 무슨 일이든 힘을 빼고 해나갈 때 더 성과를 낼 수 있습니다.

인생에서 우리의 목표를 달성하는 것도 마찬가지입니다. 내가 원하는 것을 바라보면서 앞만 보고 달리는 것은 한계가 있죠. 반드시 나를 먼저 바라볼 수 있어야 합니다. 그리고 나의 잠재의식을 들여다볼 수 있어야 하죠. 그런 과정이 바로 힘을 빼는 과정입니다.

스탠퍼드대학교의 뇌 과학자 앤드류 후버만은 명상에 대해 설명하면서 모든 사람은 두 가지 방향성을 가지고 있다고 말합니다. 한 가지는 나에게 집중하는 방향, 즉 'introspective'라고 하고요. 또 하나는 외부에 집중하는 방향, 즉 'extrospective'라고 합니다. 이러한 양 극단의 선상에서 우리는 존재하게 되는데요. 목표를 향해 열심히 달려가다보면 너무 외부에 집중해서 'extrospective'로 치우치게 됩니다. 그렇게 되면 정신적으로 매우 피로해지는데요. 외부 상황에 의한 스트레스에 민감해집니다. 남들의 시선에도 매우 신경을 쓰게 되고요. 결국 목표를 달성하기 위한 몸과 마음의 상태가 무너져 내립니다. 그래서 작은 목표는 어떻게 달성할 수 있지만, 진정한 큰 목표는 이런 상태로 달성할 수 없는 거죠. 이 균형을 찾는 것이 진정한 성공의 기술이라고 보면 되는데요. 스스로를 바라보고 느끼고 메타 인지하면서 자신의 잠재의식과 대화할 수 있어야 합니다.

이것은 매우 중요한 작업인데요. 단지 스트레스를 관리하고 정신적으로 편해지기 위해 이런 작업이 필요한 것이 아닙니다. 진정한 성공을 이루기 위해서는 목표와 잠재의식의 정렬이 꼭 필요하기 때문이죠. 이 부분은 추후 MBS 최적화 프로그램 5단계에서 자세하게 다루겠습니다.

내 마음을 돌아봐줄 단 한 사람

감 중에 가장 맛없는 감이 뭘까요? 바로 실패감, 좌절감, 실망감입니다. 반대로 성취감, 행복감, 희망감, 만족감 등 맛있는 감도 많이 있습니다. 지금 내 마음속에 곳간이 있다고 할 때, 여기에는 어떤 감들이 더 들어 있을까요? 상상하려고 하면 우선 곳간이 있는 '마음'이 우리 몸 어디에 붙어 있나 생각해보게 됩니다. 동양에서는 마음이 가슴에 있다고 보고, 서양에서는 마음이 뇌에 있다고 봅니다.

그렇다면 과학에서는 어떨까요? 양자 물리학, 양자 생물학에서 모든 세포는 에너지가 있습니다. 마음도 에너지이기 때문에 모든 세포, 온몸에 있을 수 있는 것이죠. 그럼 지금부터 자기 마음을 한번 잡아보겠습니다. 내 몸 편한 곳 어디든 손을 올려 잡아주세요. 두 손으로 자신의 어깨를 감싸 안아도 좋습니다. 그리고 눈을 감고 자신의 이름을 부르며 이렇게 말해줍니다. 제 이름으로 한번 해볼게요.

"동환아, 지금까지 맛없는 감을 너무 많이 먹은 것 같구나. 미안하다. 앞으로 맛있는 감을 많이 채워볼게. 미안하다, 사랑한다, 감사하다."

조금은 낯간지럽기도 합니다. 그런데 마음속에서 이상하게 울컥하는 느낌을 받은 분들이 분명 있을 거예요. 마치 내 마음속 힘들고 아팠던 부분이 위로받고 치유되는 듯한 느낌도 느꼈을 겁니다. 이게 힘 빼기 기술의 효과입니다. 힘을 뺌으로써 찾아오는 감정이에요.

'내가 지금까지 이렇게 열심히 살아왔는데, 이런 나를 제대로 이해해주는 사람이 과연 누가 있었을까?'

그런 회의감이 들 때 내가 스스로 마음을 들여다보며 이해해주는 시간을 가져야 합니다.

"아등바등 힘들게 살아왔는데, 몸도 마음도 너무 지치고 힘들어서 더는 못 하겠어요."

이렇게 말하는 환자 분들에게 저는 이렇게 말합니다.

"자신의 마음을 위로하고 힘을 뺄 수 있게 도와줘야 합니다."

잠시라도 힘을 빼는 시간을 가지고 자신을 위로해야 합니다. 그동안 고생한 거 잘 알고, 지금까지 정말 잘해왔다고 자기 자신에게 말해줄 수 있어야 해요. 남보다 내가 먼저 말입니다. 힘을 빼라고 말씀을 드려도 어려워하는 분들이 있습니다. 그럼 저는 컵 이야기를 들려드립니다. 내가 한 팔을 길게 뻗어 물이 든 컵을 들고 있어요. 10분 들고 있으면 물이 줄어들까요? 1시간 들고 있으면 어떨까요? 컵의 물은 줄어들지 않습니다. 24시간 들고 있으면 줄어들까요? 물은 티도 안 날 만큼 증발할 것입니다. 내 팔만 죽도록 아픕니다. 계속 컵을 들고 있다고 물이 줄어드는 것이 아니거든요. 컵을 내려놓을 줄도 알아야 합니다. 무작정 열심히 하고 일에 치여 산다고 성공하는 게 아닙니다. 진짜 성과를 내기 위해서는 앞을 바라보고 달리기 전에 나를 먼저 바라보고 챙겨야 한다는 것입니다.

이렇게 힘을 빼면서 앞에서 얘기했던 것들을 하는 거예요. 내 감정 그래프를 그려보고, 감정에 이름을 붙이고, 감정을 알고 다루는 메타 인지 훈련을 할 때입니다. 그런 시간이 반드시 필요해요.

어떤 방식으로든 삶은 바뀔 수 있다

이런 것들을 꾸준히 하면 정말 나에게 의미 있는 변화가 생길까? 의심이 들 수 있습니다. 사람은 단번에 변하지 않습니다. 하지만 꾸준히 하다보면 조금씩 변화합니다. 마치 가랑비에 옷 젖듯이요. 이러한 과정을 '어시밀레이션assimilation', 즉 동화同化라고 합니다. 의학에서는 '생물학적 동화'라는 표현을 씁니다. 음식이 소화되면서 그 영양소가 신체를 이루는 것도 나와 영양소가 동화되는 과정이라고 보는 겁니다. 교육학에서는 '심리적 동화'를 얘기해요. 계속 교육을 받고 책을 읽고 또 꾸준히 실천하다보면 그 지식과 내가 조금씩 동화되는 것이죠.

여기서 동화의 핵심은 그 모든 과정이 단번에 이뤄지지 않는다는 것입니다. 몸에 좋은 음식을 한 번 먹었다고 단숨에 건강해지지 않고, 좋은 강의 한 번 들었다고 단숨에 똑똑해지지 않습니다. 몸에 좋은 식습관을 꾸준히 적용해야 체질이 개선되듯이 생각과 마음도 마찬가지입니다.

그런데 예외적으로 한순간에 변화가 찾아오는 경우도 있습니다. 배우 차인표 씨의 얘기를 들려드릴게요. 차인표 씨는 사실 해외 봉사에 매우 회의적이었습니다. 한국에도 불우한 아이들이 있고, 우리 집에도 아이들이 있는데 아내가 다른 아이들을 도우러 해외까지 가는 것을 이해하기가 어려웠던 것이죠. 그러던 차에 어느 날, 신애라 씨 일정에 문제가 생겨 예정된 인도 봉사를 못 가게 되었습니다. 현장에서 홍보 촬영 등이 계약되어 있던 터라 모델이 되어줄 연예인이 1명은 가야 했어요. 당황스러웠지만 어쩔 수 없이 차인표 씨가 아내 대신 인도 봉사를 떠나게 되었습니다.

차인표 씨는 봉사하러 가게 된 것이 매우 못마땅했죠. 그래서 인도로 가는 비행기나 호텔방에서도 봉사단 다른 인원과 교류하지 않았다고 합니다. 어차피 이번 봉사가 끝나면 다시 만날 일이 없다고 생각한 것이죠. 인도에 도착한 다음 날 봉사단은 인도에서 가장 가난한 콜카타 지방으로 향했습니다. 그런데 단체 이사장님이 차인표 씨를 찾아와서 이렇게 말했습니다.

"지금 저희가 가는 동네가 인도에서 가장 가난한 곳입니다. 하나

같이 더없이 힘든 처지의 아이들이에요. 촬영을 위해 이곳까지 와주셨다는 것은 잘 알지만, 부디 아이들에게 한마디만 해주시면 감사하겠습니다. 우리가 너희를 사랑한다고 말해주세요. 그런 얘기를 거의 못 들어본 아이들이어서요."

차인표 씨는 어려운 부탁이 아니라고 생각하고 흔쾌히 그 부탁을 들어주기로 했습니다. 그런데 가는 길이 워낙 험했습니다. 에어컨도 안 나오는 버스를 타고 덜컹거리는 비포장도로를 5시간 동안 달리니 화가 나려는 거예요. 그렇게 힘들게 마을에 도착하자, 지저분한 옷차림의 작은 아이들이 모여 있었습니다. 불쾌한 기분을 누르고 약속한 말을 전하기 위해 아이들에게 다가갔습니다. 마치 숙제하듯이 그 말을 빨리 해치우려는 생각이었죠. 그러다 한 남자아이와 눈이 마주쳤습니다. 그 한마디를 해주려고 손을 내미는 순간 아이가 먼저 말했습니다.

"사랑합니다."

그리고 그 아이가 먼저 차인표 씨의 손을 잡았습니다. 차인표 씨는 그 말을 듣고 손을 잡는 순간 갑자기 귀에서 이런 소리가 들려왔다고 합니다.

'이 아이들은 사랑받아야 한다. 이 아이들을 위해 계속 함께하는 삶을 살아야 한다.'

그때부터 차인표 씨의 인생이 바뀌었습니다.

"내가 한 건 아무것도 없어요. 그냥 가장 가난한 아이의 손 한 번 잡은 거예요. 그런데 그 순간이 나의 삶과 가치관을 완전히 바꿨습니다. 그 이후로 지금도 열심히 봉사 활동을 하고 있어요."

저는 차인표 씨의 이야기를 듣고 인간의 가치관이 순식간에 바뀔 수 있다는 것을 깨달았습니다. 강력한 심리적 동화가 커다란 계기가 된 거예요. 마음에 꽂힌 하나의 사건이 그 사람의 가치관, 생각 습관을 완전히 바꿨습니다. 시나브로 조금씩이든, 큰 계기로 한순간이든 우리의 삶은 변화할 수 있어요. 꼭 믿음을 가지고 포기하지 않기를 바랍니다.

3단계
건강한 나와 우리의 관계

사람을 끌어당기는
동질감과 공감의 힘

관계에 관해 본격적으로 이야기하기 전에 인간의 본질을 먼저 살펴볼게요. 인간을 한자로 쓰면 '사람 인人'과 '사이 간間'입니다. 人은 상형 문자죠. 두 사람이 기대 있는 모습입니다. 인간이라고 하면 사람 1명을 뜻하는 것 같은데, 사실 그 말 자체에 이미 인간은 혼자 살 수 없다는 의미가 담겨 있어요. '사회를 이뤄 사는 동물'이라는 사전적 정의처럼 인간에게 관계란 참 중요합니다.

아기는 자기 울음소리에 반응하지 않는다

성공한 사람들은 관계를 특히나 더 중요하게 생각해요. 그분들이 자신의 성공에 사람을 이용한다는 뜻이 아닙니다. 의도하지 않았는데 좋은 관계가 좋은 기회를 가져다주고 자연스럽게 성공의 길에 오를 수밖에 없는 거예요. 거창하게 성공까지는 바라지 않는다고 해도, 행복을 위해서라도 일상에서 가까운 사람들과 좋은 관계를 맺는 것은 필요합니다. 직장에서도 리더들이 동료 직원들에게 어떻게 말하고 대화하면 좋을지 고민이 많잖아요.

인간이라는 단어를 통해 사람은 관계를 맺지 않고 혼자 살아갈 수 없다는 첫 번째 전제를 알았습니다. 관련해서 재미있는 실험 이야기를 들려드릴게요. 신생아실을 보면 아기들이 수십 명 누워 있습니다. 그중 한 아기가 갑자기 울음을 터뜨리면 그 방의 아기들이 다 울기 시작해요. 그래서 신생아실에서 가장 잘 우는 아기는 간호사 선생님들의 집중 마크를 받습니다.

실험 내용은 이래요. 잘 우는 아기를 방에 혼자 데려다놓습니다. 그리고 아기가 울 때 영상을 찍고, 아기가 잠들면 그 영상을 아주 큰 소리로 틀어요. 이때 그 잘 우는 아기는 울음을 터뜨렸을까요? 안 울었습니다. 그런데 신기한 것은, 그 영상을 다른 아기한테 틀어주면 다 울어요. 결론적으로 아기들은 자기 울음소리에는 반응하지 않는다는 것입니다.

실험을 하고 보니 아기들이 다른 아기를 따라 우는 이유는 시끄러워서가 아니었어요. 먼저 우는 아기 울음소리의 슬픈 감정을 함께 느끼는 것입니다. 이 '신생아성 반응 울음 실험'은 인간이 태어날 때부터 감정을 전염시키거나 다른 감정에 전염되는 능력을 가지고 있다는 것을 증명했어요. 감정은 굉장히 빨리 전염됩니다. 가까운 사람한테는 거의 바로 전염되어요.

빠르게 전염되는 리더의 감정

가족, 회사 등 모든 단체와 조직이 마찬가지입니다. 그룹 구성원 중 1명의 감정만 안 좋아도 전체 분위기가 가라앉아요. 그중에서도 그룹 내에 영향력이 큰 사람의 감정이 더 빠르게 확산됩니다. 예를 들면 가족에서는 가장의 파급력이 크고요, 회사에서는 리더에 가까운 장악력이 있는 사람의 파급력이 커요. 영향력이 큰 사람일수록 전체 분위기를 위해 감정 조절을 잘해야 합니다.

리더의 감정이 전염되는 속도를 파악하기 위해 한 조직에서 실험을 했어요. 인원 규모가 몇십 명 정도 되는데, 리더의 기분이 조직 전체에 영향을 미치는 데 시간이 얼마나 걸렸을까요? 50~100명이 있는 조직에서 리더 1명의 기분이 전체적으로 전파되는 데는 7분이라는 짧은 시간이 걸렸습니다. 비글로우BIGELOW의 CEO 신디 비글로우Cindi Bigelow는 "리더는 나쁜 기분을 드러내는 사치를 누릴 수 없다"라는 말까지 했어요.

지금 리더 자리에 있는 몇몇 분은 불편할 수도 있습니다. 우리가 사회 초년생일 때는 윗사람들 눈치 보면서 살았는데, 우리가 리더가 되니까 "감정 함부로 표현하지 마라", "화내지 마라" 하면서 아랫사람들한테도 치여 살아야 한다니 억울하겠죠. 하지만 자신의 감정을 잘 조절하는 것은 스스로에게도 큰 도움이 됩니다. 그렇다면 어떻게 내 감정을 갈무리하고, 다른 사람에게 잘 이야기할 수 있을까요? 진정한 교감을 이루는 핵심을 지금부터 말씀드리겠습니다.

의사 말보다 옆집 아줌마 말을 더 잘 듣는 이유

우리 인간은 뭐 하나가 같으면 그때부터 동질감이라는 것을 느껴 교감이 생기기 시작해요. 제가 겪은 재미있는 일화가 있습니다. 신촌 세브란스병원에서 인턴을 하다 거제도 대우병원에 파견을 나갔어요. 세브란스병원은 워낙 크니까 인턴이 심부름을 주로 하지 환자를 직접 진료하는 경우는 많지 않았어요. 그런데 그 당시 대우병원은 의사가 많지 않아 인턴이어도 직접 환자를 진료하고 처방할 기회가 꽤 있었습니다. 어느 날, 당뇨가 있는 아주머니 환자 분이 왔어요. 의사 되려고 공부 열심히 해서 직접 진료할 기회가 생겼으니까 제가 얼마나 의욕 넘쳤겠어요. 그래서 현미밥을 드셔야 한다, 밀가루가 들어간 음식은 많이 드시면 안 된다, 과일도 당분이 많아 과하게 드시지 않도록 주의해야 한다 하고 열심히 설명을 드렸습니다. 다음 내원 때는 당 수치가 떨어지겠지? 하고 기대했어요.

그런데 웬걸? 당 수치가 오른 거예요. 그래서 제가 물어봤어요. 약은 잘 드셨냐, 현미밥은 드셨냐, 밀가루는 줄이셨냐… 제가 말한 대로 전부 다 했대요. 그런데 왜 혈당이 올라갔을까 생각하고 있는데 웃으면서 이렇게 말씀하세요.

"선생님, 제가 과일을 많이 먹었습니다."

그래서 제가 황당해서 물었어요.

"과일 많이 먹으면 당 수치 올라간다고 분명히 말씀을 드렸는데 왜 그렇게 많이 드셨어요?"

그런데 아주머니가 "과일 먹는다고 당 안 오릅니다" 하고 대답하는 거예요. 그래서 제가 다시 "어떤 의사 선생님이 그렇게 말씀하세요?" 하고 물었어요. 그러니까 "우리 옆집 아줌마가 그랬는데요" 하는 대답이 돌아왔습니다.

그때 저는 정말 놀랐어요. 이 환자는 왜 의사보다 이웃의 말을 더 믿고 따를까? 심지어 앞으로 의사 생활을 하면서 수많은 환자를 설득하기 위해 또 수많은 '옆집 아줌마'와 경쟁해야 하는 걸까 하는 생각까지 들었습니다. 이때 알았어요. 사람은 이성으로 공부를 해도 마음이 끌리는 쪽으로 행동하는구나. 그 환자 분이 이웃의 말을 들은 것은 '라포르rapport'가 형성되어 있기 때문입니다. 의과대학을 들어가면 예과 1학년 때 이 단어를 배워요. 교수님들이 엄청 강조합니다. 환자와 라포르를 형성하지 않으면 환자가 의사의 말을 듣지 않는다고요. 예과를 지나 본과에 들어가고 임상 공부를 하다 보면 그 사실을 잊어버려요. 저도 잊고 있다 인턴 때 그 경험을 하면서 다시 한번 깨달았습니다. 라포르는 한마디로 공감적 인간관계 즉, 서로에 대한 믿음이에요. 라포르 형성은 관계에 있어 너무 중요합니다.

의사와 환자 사이가 아니어도, 우리는 인간관계에서 어떻게 라포르를 잘 형성할 수 있을까요? 핵심이 되는 것이 '동질감'입니다.

관계를 변화시키는 동질감의 마력

옛날이야기 하나 들려드릴게요. 한 마을에 자기가 사람이 아니라 닭이라고 믿는 부잣집 도련님이 있었어요. 옷도 안 입고, 밥도 모이를 먹듯 입으로 쪼아 먹습니다. 아무리 사람이라고 가르쳐도 듣지를 않으니 부모님은 미치는 거예요. 그래서 아들을 고쳐주는 사람에게 집안의 재산 절반을 주겠다고 글을 써 붙였습니다. 전국에서 아주 많은 사람이 몰려들었지만 한 사람도 도련님 증세를 고치지 못했어요.

그때 마을에서 똑똑하기로 소문난 소년 하나가 들어섰습니다. 그리고 이렇게 말했어요.

"제가 아드님과 일주일간 생활하겠습니다. 제가 무슨 짓을 하든 관여 마시고 기다려주세요."

소년의 행동은 기가 막혔습니다. 똑같이 옷을 벗고 밥을 쪼아 먹었어요. 그런데 그렇게 많은 사람이 찾아와 가르치려고 해도 무관심하던 도련님이 소년에게 관심을 보이기 시작합니다. 사흘이 지나 도련님이 물었어요.

"형은 어디에서 온 닭이야?"

소년이 답했어요.

"나는 윗마을에 살던 닭이야. 이 마을에 놀러 왔다가 너 같은 닭이 있다고 해서 와봤어. 너랑 친해지고 싶어."

이때부터 도련님과 소년 사이에 급속도로 라포르가 형성됩니다. 또 사흘이 흘렀어요. 그동안 많이 친해졌습니다. 소년이 갑자기 옷을 입어요. 도련님이 묻습니다.

"형, 닭이 왜 옷을 입어?"

소년이 답합니다.

"다른 동네 닭들은 다 옷을 입고 다녀. 요즘 유행인데 몰랐구나?"

도련님이 "그래?" 하고 순순히 옷을 입기 시작했어요. 뒤이어 소년은 밥을 먹을 때 수저를 사용했습니다. 도련님이 또 물어요.

"형, 왜 갑자기 사람처럼 숟가락으로 밥을 먹어?"

소년이 또 답합니다.

"이것도 몰랐구나? 요즘 닭들은 숟가락으로 밥을 먹어. 너도 해봐."

그렇게 소년과 지낸 지 딱 일주일이 되는 날 도련님의 행동이 모두 고쳐졌다는 이야기입니다.

상대방에게 동질감을 느끼게 해주면 그 사람을 내 편으로 만들 수 있습니다. 여기에도 기술이 있어야 해요. 일단 동질감의 마력에 관해 설명을 드릴게요. 제가 병원을 개업했을 당시에 1년에 한두 번 정도 오는 남자 환자 분이 있었습니다. 진료가 없던 중에 제가 출신 고등학교 동문 사이트를 보고 있었어요. 그러다 환자 분이 와서 화면에 띄워둔 사이트를 진료창으로 바꿨죠. 그분이 옆에 앉고 "어디가 아파서 오셨어요?" 하고 물었는데, 대답이 없고 제 모니터 화면만 계속 보고 있는 거예요. 작업 표시줄에서 고등학교 이름을 봤나봐요. 진료를 하다 말고 묻습니다. "원장님, 혹시 휘문고등학교 나오셨어요?" 그래서 "네, 그렇습니다" 하고 대답했죠. 그랬더니 또 "몇 회 졸업생이세요?" 하고 물어요. 갑자기 긴장되기 시작합니다. 저는 "77회 졸업생입니다" 하고 대답했어요. 그러자 그분이 벌떡 일어나더니 손을 딱 내밀면서 "반갑다! 나는 75회 졸업생이야" 하고 말을 놓더라고요. 신기하게도 그때부터 동질감의 마력이 생기기 시작합니다. 가끔 와서 별로 친한 환자는 아니었는데, 갑자기 엄청 친밀감을 느끼면서 제가 하라는 대로 다 하셨어요. "이 검사 해보세요" 하면 "당연히 해야지" 하는 겁니다. 심지어 가족, 친척, 친구 다 불러 동네에 저희 병원 홍보 대사가 되었어요. 그때 제가 느꼈죠. 라포르 형성은 결국 동질감이구나.

인간이 가지고 있는 어쩔 수 없는 본능입니다. 그런데 동질감이 생기는 계기가 학연, 지연뿐일까요? 내가 가까워지고 싶은 사람이 전부 동창이거나 동향은 아닐 텐데요. 같은 취미를 가지고 있다면 좋겠지만 그럴 확률도 높지 않습니다. 하지만 어떤 상황에서 누구를 상대로 하든지 바로 동질감을 만들 수 있는 방법이 하나 있습니다. 바로 '공감'입니다. 상대방의 마음을 함께 느끼고 그것을 이야기 해주는 거예요. 이것이 완벽한 동질감의 마력을 일으킵니다.

공감에도 연습이 필요하다

그런데 공감이 라포르를 형성하기도 하지만, 반대로 공감을 받아야 할 때 받지 못하면 스트레스가 올라가요. 사이가 먼 사람끼리는 괜찮습니다. 공감해주리라는 기대가 애초에 낮아 공감을 못 받아도 크게 스트레스를 받지 않아요. 그런데 가까운 사람이 공감을 못 해주면 굉장히 스트레스를 받습니다. 그 경험이 쌓이면 남보다 못한 원수 같은 가족, 원수 같은 동료가 되어요. 안타깝습니다. 사랑하는 사람에게 공감이 어려워 원수가 되는 상황이 너무 많아요.

공감에 관한 어린이 스트레스 실험이 있습니다. 젠가 게임을 시켜 성공하면 선물을 주고, 실패하면 부모가 위로를 해주는 거예요. 성공해서 선물을 받는 아이들은 당연하게 기분 좋은 뇌파가 나옵니다. 실패한 아이들은 일단 뇌파가 안 좋겠죠. 이때 부모의 반응에 따라 또 뇌파가 다르게 나타납니다. 아이가 실패해서 울고 있으면 대부분의 부모님이 이렇게 얘기해요. "뭐 그거 가지고 울어? 울지 마. 다음에 잘하면 돼. 괜찮아." 그런데 게임에 실패한 순간보다 이런 위로를 들을 때 뇌파가 더 흔들리고 나빠져요. 스트레스를 받습니다. 위로에 공감이 전혀 담겨 있지 않아서 그래요. "너무 아쉬웠겠구나. 성공하기 직전에 무너져서 얼마나 속상하니?" 이런 말이 공감을 담은 위로입니다.

공감은 조언해주는 것도 아니고, 안심시키는 것도 아니에요. 상대방이 자신을 충분히 표현하고 이해받았다고 느낄 수 있는 시간과 공간을 주는 것이 공감입니다. 그 사람 얘기를 다 들어주고, 그것을 이해하고 있다는 반응을 보여줘야 해요. 공감에도 연습이 필요합니다. 연습할수록 관계가 더 좋아져요. 그리고 공감을 해주다 보면 나 자신도 뿌듯한 마음이 들면서 자존감이 올라갑니다. 얘기를 털어놓던 사람이 진정한 공감을 받았다고 느끼면, 그 사람이 가지고 있던 긴장이 해소되는 것이 느껴져요. 그래서 열심히 하던 얘기를 멈추는 순간이 옵니다. 저도 진료실에서 굉장히 많이 겪었어요.

그런데 공감의 중요성을 아무리 강조해도 사실 실천하는 것이 쉽지 않습니다. 본문 첫머리에서 잠깐 이야기했어요. 왜 공감하지 못한다고 했죠? 들어주는 나 자신이 행복하지 않기 때문입니다. 속담 '곳간에서 인심 난다'를 가지고 한 번 말씀드렸어요. 관계에 중요한 공감도 결국은 내 감정에서 먼저 시작합니다. 내 감정을 조절해야 공감할 수 있고, 공감을 잘하면 관계도 좋아지고, 관계가 좋아지면서 동기부여가 되는 거예요.

'예스 세트'를 찾으면 마음이 열린다

진정한 공감을 연습하는 소통 게임을 한번 해볼까요? 아래 표의 상황을 읽고 프랭크라는 남성과 어떻게 대화하면 좋을지 생각해보는 겁니다. 마크 고울스톤Mark Goulston의 책 《뱀의 뇌에게 말을 걸지 마라》에 나오는 내용을 각색한 것입니다.

장소	대형 쇼핑몰 주차장
대상	'프랭크'라는 30대 초반의 남성
상황	프랭크는 자신의 승용차에 앉아 동료의 목에 엽총을 겨누고 있다. 특수 기동대가 사태를 주시하고, FBI 협상전담반이 파견해 와 있다.
히스토리	프랭크는 쇼핑몰 전자 매장에서 일하던 중, 고객과 동료들에게 화를 내고 고함을 쳤다는 이유로 6개월 전 해고되었다. 아내와 두 아이에게도 폭언을 일삼게 되자 가족들은 집을 떠났다. 해고된 이후 월세를 내지 못한 프랭크는 살던 아파트에서도 쫓겨났다. 여관을 전전하던 그는 마지막 희망으로 가족을 찾았으나, 가족들은 이미 법원에 접근 금지명령을 신청한 상태였다.

〈소통 게임〉

나름의 답변을 다 마쳤을까요? 여러 가지 대답이 나왔을 것 같습니다. '힘들었구나', '밥은 먹고 다니니?' 이런 표현들도 다 공감은 맞아요. 하지만 최상의 공감은 과연 무엇일까요? 게임 속 이야기를 이어가보겠습니다. 사실 이것은 실제 상황이에요. 미국에서 이런 상황이 발생하면 FBI와 함께 정신과 의사 마크 고울스톤이 동행합니다. 이분이 커뮤니케이션 분야의 대가예요. FBI에게 위험인물과 어떻게 대화해야 하는지를 조언해주는 역할을 합니다. 고울스톤이 조언한 문장은 이렇습니다.

"지금 당신 기분을 아무도 모를 거라고 생각하죠? 할 수 있는 건 다 해봤지만, 결국 이 방법밖에는 없었던 거죠?"

이 문장과 '힘들었구나'의 다른 점은 무엇일까요? 지금 이 사람이 느끼고 있는, 가장 표면에 나와 있는 감정을 파악해 드러냈다는 것입니다. '너희가 내 맘을 알아?' 이런 프랭크의 억하심정을 이해한 거예요. 표면 감정을 알아채기 위해서는 진짜 그 사람 입장에서 생각해볼 수 있어야 합니다. 표면 감정을 이해하고 던진 물음에는 '예스'의 대답이 나와요.

"그래, 아무도 내 생각은 안 해주잖아!"

첫 번째 예스가 나왔습니다. 이어서 물어봐요.

"그래요, 아무도 당신이 처한 상황을 알아주지 않았을 겁니다. 당신은 하루하루가 너무 괴롭고 힘들었을 텐데 말이에요. 그렇죠?"

바로 또 예스가 나옵니다.

"맞아, 빌어먹을! 매일 모든 게 똑같아!"

두 번째 예스가 나온 거예요. 나아가 또 묻습니다.

"당신의 마음을 알아주거나 처지를 걱정해주는 사람도 없고, 하는 일마다 잘되기는커녕 꼬이기만 했나보군요. 그래서 그냥 모두

끝장내버리려고 이곳에 온 것이 맞습니까?"

'힘들었구나'는 과거의 감정이에요. 표면 감정은 이 질문처럼 지금 이 자리까지 오게 된 구체적인 느낌을 담아야 합니다. 프랭크는 또 "맞아!" 하고 대답할 거예요. 그럼 총 세 번의 예스가 나옵니다. 이때부터 라포르는 형성된 거예요.

라포르 형성에는 '예스 세트yes set'라는 것이 있습니다. 예스라는 대답을 세 번까지 끌어낼 질문을 세팅하는 거예요. 예스가 세 번 나오면 그때부터 상대방의 마음이 열립니다. 저는 이 방법을 강의할 때도 많이 사용합니다. 강의를 시작할 때 당연한 질문부터 합니다. "여러분, 강의 들으러 오셨죠?" "네!" "점심도 다 드시고 오셨죠?" "네!" "평소 같으면 일하고 있을 시간인데, 강의 때문에 여기까지 와주신 거죠?" "네!" "강의 끝나면 다시 일하러 가셔야 하죠?" "네!" "귀한 시간 낸 만큼 집중해주실 거죠?" "네!" 당연한 질문을 세 번 이상 해서 라포르를 형성하는 일종의 최면 기법입니다.

당연한 질문을 세 번 하는 건 쉬워요. 이건 너무 쉬운 예스 세트이고, 고울스톤의 질문은 정말 어려운 예스 세트입니다. 상대방의 표면 감정을 찾아 고도의 질문을 던지는 것은 쉽지 않은 일이에요. 그가 프랭크에게 네 번째로 묻습니다.

"좀 더 말씀해주세요. 잘 풀리던 시절도 있었을 텐데, 정확히 무슨 일 때문에 이렇게 된 겁니까?"

프랭크가 자기 얘기를 하게 되었습니다. 이때 아까 얘기한 '힘들었겠구나'가 나오는 거예요. 처음부터 바로 힘들었냐고 물으면 예스가 잘 안 나옵니다. 단계적으로 다가가야만 해요.

진정한 경청이란 존재 자체로 듣는 것이다

마크 고울스톤은 어떻게 프랭크의 표면 감정을 알아차릴 수 있었을까요? 바로 5단계 공감을 했기 때문이죠. 공감의 단계를 아래와 같이 5단계로 나눌 수 있습니다.

위 상황에서 '프랭크 많이 괴롭고 힘들겠구나'의 표현은 3단계에

1단계	상대방의 감정 표현에 훨씬 못 미치는 단계, 즉 공감을 전혀 못 하는 단계
2단계	상대방의 표현에 반응은 하지만 주목할 만한 감정을 제외하거나 왜곡해서 반응하는 단계
3단계	상대방의 감정 표현에 상호 교류적인 공감 표현의 단계
4단계	상대방이 표현한 것보다 더 내면적인 감정을 이해하고 공감하는 단계
5단계	상대방이 표현한 감정의 내면적 의미를 아는 것을 넘어서 상대방과 같은 수준의 몰입으로 상대방이 표현한 감정과 의미를 첨가해서 공감하는 단계

〈5단계 공감〉

해당합니다. 우리가 가장 많이 할 수 있는 공감이죠. 하지만 마크 고울스톤은 5단계 공감으로 대화를 엽니다. 프랭크의 입장에 몰입해 지금 당장 프랭크의 머릿속에 가득 찬 생각은 무엇일까를 떠올려보는 것이죠. 그것은 이런 생각일 것입니다.

'당신들은 아무도 몰라. 내가 할 수 있는 방법이 이것밖에 없어서 이러는 거야.'

그렇습니다. 이렇게 그 사람의 입장에 몰입해서 생각할 수 있어야 공감이 가능하고, 라포르 형성이 가능합니다.

또 다른 가상 상황으로 설명해보겠습니다. 내가 팀장이 되어 우리 팀 김 대리를 상담하는 것입니다. 그는 항상 피곤한 표정을 하고 있지만 완벽주의 성격으로 맡은 일은 아주 잘해냅니다. 그런데 주위 사람들과 대화가 적고 혼자 일을 진행하는 편이라서, 협조적인 일을 진행할 때 가끔 문제가 발생합니다. 최근에는 아침 출근에 지각하는 사례가 종종 발생하고 있네요. 힘들어 보입니다. 김 대리를 따로 불러내 대화하는 상황이라면, 여러분은 어떻게 대화를 시작하겠어요?

'요즘 많이 피곤하죠?', '몸이 아픈가요?', '안 좋은 일이 있나요?', '저도 대리 시절에 정말 힘들었는데, 충분히 잘하고 있어요…' 다 좋지만 3단계 수준의 공감입니다. 김 대리의 표면 감정을 읽고 드러내는 표현이 없어요. 지금부터 김 대리의 입장에 전적으로 빙의해보겠습니다. 최근에 지각이 잦아져서 눈치가 좀 보여요. 그런데 마침 팀장님이 나를 따로 불러냅니다. 어떤 기분으로 면담실에 들어오겠어요? '망했다. 완전히 깨지겠구나.' 이게 김 대리의 표면 감정이에요.

5단계 공감을 하는 팀장은 어떻게 첫 마디를 꺼내면 좋을까요? "내가 갑자기 불러서 긴장되고 혼날 것 같고 걱정되지?" 아까 진정한 공감을 얻은 사람은 어떤 반응을 보인다고 했어요? 긴장이 풀린 듯 보인다고 했죠. 5단계 공감 반응을 얻은 김 대리도 긴장을 풀고 마음을 연 채 면담에 임합니다. "네…" 하는 대답이 나와요. 지각이 잦아지면서 얼마나 눈치가 보이고 긴장이 되었겠어요. 표면 감정을 읽어내는 5단계 공감은 대답도 빨리 나옵니다. 상황을 해결할 대화의 물꼬를 튼 거예요.

경청에 관해 장자는 이렇게 말했습니다. "진정한 경청이란 자신의 존재 전체로 듣는 것이다!" 내가 그 사람이 되었다고 생각하고, 빙의한 듯 그 사람 마음을 그대로 느껴보고, 그 느낌을 말로 표현해주는 거예요. 듣는 것이라고 했죠. 공감과 같이 따라다니는 중요한 태도가 '경청'입니다. 공감을 통해 라포르가 형성되면 대화가 시작됩니다. 상대방이 얘기하는 것을 듣고, 그 사람의 마음을 헤아려 질문을 건네고, 다시 얘기하는 것을 듣고… 경청 없이 이러한 대화가 이어질 수는 없습니다.

여기서 경청은 그냥 말을 들어주는 게 아니고, 말하는 내용의 맥락을 읽어내는 '맥락적 경청'이에요. '컨텍추얼 리스닝contextual listening'이라고 합니다. 맥락적 경청은 그 사람의 얘기에서 행간을 읽어내 숨은 감정과 욕구를 알아채는 거예요. 인기 있었던 드라마 '응답하라 1994'에서 맥락적 경청을 다룬 재미있는 에피소드가 있어요. '나정'이 하숙집 남자들한테 질문을 던집니다.

"내가 방에 페인트칠을 새로 했거든. 근데 페인트 냄새 때문에 머리가 지끈지끈 아프다. 그렇다고 창문을 열자니 바깥 매연 때문에 기침이 콜록콜록 난다. 이런 상황에 내가 창문을 여는 게 낫겠나, 닫는 게 낫겠나?"

남자들은 페인트 냄새가 몸에 안 좋을까, 매연 냄새가 몸에 안 좋을까를 고민하며 대답을 골라요. 전부 오답입니다. 이 질문의 진짜 느낌과 욕구는 '내 몸에 뭐가 더 나을까'를 알고 싶은 게 아니에요. "어떡해, 괜찮아?" 이 말이 듣고 싶은 겁니다. 페인트 냄새 때문이든, 매연 냄새 때문이든, 그냥 내가 힘든 상황을 알아줬으면 싶은 거예요.

의사가 환자를 진료하는 상황에도 맥락적 경청은 필요합니다. 저도 처음에는 알아채지 못했는데요. 환자 분들이 계속 물었던 내용을 또 묻고, 다시 묻는 겁니다. 점차 경험이 쌓이면서 비로소 환자들의 진짜 마음이 뭔지 알았어요. 환자들은 궁금한 게 아니고, 불안했던 거예요. 너무 힘든 치료는 아닐까, 이 치료가 진짜 효과가 있을까. 이때 너무 불안해하지 말라고 감정적 지지를 해주면 환자들의 질문이 없어집니다. 상대방의 표면 감정과 진짜 마음을 읽어내는 5단계 공감과 맥락적 경청, 꼭 기억해주세요.

성공한 사람들의
놀라운 4단계 대화법

성공한 사람들은 어떻게 대화할까요? 마셜 로젠버그는 '비폭력 대화NonViolent Communication(NVC)'라는 개념을 처음으로 제창했습니다. 한국에서는 캐서린 한Katherine Han이라는 국제 공인 트레이너가 이 대화법 보급에 앞장섰어요. 2006년 신촌에 한국비폭력대화센터를 개설하고, 2007년 첫 공식 총회를 열었습니다. 이미 많은 분이 이 대화법을 교육받고 훈련하고 있어요. 지금부터 인생에 큰도움을 주는 비폭력 대화법을 알려드릴게요.

평가를 제거하고 오로지 관찰만 이야기한다

이 대화법은 4단계로 이뤄져 있습니다. 1단계 '관찰', 2단계 '느낌', 3단계 '욕구', 4단계 '부탁'이에요. 부모 자녀, 직장 동료 등 어느 그룹의 대화에나 적용할 수 있습니다. 이 4단계를 머릿속으로 따라가며 대화하면 보다 생산적이고 갈등 없는 대화가 가능하다는 거예요. 1단계부터 4단계까지 무슨 내용인지 차근차근 정리해볼 건데요. 이제부터 제시되는 예문들도 도서 《비폭력 대화》를 참고했음을 밝힙니다.

4단계 대화법을 이야기할 때, 1단계에 해당하는 관찰의 반대말은 '평가'예요. 관찰은 그 시점에 관찰된 객관적 현상만을 이야기하는 것입니다. 그 현상에 말하는 사람의 주관, 평가가 들어가면 비폭력 대화를 벗어난 것입니다. 아래 표를 보면 5개의 문장 중 관찰에

	아래 문장 중 관찰에 해당하는 것은 무엇일까요? (1개)	
1	김 대리는 이유 없이 나에게 화를 냈다.	(관찰 / 평가)
2	이 팀장은 공격적이다.	(관찰 / 평가)
3	내 아버지는 좋은 분이다.	(관찰 / 평가)
4	김 부장은 나와 얘기할 때 불평을 한다.	(관찰 / 평가)
5	사장님은 회의 중 내 의견을 묻지 않았다.	(관찰 / 평가)

〈관찰 vs 평가 ①〉

해당하는 문장은 1개 들어 있습니다. 한번 골라보세요.

정답은 마지막 문장 '사장님은 회의 중 내 의견을 묻지 않았다'입니다. 나머지 위의 4개 문장은 평가에 해당합니다. '이유 없이', '공격적이다', '좋은 분이다', '불평을 한다'가 말하는 이의 주관이 담긴 부분입니다. 김 대리가 화를 낸 데 이유가 있는지 없는지는 본인 외에 아무도 몰라요. 공격적이라는 것도 그 사람에 대한 평가예요. 다른 사람은 이 팀장이 공격적이라고 느끼지 않을 수도 있습니다. 내 아버지는 좋은 분이라는 말도, 나에게나 좋은 사람이지 다른 사람에게 어떨지는 알 수 없습니다. 김 부장이 불평을 한다는 말도, 김 부장은 그냥 한 말인데 나 혼자 불평으로 들었을 수도 있는 거예요.

사장님은 회의 중 내 의견을 '묻지 않았다'라는 말은 행위를 객관적으로 나타냈습니다. 관찰이에요. 비폭력 대화의 첫 번째 원칙은 '나의 평가를 완전히 제거하고, 오로지 관찰만 얘기한다'입니다. 아직은 좀 아리송한 게 헷갈릴 수 있어요. 다시 한번 연습해보겠습니다.

다음 페이지의 표 〈관찰 vs 평가 ②〉를 보겠습니다. 일을 '많이' 한다는 것의 기준은 사람마다 다르고 주관적입니다. 평가입니다. '무시한다'라는 것도 그 사람의 태도를 내가 감정적으로 해석한 것입니다. 평가입니다. 어울리지 않는다고 '말했다'라는 것은 그 행위만 객관적으로 전달하므로 관찰입니다. 이를 '자주' 닦지 않는다는

아래 문장 중 관찰에 해당하는 것은 무엇일까요? (2개)		
1	박 대리는 일을 많이 한다.	(관찰 / 평가)
2	사장님은 나를 무시한다.	(관찰 / 평가)
3	김 실장은 나에게 빨간 옷이 어울리지 않는다고 말했다.	(관찰 / 평가)
4	내 아들은 이를 자주 닦지 않는다.	(관찰 / 평가)
5	이 대리는 어제 회의를 하면서 손톱을 물어뜯었다.	(관찰 / 평가)

〈관찰 vs 평가 ②〉

것은 빈도의 기준이 사람마다 다르기 때문에 평가입니다. 손톱을 '물어뜯었다'라는 것은 행위에 대한 객관적 전달로 관찰입니다. 3, 5의 문장이 관찰이네요. 연습하다보니 어느 정도 감이 오나요?

대화에 참여할 때 관찰의 태도와 평가의 태도는 어떤 차이를 만들까요? 관찰을 이야기할 때는 반박할 수가 없어요. 그 상태를 관찰한 사실만 이야기하는 것이니까요. 반면에 평가가 들어간 이야기는 상대방의 반감을 살 수 있고, 상대방으로 하여금 반박하도록 만들 수 있습니다. 주관적 평가를 빼고 객관적 사실만 가지고 이야기할 때 갈등 없는 대화가 가능해집니다.

해석한 것 말고 오로지 내 느낌을 전달한다

4단계 대화의 두 번째 원칙, 느낌의 반대말은 '생각'이에요. 다음 표의 문장들을 읽으면서 느낌과 생각을 구분해보겠습니다. 느낌이 들어간 문장은 2개 있어요.

	아래 문장 중 느낌에 해당하는 것은 무엇일까요? (2개)	
1	당신을 때려주고 싶은 심정이야.	(느낌 / 생각)
2	나는 오해를 받고 있는 것 같아.	(느낌 / 생각)
3	당신이 떠난다니 정말 슬퍼.	(느낌 / 생각)
4	당신이 나를 사랑하지 않는 것 같아.	(느낌 / 생각)
5	빨리 하라는 소리를 들으니까 초조해졌어.	(느낌 / 생각)

〈느낌 vs 생각 ①〉

먼저 '때려주고 싶다'라는 것은 생각입니다. 속상하고 야속하다면 느낌이 되겠지만, 때려주고 싶다면 내가 하고 싶은 행동을 생각한 게 되죠. '오해를 받는 것 같다'라는 것도 생각입니다. 나를 대하는 사람들의 태도가 불편하다면 느낌이지만, 그들이 오해하는 것 같다는 것은 나만의 생각입니다.

세 번째 문장에서 '슬프다'라고 표현한 것은 느낌입니다. 당신이 떠나는 상황에 대한 순수한 감정이에요. 반면에 '사랑하지 않는 것 같다'라는 말은 당신의 감정에 관한 나의 추측이 담겼으므로 생각의 표현입니다. 마지막으로 '초조함'은 재촉을 받은 상황에서 느끼는 감정 그대로입니다. 3, 5번 문장이 느낌을 표현한 문장이었습니다.

평가가 담기지 않은 관찰을 표현하고, 그다음에는 내가 생각하고 해석한 결과가 아닌 있는 그대로의 느낌만을 전달해야 해요. '당신이 떠난다', '빨리 하라는 소리를 듣다'라는 실제 일어난 사건에 따르는 '슬프다', '초조하다'의 감정을 전하는 것이죠. 느낌과 생각의 구분도 아래 표를 보고 다시 한번 연습해보겠습니다.

	아래 문장 중 느낌에 해당하는 것은 무엇일까요? (2개)	
1	사장님이 나를 보고도 알은체하지 않으면 무시당하는 기분이야.	(느낌 / 생각)
2	당신은 나에게 참 잘해줘.	(느낌 / 생각)
3	김 부장님이 그렇게 말할 때면 무서워.	(느낌 / 생각)
4	나는 쓸모가 없어.	(느낌 / 생각)
5	이 대리가 우리 부서로 온다니 기뻐.	(느낌 / 생각)

〈느낌 vs 생각 ②〉

'무시당하는 기분'은 사장님 의도를 내 마음대로 해석한 결과니 생각이에요. 머쓱하다거나 서운하다는 표현이 들어가면 느낌이 되겠습니다. '잘해준다'라는 것도 상대방의 의도를 내 마음대로 호의적으로 해석한 거라서 생각이에요. '당신이 이렇게 행동할 때 나는 기분이 좋아'라고 하면 느낌을 표현하는 문장이 됩니다. '무서워'는 단순한 느낌이에요. 부장님의 의도가 어떻든 간에 나는 그 화법이 무서운 거예요. '쓸모가 없다'라는 것도 나만의 판단이므로 생각입니다. 마지막 문장은 대리의 부서 이동이라는 사건에 대해 '기쁘다'라는 나의 솔직한 느낌이에요.

앞에서 메타 인지를 이야기할 때, 내 감정을 알기 위해 먼저 감정에 이름을 붙일 줄 알아야 한다고 했습니다. 어휘력, 표현력이 부족해서 내 감정을 정확히 인지하지 못하는 경우가 많기 때문이에요. '진짜 좋은데 말로 표현할 수가 없네…' 싶은 순간들이 있죠? 그럴 때 정확하게 표현할 수 있는 것이 굉장히 중요합니다. '뿌듯하다'라고 같은 표현을 써도, 말하는 사람과 대화 상황에 따라 그 의미가 조금씩 다를 수 있거든요. 표현이 정확하면 상대방도 내 느낌을 더 빠르게 왜곡 없이 이해할 수 있으니 정말 유용한 스킬입니다.

욕구를 정확하게 표현한다

4단계 대화의 세 번째 원칙은 상대방에 대한 지적이 아닌 욕구를 드러내는 것이에요. 욕구의 잘못된 표현 방식은 '비판'입니다. 비판

	비판 (왜곡된 표현)	욕구 (있는 그대로의 표현)
1	이 대리는 나를 이해해주는 적이 없어!	이 대리가 나를 좀 더 이해해주면 좋겠어.
2	김 과장은 회의 때 좋은 의견 내는 걸 못 봤어!	김 과장이 회의에 적극적으로 참여해주면 좋겠어.

〈욕구와 비판의 차이〉

은 충족되지 않은 자기 욕구의 왜곡된 표현이에요. 위의 예를 보겠습니다.

욕구, 내가 원하고 필요로 하는 것을 정확하게 표현하면 상대방이 그것을 충족해줄 가능성이 커져요. 비판은 오히려 상대방에게 반감을 사고 동기를 떨어뜨릴 수 있습니다. 그리고 솔직하게 말해주니까 대화의 긴장도 낮아지고요. 그럼 아래의 문장들로 욕구를 인식하고, 전달력 있게 표현해보는 연습을 하겠습니다.

대화에서 욕구를 먼저 명확히 밝히고 따라오는 느낌을 전하면, 듣는 사람이 훨씬 반감 없이 받아들일 수 있어요. 욕구를 왜곡하지 않고 있는 그대로 드러낼 때 듣는 사람의 마음이 열리고 수용하게 된답니다. 보통 관찰, 느낌, 욕구 세 가지가 섞여 드러나는 경우가 많아요. 비판적으로 왜곡되지 않은 욕구를 먼저 밝히고, 평가와 생각이 아닌 관찰과 느낌을 이어서 말한다면 대화가 더 부드럽게 이어질 것입니다.

1	우리가 함께 강의를 들을 때, 당신이 늦게 오면 나는 짜증이 나요. → 나는 당신과 함께 앞자리에 앉아 강의를 듣고 싶은데(욕구), 당신이 늦게 오면 (관찰) 실망스러워요(느낌).
2	당신이 서류들을 회의실 바닥에 놓아두면 정말 짜증이 나요. → 나는 회사 서류가 이용하기 쉽고 안전하게 보관되기를 원해요(욕구). 그런데 당신이 회사 서류를 바닥에 놓고 가면(관찰) 나는 정말 화가 나요(느낌).
3	당신이 그 상을 타서 매우 기뻐요. → 나도 당신의 노력이 인정받기를 바랐어요(욕구). 그래서 당신이 상을 받았다니 (관찰) 정말 기뻐요(느낌).
4	때때로 사람들이 대수롭지 않게 하는 말에 상처를 받아요. → 나는 인정받고 싶은 마음이 커서(욕구), 나를 비판하는 것 같은 사소한 말에도 마음이 아파요(느낌).
5	당신이 하겠다고 한 일을 해놓지 않아서 정말 실망스러웠어요. → 나는 당신을 신뢰하고 싶어요(욕구). 그래서 당신이 한 말을 지키지 못하면 실망스러워요(느낌).

〈욕구를 인식하기〉

긍정적으로 그리고 구체적으로 부탁하기

4단계 대화의 마지막 원칙은 부탁이에요. 생산적이고 갈등 없는 대화의 4요소가 관찰, 느낌, 욕구, 부탁인 것입니다. 부탁의 원칙은 '긍정적 언어'를 사용해 '구체적 행동'을 부탁하기예요. 부탁과 명령은 어떻게 다를까요? 욕구와 느낌이 빠진 부탁은 명령처럼 들립니다. 명령은 강요죠. 강요는 순종과 반항 둘 중의 한 가지 결과로 귀결합니다. 명령을 수용하지 않는다면 비판, 비난을 받거나 죄의식을 느끼게 됩니다. 비난과 죄의식이 두려워 강제적으로 행동한다면 명령, 상대방의 욕구를 이해하고 자발적으로 행동한다면 부탁의 결과입니다.

몇 가지 상황을 두고 부탁의 말하기를 연습해보겠습니다. 노크도 없이 아무 때나 사무실 문을 벌컥 열고 들어오는 김 과장에게 앞으로는 노크를 해달라고 그가 상처받지 않도록 말하고 싶습니다. 어떻게 말하면 좋을까요? 먼저 관찰한 것을 그대로 표현합니다. "과장님, 노크 없이 바로 들어오셨네요." 그다음으로 느낌입니다. "그러면 제가 깜짝 놀라고 당황스러워요." 세 번째로 욕구예요. "제가 업무에 좀 편하게 집중하고 싶어서요." 마지막으로 부탁하는 것입니다. "그러니 다음부터는 들어오실 때 노크를 해주면 좋겠어요." 이렇게 욕구와 부탁까지 이어지는 대화의 흐름이 잘 훈련되면 평상시 대화에서도 굉장히 좋은 에너지를 가질 수 있습니다.

상황을 하나 더 해볼까요? 회식에서 음주를 자제하지 못하고 다음 날 업무에 지장을 주는 박 실장이 있습니다. 그에게는 뭐라고 어떻게 말하는 게 좋을까요? 앞서 해본 것처럼 관찰, 느낌, 욕구, 부탁의 흐름으로 가는 겁니다.

"박 실장님, 오늘 오전 중에 처리해주시기로 한 일들이 아직 마무리되지 않았더라고요. 저는 업무 일정에 이렇게 차질이 생기면 많이 걱정스러워요. 회식을 하더라도 다음 날 오전 업무가 잘 마무리 되면 좋겠어요. 다음부터는 회식이 있어도 그다음 날 업무에 지장이 없도록 부탁드릴게요."

사실 실제 대화에서 4단계를 딱 맞게 적용하기는 쉽지 않습니다. 원칙을 토대로 적절히 활용하며 대화할 수 있어야겠죠. 4단계 원칙을 잘 쓰려면 머릿속으로 계속 생각하며 습관을 만들어야 합니다. 상황을 가정하고 이 원칙을 어떻게 활용해서 대화를 이끌 것인지 생각해보는 거예요. 그리고 일상의 대화에서 적용하는 연습을 꾸준히 해야 합니다.

가족, 친구와의 대화에서 가볍게 적용해보세요. '얘가 왜 이렇게 변했어?' 하는 소리를 들을지도 모릅니다. 이 사람과 대화하면 참 편하구나, 주변에서 그런 생각이 들기 시작하면 점점 관계 부자가 될 수 있겠죠.

진정한 이타심이
존재할 수 있을까?

인간의 마음에는 이타심과 이기심이 있습니다. 인간이 혼자 생활하는 동물이라면 이런 마음이 생기지 않았을 거예요. 이타심과 이기심은 모두 관계에서 생기는 마음이거든요. 그런데 진정한 이타심이란 게 존재할 수 있을까요? 예를 들어보겠습니다. 길을 가다가 어려운 사람을 보고 적선을 베풀었다고 해요. 그런 행동의 목적은 정말 어려운 사람을 돕고 싶은 마음뿐일까요? 사실 그 뒷면을 보면, 적선을 하면 내 기분이 좋아지는 이유도 있습니다. 뿌듯하고 행복하잖아요.

이타심은 인간의 뇌에 잠재되어 있다

이타심을 발휘한 결과가 나에게 행복감을 줄 때, 이 행동이 타인을 위한 것인지 나를 위한 것인지 헷갈리기 시작합니다. 이에 관해 많은 철학적 논의가 있어요. 듀크대학교 신경과 박사 스콧 휴텔Scott Huettel은 이런 연구를 했습니다. 실험 참가자들에게 정해진 시간에 덧셈, 뺄셈 문제를 맞히는 만큼 돈을 주는 게임을 해요. 한 그룹은 그 돈을 본인들이 가지고요, 다른 한 그룹은 가난한 아이들의 사진을 보여주며 이들에게 그 돈이 기부될 것이라고 알려줬습니다. 그리고 문제를 푸는 동안 뇌의 기능을 관찰하는 기능적 MRIfunctional MRI를 촬영했어요. 이때 게임의 상금을 기부하기로 한 그룹에서 특별한 현상이 관찰되었습니다. 이 그룹만 특정 부위에서 신호가 나타나는 것을 확인할 수 있었죠. 그 신호는 우리가 만족감과 행복감을 느낄 때 나타나는 것이었습니다.

연구를 바탕으로 스콧 휴텔 박사는 "이타심은 인간의 뇌에 잠재되어 있다!"라고 말했어요. 연구에서 관찰된 뇌 부위는 만족감, 행복감뿐만 아니라 자존감과 자기 효능감까지 높이는 곳이었습니다. 남에게 도움을 준다고 하면 나 자신이 쓸모 있는 느낌이 들잖아요. 그런데 이 자존감과 자기 효능감이 우리가 성공하는 데 있어 정말 중요한 감정입니다.

자존감, 자기 효능감이 떨어지면 목표 설정을 해도 실행력이 안 나와요. 자기 효능감이 낮은 사람들은 우울해지고 무기력해지기도 쉽습니다. 스스로 정한 목표를 향해 달려가는 힘이 자기 효능감인데, 이런 중요한 힘이 이타심을 발휘할 때 생긴다는 거예요.

남을 위한 이타심이 나를 살린다

제가 오래전에 읽었던 기사가 하나 있습니다. 디자이너로 평범하게 생활하던 안 씨가 있었는데요. 불행하게도 그는 30대 젊은 나이에 난치병에 걸렸습니다. 병명은 '강직성 척추염'입니다. 이 병은 척추에 염증이 생기면서 척추 전체가 서서히 굳어가는 병입니다. 완치가 어렵기 때문에 오랫동안 꾸준히 치료를 해야 하는 아주 힘든 병이었죠. 안 씨는 평생을 치료하면서 살아가야 한다는 사실에 희망을 잃었습니다. 수년간 치료를 받아온 그는 시간이 흐르면서 조금씩 비관적인 생각이 들기 시작했죠. 그리고 그만 투병 생활을 마치려 했는데요. 그가 선택한 것은 바로 자살이었습니다.

그는 자살을 결심하고 한강으로 가기 위해 지하철을 탔습니다. 그때 옆자리에 앉아 있던 아주머니가 들고 있는 잡지가 눈에 들어왔는데요. 그의 시선은 잡지에 실린 1장의 사진에 머물렀습니다. 그것은 바로 배우 김혜자 씨가 아프리카의 병들고 굶주린 어린아이를 안고 있는 사진이었습니다. 그 순간 그에게서 이상한 반응이 나타났는데요. 갑자기 주체할 수 없을 정도로 한없이 눈물이 쏟아지기 시작했죠. 그렇게 한참을 울고 있는데 옆에 있던 아주머니가 손수건을 건네줬답니다. 그는 손수건으로 눈물을 닦고 일어나 자살하지 않기로 마음을 바꿨습니다. 그리고 집으로 돌아왔죠. 그다음에 어떤 일이 생겼을까요? 그날 이후 그의 마음속에 새로운 결심이 섰습니다. 아프리카 아이들을 도와야겠다는 결심이었죠. 그때부터 그는 10년이 넘도록 아프리카의 '피카두'라는 어린 소년에게 매달 기부금을 보내고 있습니다. 본인도 아프고 힘든데 그런 결심과 실행을 한 이유가 무엇일까요? 인터뷰에서 그는 이렇게 이야기합니다.

"매달 보내는 3만 원은 제게 후원이 아니라, 저를 살아 있게 하는 원동력입니다. 오히려 제 후원을 받아준 피카두가 고맙죠. 그 아이를 알게 되어 제가 다시 살아갈 수 있었으니까요."

도대체 그에게 어떤 변화가 일어난 것일까요? 왜 갑자기 자살하겠다는 생각이 사라지고 새로운 삶을 살아갈 힘이 생긴 것일까요? 그 힘은 바로 '이타심'이라는 본능이었습니다. 이타심은 인간이 가지는 본능 중에서 가장 숭고하고 인간다운 것인데, 이 본능에 의해 희망이 생기고 행복감이 돌아오기 시작했습니다. 그 사진 1장이 안씨의 운명을 바꾼 것이죠. 그는 피카두를 꾸준히 후원하다가 드디어 직접 그를 만나러 아프리카에 다녀왔습니다. 처음 후원을 시작할 때와 달리 몰라볼 정도로 훌쩍 커버린 피카두와 눈물을 흘리며 포옹했고요. 그 순간 그는 너무나도 행복했다고 합니다. 그의 행복한 표정은 보는 이들도 기쁘게 만들었고, 매체를 통해 그 사진을 보던 저의 마음도 정말 행복해졌습니다.

성공을 향해 가는 이타심과 이기심의 동행

미국 경영대학원 와튼스쿨 종신교수 애덤 그랜트Adam Grant가《기브앤테이크》라는 책을 썼습니다. 주는 것보다 더 많은 이익을 챙기려 하는 '테이커taker', 받는 만큼만 주려 하는 '매처matcher', 그리고 자신의 이익보다 다른 사람을 먼저 생각하는 '기버giver'가 있어요. 세 가지 유형 중 기버에 해당하는 사람이 더 큰 성공을 거둘 가능성이 높습니다. 빌 게이츠, 스티브 잡스 등 크게 성공한 사람은 다 기버예요.

기버가 성공하는 이유는 그들이 '이기적인 이타주의자'이기 때문입니다. 이들은 일반적인 사람들과 그 목표가 조금 달라요. 기업 경영인으로서 수익을 목표로 하지만, 그 목표 뒤에 이타심이 숨어 있습니다. 물론 이기적인 면도 있어요. 사업적으로 손해는 절대 보지 않으려 합니다. 이타심과 이기심은 반대의 개념이 아니고 양립할 수 있는 구분되는 개념이에요. 스티브 잡스, 빌 게이츠가 기업의 수익을 늘리고 규모를 키우려 하는 것은 이기심에서 출발합니다. 하지만 둘은 돈을 많이 벌어야겠다는 생각 이전에 또 다른 의도가 하나 있었어요. 바로 "전 세계 사람이 컴퓨터를 쓸 수 있게 만들겠다"라는 것이었습니다. 이런 이타적 목표를 위한 과정은 또 이기적일 수 있어요. 거래처나 투자자와 협상을 하거나, 직원들과 업무 토론을 할 때는 이해관계를 따질 수밖에 없습니다.

스티브 잡스의 유명한 일화가 있죠. 아이팟 시안이 나왔는데 크기가 큰 겁니다. 그래서 잡스가 엔지니어들을 모아놓고 더 작게 만들라고 얘기해요. 그러니까 엔지니어들이 이 이상 작게는 못 만든다고 말했습니다. 그러자 잡스가 가까이 있던 어항에 아이팟을 빠뜨려요. 아이팟에서 공기 방울이 수면으로 보글보글 올라옵니다. 그걸 보고 밤을 새워서라도 저 공기 방울이 들어갈 공간까지 없애라고 말해요. 함께 일하는 직원 입장에서는 얼마나 이기적이에요. 하지만 그렇게 심혈을 기울인 덕에 모든 사람이 편하게 가지고 다니며 음악을 들을 수 있는 아이팟이 개발된 것입니다. 이렇듯 이타적 목표와 이기적 과정이 결합된 사람이 크게 성공하는 거예요.

진정한 이타심이 과연 있을까 하고 물으면 그렇지 않다고 대답할 수도 있어요. 이타심을 발휘하면 결국 자존감과 자기 효능감이 올라가니까요. 하지만 이런 이타심이라고 꼭 나쁜 것은 아닙니다. 결국 너도 좋고 나도 좋은 최선의 결과를 만들기 때문이죠. 진정한 성공을 거두고 싶다면 반드시 이타심을 발휘할 줄 알아야 합니다.

기적을 부르는 '기버'의 역발상

코미디언 고명환 씨를 아시나요? 그는 어린 시절 300만 원을 가지고 서울에 올라와 많은 고생을 했습니다. 그런데 지금은 집 4채를 사고, 연 매출 10억 원 이상의 식당 주인입니다. 고명환 씨는 1994년 KBS 대학개그제에서 금상을 수상하면서 활동을 시작했습니다. 그러다 2005년에는 아주 큰 교통사고를 당하는데요. 눈길에서 차가 미끄러지면서 15톤 트럭과 충돌한 것이죠. 그때 갈비뼈와 광대뼈가 골절되고 뇌출혈 증세까지 있었습니다. 그런데 기적적으로 살아나면서 마음가짐이 많이 달라졌다고 하는데요. 정말 열심히 살아보자는 생각을 하게 되었다고 합니다. 그러면서 방송 이외에도 자기계발에 열중하게 되었는데요. 그것이 바로 독서였습니다. 그는 수천 권의 책을 읽으면서 진정한 삶의 진리와 성공의 원리를 깨달았다고 합니다.

　고명환 씨 인터뷰에서 제가 정말 공감하는 내용이 있었습니다.

그것은 바로 기버, 베푸는 사람들이 성공한다는 것이었습니다. 기버는 언젠가 베푼 것 이상으로 더 많이 받게 된다는 것이었죠. 그의 경험담을 말씀드리겠습니다. 그는 몇 번의 실패 끝에 메밀국수 식당을 열고 열심히 노력해서 장사가 꽤 잘되었다고 합니다. 그래서 연 매출 10억을 달성한 것이었죠. 가게 운영비와 세금을 모두 제하면 순수익이 약 3억 정도 되었다고 합니다. 그런데 그때 고명환 씨 머릿속에 떠오른 생각이 있었죠. 바로 사마천 《사기》의 '열전'에서 읽었던 상인에 대한 이야기였습니다. 3분의 1 이상의 수익을 남기는 상인은 끝이 좋지 못하고, 상인은 5분의 1의 수익을 남기는 것이 마땅하다는 내용이었는데요. 이미 많은 책을 읽어 기버가 성공한다는 진리를 알고 있던 고명환 씨는 이때 중대한 결정을 내립니다. 순수익을 3억이 아닌 2억으로 줄이는 것이었죠. 정말 놀랍지 않은가요? 보통 사람이라면 오히려 순수익을 더 높이려고 애쓸 텐데요. 고명환 씨는 오히려 반대로 결정한 거죠. 그래서 평소에 쓰던 밀가루 같은 재료들을 더 비싸고 좋은 걸로 바꿉니다. 그렇게 순수익을 3억이 아니고 2억으로 만들려고 했다는 것입니다.

그렇게 결정을 내리고 좋은 재료를 쓰면서 어떤 변화가 생겼을까요? 사실 손님들은 밀가루가 더 좋아진 건지, 더 비싼 재료를 쓰는 건지 전혀 모릅니다. 하지만 고명환 씨는 너무 행복했다고 합니다. 아무도 알아주지 않지만 진정으로 손님들을 위하는 '기버'가 되었다는 생각에 스스로 뿌듯하고 기분이 너무 좋고 행복했다고 합니다. 이 상황 속에 이기적 이타심이 존재하고 있습니다. 기버로서 이타적인 행동을 하면서 그 안에서 행복을 느끼는 이기적 이타심입니다.

고명환 씨는 그렇게 원가를 늘리고 순수익을 줄인 상태로 계속 메밀국수 식당을 행복하게 운영했습니다. 그러다가 정말 큰일이 터진 것이죠. 바로 코로나 팬데믹입니다. 코로나가 우리나라를 덮치면서 많은 식당의 매출이 반 토막 나게 되었죠. 문을 닫는 식당도 많았고요. 그런데 기적이 일어난 것입니다. 그의 식당은 코로나 시기가 되면서 반대로 매출이 늘어나기 시작했습니다. 그래서 코로나 전보다 20%의 매출이 늘었다고 하는데요. 그는 인터뷰에서 이렇게 말합니다.

"기버가 성공한다는 원리를 확실히 알고 있었기 때문에 그렇게 했을 뿐입니다."

맞습니다. 이타심을 발휘하는 것은 삶을 바꿔나가는 데 매우 중요합니다. 그런데 막상 이타심을 발휘하려고 하면 뭘 어떻게 해야 할지 모릅니다. 제가 다양한 방법을 알려드리겠습니다.

모두에게 "오늘도 좋은 하루 보내세요!"

작은 선행과 봉사부터 시작하면 됩니다. 할머니가 무거운 짐을 들고 있으면 "도와드릴까요?" 하고 묻는 것부터가 시작입니다. 이렇게 작은 선행도 내 자존감, 자기 효능감을 올려줘요. 성공을 위한 자양분을 쌓는 것입니다. 더 쉬운 방법도 있어요. 멀리 갈 것도 없이, 나에게 가장 가까운 사람부터 잘해주는 겁니다. 대화를 할 때도 잘 들어주고, 편하게 말해주고, 웃어주고 하세요. 또 모든 사람에게 친절하게 대하는 것도 성공하는 사람들의 특징입니다. 식당 종업원에게도 매너를 지키는 등 기본적인 태도부터 다른 거예요. 친절한 말투와 표정으로 사람들을 대합니다.

눈에 띄게 친절을 보이기가 쑥스럽다면, 모르는 사람을 축복해주는 것도 하나의 방법이에요. 기분이 안 좋은 날 해보면 확 달라질 겁니다. 지하철에 타서 다른 승객들을 1명씩 슥 보면서 얘기해요. '오늘도 좋은 하루 되세요!' 하고 속으로 얘기하는 겁니다. 아침에 출근하는 길에도 지하철, 엘리베이터, 길거리에서 얼마나 많은 사람을 만나요. 계속 되뇌면서 가다보면 어느새 뿌듯한 마음이 들고 기분이 좋아지면서 기운이 납니다.

자기 효능감, 자존감, 자신감이 생기면 어떤 일에 임해도 마음이 편안해져요. 이타심이 엄청난 힘으로 내 마음을 바꿔놓습니다. 이타심을 발휘하는 여러 방법 중 정말 중요한 것이 하나 있어요. 바로 용서입니다. 내 마음속에서 미워하고 원망하던 사람을 용서하고 마음을 내려놓는 거예요. 용서가 완전하게 이타적인 것처럼 보이지만, 사실 내 마음을 편하게 하기 위한 일이므로 이기적인 이타심입니다. 눈 딱 감고 그 사람을 용서해준 뒤, 내 마음속 뜨거운 응어리를 내려놓고 편해지세요.

좋은 평판을 얻는 아주 간단한 실천

남들보다 성과를 내고 성공하기 위해서는 뛰어난 두뇌 능력 또는 뛰어난 신체 능력이 있다면 더 좋습니다. 그런데 이러한 것들보다 더 중요하게 여겨지는 능력이 하나 있습니다. 그것은 무엇일까요? 바로 태도attitude입니다. 태도는 여러 가지 의미를 가지고 있는 단어죠. '저 사람은 참 태도가 좋다' 이런 말을 들으면 어떤 이미지가 떠오르나요? 무슨 일을 하든 적극적으로 임하고 성실하며 또 약속도 잘 지키는 이미지가 떠오릅니다. 이러한 좋은 태도를 가지고 있는 사람들은 일단 성공할 수 있는 기본적 자질을 갖춘 것이라고 보면 됩니다.

실제로 신입 사원을 뽑는 인사 담당자들이 가장 중요하게 여기는 것도 바로 이 태도죠. 스펙이 좋은 사람이 물론 좋겠지만, 태도가 나쁘다면 결코 좋은 평가를 받지 못합니다. 반대로 스펙은 조금 떨어지더라도 태도가 좋은 사람이 있다면 훨씬 더 좋은 평가를 하게 되죠.

그런데 태도가 좋은 사람들이 성공할 가능성이 폭증하는 이유가 있습니다. 바로 '평판'과 연결되기 때문이죠. 즉 태도가 좋은 사람은 평판이 좋습니다. 그리고 이 평판은 그 사람이 성장하고 성공하는 데 아주 큰 힘을 발휘하는데요. 주위 사람들로부터 좋은 평판을 듣는 사람들은 자신도 모르게 좋은 잠재의식과 좋은 응원 에너지의 힘을 받는 것입니다.

"저 사람은 나중에 뭘 해도 잘될 사람이야" 또는 "저 사람은 다른 회사에 가서도 인정받을 사람이야" 이런 평판을 받는 사람들은 자신도 모르게 이러한 내용들이 잠재의식에 쌓이게 됩니다. 그리고 자신도 모르게 자기암시의 효과를 가지게 되죠. 이것이 정말 큰 힘을 발휘합니다. 그래서 자신의 미래에 대한 좋은 이미지를 갖게 되고 자연스럽게 믿음이 생기게 되죠. 이러한 마음의 힘이 생기면서 실제로 성공할 수 있는 능력을 갖춰나가게 됩니다.

제가 지금까지 살아오면서 평판이 좋았던 사람들, 태도가 좋아 '저 사람은 뭘 해도 잘할 거야'라고 생각한 사람들은 정말로 원하는 것들을 이루고 잘 살고 있습니다. 자신의 좋은 평판을 들으면서 스스로에 대한 자부심과 성공에 대한 믿음이 잠재의식에 자리 잡고, 결국 그러한 마음의 힘이 실제로 성공을 끌어낸 것이죠.

그렇다면 지금부터 태도를 바꿔 좋은 평판을 만들어가기 위한 가장 기초적이고 중요한 방법 딱 세 가지를 알려드리겠습니다. 성실하고 적극적이고 긍정적인 사람이 되어야 하는 것은 맞습니다만, 이러한 것들은 당연히 기본적으로 갖춰야 할 덕목입니다. 그와 함께 스스로 노력을 통해 평판이 좋아질 수 있는 세 가지 방법입니다.

첫 번째는 바로 표정입니다. 표정은 그 사람의 첫인상을 좌우하는 가장 중요한 것이죠. 하지만 단순히 남들에게 좋은 인상을 주기 위해 표정이 좋아야 한다는 것은 아니고요. 앞서 설명했지만 표정에 따라 우리 몸의 생리적 유형이 바뀌기도 하고, 감정이 달라질 수도 있습니다. 단순히 남들에게 좋은 인상을 주기 위해 표정을 밝게 하는 시대는 지났고요. 이제는 나 자신의 몸과 마음의 에너지를 활기차게 하기 위해 일부러라도 밝게 활짝 웃는 표정을 자주 지어야 한다는 것입니다.

두 번째는 바로 자세입니다. 앞서 설명한 것처럼 어깨를 펴고 머리를 들고 자신감 있는 자세를 딱 2분만 취하고 있어도 자신감을 증가시키는 호르몬 분비가 거의 20%까지 증가합니다. 늘 자신감 있는 자세를 취하려고 노력하는 것이 좋습니다.

세 번째는 바로 친절한 말투입니다. 사실 너무나도 중요한 부분인데요. 말투가 퉁명스럽고 차가운 사람들은 아무리 능력이 뛰어나도 좋은 평판을 받기 어렵습니다. 부드럽고 친절한 말투는 누구에게나 좋은 인상을 심어줍니다. 그런데 이러한 말투를 만들기 위해 노력하다보면 더 재미있는 현상이 생기는데요. 말투를 바꾸기 위한 노력이 차차 나의 마음가짐도 바꾼다는 것이죠. 사실 마음가짐이 먼저 바뀌면 말투도 바뀌는 것이 맞습니다. 그런데 순서를 바꿔 말투를 바꾸려고 노력하는 것만으로도 마음가짐이 함께 바뀌어간다는 것이죠. 이는 인생을 변화시키는 아주 중요한 노력이니까 꼭 실천해보면 좋겠습니다.

그런데 이 세 가지는 외부로 보이는 모습이기에, 어쩌면 내면의 성실함이나 실력이 더 중요한 것 아니냐고 생각할 수도 있습니다. 물론 맞습니다. 성실하고 부지런하고 실력이 좋은 사람들은 당연히 평판이 좋습니다. 그리고 성공할 확률이 아주 높습니다. 그런데 지금까지 말씀드린 세 가지도 이러한 것들 못지않게 중요합니다. 그 이유는 나의 표정과 자세, 말투가 바뀌면 나의 마음도 더 긍정적이고 자신감이 넘치고 의욕이 생기는 상태로 바뀌기 때문입니다. 그래서 이 세 가지를 먼저 습관으로 만들 수 있다면 점차 성공하는 삶으로 나아가고 있는 것입니다.

4단계

내가 원하는 방향으로
현실을 이끌기

꿈을 구체적으로 실현하는
마인드 트레이닝

끌어당김의 법칙에 관해 유명한 책 2권이 있습니다. 2007년에 국내 출간한 론다 번Rhonda Byrne의 《시크릿》과 이지성 작가의 《꿈꾸는 다락방》이에요. 책이 이야기하는 내용은 이렇습니다.

"생각하는 대로 이뤄지는 '끌어당김의 법칙'이 있다!"

출간 당시엔 사람들이 전부 말도 안 되는 소리라고 생각했어요. 'R=VD'라는 수식을 본 적 있을 거예요. R은 'reality'로 현실을, VD는 'vivid dream'으로 생생한 꿈을 의미합니다. 즉 수식을 해석하면 '생생히 꿈꾸면 현실이 된다'라는 의미가 되죠. 과연 듣기만 해서는 참 말도 안 되는 소리 같습니다.

병아리가 로봇을 끌어당긴 방법

끌어당김의 법칙에 관한 재미있는 실험 이야기를 들려드릴게요. 프랑스 의사 르네 푀크Dr. Rene Peoc'h가 쓴 논문에 있는 내용입니다. 다음 그림과 함께 볼게요.

　일정한 패턴 없이 무작위로 움직이는 로봇이 있습니다. 그 밑에 연필 하나를 꽂아두면 그림처럼 이동 경로가 나타나겠죠. 그런데

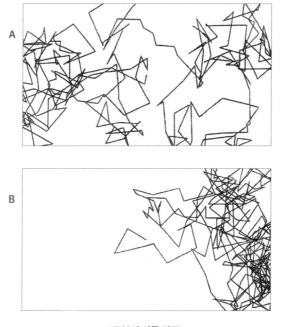

〈로봇의 이동 경로〉

두 그림에 차이가 있습니다. A는 이동 경로가 정말 무작위로 나타났지만, B는 이동 경로가 오른쪽 아래로 치우쳐 나타났어요. 어떻게 이런 차이가 나타났을까요?

B의 실험 상황은 이랬습니다. 로봇이 있는 박스 옆에 병아리 1마리를 뒀어요. 그런데 이 병아리는 좀 특별한 병아리였습니다. 원래 조류들은 알에서 나올 때 처음 본 대상을 자기의 어미로 기억합니다. 이제 막 깨어난 병아리 앞에서 로봇을 움직인 것이죠. 병아리에게 로봇을 어미로 각인시키고, 그 병아리를 박스 옆에 뒀어요. 병아리는 로봇을 자기 어미로 알고 계속 삐악삐악하면서 불러댔습니다. 그러니까 신기하게도 로봇이 병아리에게서 멀리 가지 못했습니다.

정말 믿기 힘든 결과죠. 연구팀은 이러한 실험을 여러 차례 반복했습니다. 로봇을 어미로 각인시킨 병아리 15마리로 실험을 반복했고, 또 로봇을 어미로 각인시키지 않은 일반 병아리 15마리로도 실험을 반복했습니다. 결론적으로 일반 병아리는 100% 로봇에 영향을 주지 못했고, 로봇을 어미로 각인시킨 병아리는 70% 이상이 로봇을 끌어당겼습니다. 정말로 놀라운 병아리 실험입니다. 이 실험에서 병아리는 어떻게 로봇을 끌어당긴 걸까요?

끌어당김의 법칙은 세 가지 측면으로 설명됩니다. 운동생리학, 뇌 과학, 양자 물리학이에요. 먼저 운동생리학 측면에서 살펴보겠습니다. 농구나 축구 경기를 관람할 때 선수들의 몸동작을 보면 거의 동물적으로 움직이죠. 공이 수시로 이쪽저쪽으로 튀는데 멋지게 낚아채 슛을 넣습니다.

이런 동물적 움직임은 머리로 생각해서 나오지 않고 본능적으로 나와요. 인간의 전체 세포에서 신경 세포가 차지하는 비율은 2~3%입니다. 그런데도 인간은 그 적은 신경 세포로 어떻게 동물적인 움직임을 본능적으로 보일 수 있을까요? 바로 이 동물적 감각은 신경 세포 자체가 아닌 시냅스가 만들어내는 현상이기 때문입니다. 신경 세포가 다른 신경 세포와 만나는 부분을 시냅스라고 하는데, 이 시냅스가 우리 몸의 전체 세포보다 훨씬 많아요. 시냅스는 나의 훈련으로도 충분히 조절할 수 있습니다.

뇌는 상상과 실제를 구분하지 못한다

캘리포니아대학교 마이클 메르제닉 Michael Merzenich은 원숭이를 대상으로 이런 실험을 했어요. 원숭이의 손가락이 사물에 접촉할 때 활성화되는 뇌 부위를 확인하고 먹이를 먹을 때 해당 손가락만 사용하도록 통제했습니다. 그러자 해당 뇌 부위가 처음 관찰했을 때보다 6배나 커졌어요. 그 주변에 신경 세포의 시냅스가 엄청나게 늘어났기 때문입니다. 또 그 손가락을 사용하지 못하게 통제하니다시 뇌의 해당 부위가 작아졌어요.

신경 세포는 알려진 것처럼 마음대로 늘이고 줄일 수 없습니다. 그런데 시냅스는 엄청 늘었다가 줄었다가 해요. 예를 들어 농구나 축구 선수들은 계속 슛 연습을 하겠죠. 그러면 슛을 할 때 활성화되는 뇌 부위가 자극되고 발달해서 결국 실력에도 반영됩니다. 그런데 재미있는 사실이 하나 더 있어요. 바로 신체적 훈련뿐만 아니라 상상만으로도 시냅스를 만들 수 있다는 겁니다. 뇌는 상상과 실제를 구분하지 못하기 때문이에요. 시각, 촉각, 후각, 미각의 경험을 구체적으로 살려 레몬을 먹는 상상을 하면 침이 고이는 것과 똑같은 원리입니다.

상상만으로 훈련이 가능합니다. 우리에게 익숙한 표현으로 '이미지 트레이닝'이 있죠. 밴들R. A. Vandll이라는 심리학자가 최초로 이미지 트레이닝에 관한 실험을 했습니다. 다트 던지기에 정신적인 훈련만으로도 효과가 있다는 사실을 발견한 거예요. 대신 상상이 아주 구체적입니다. 다트를 손에 쥘 때의 무게감, 던질 때 팔과 손의 움직임, 다트가 날아가고 꽂히는 소리 같은 것을 생생하게 떠올려요. 그랬더니 관련 시냅스가 만들어져 실력이 정말로 향상한 겁니다. 이렇게 효과가 입증되면서 이미지 트레이닝은 운동선수에게 일반적인 과정이 되었어요.

이러한 육체적 능력만이 아닌 다른 능력도 시냅스를 만들어낼 수 있을까요? 당연합니다. 아주 놀라운 연구 결과가 있는데요. 75세 이상의 정상적인 생활을 하고 있는 남녀를 모집해 실험을 진행했어요. 그들에게 10~16시간 동안의 두뇌 훈련을 시켰습니다. 그 결과가 아주 충격적인데요. 뇌의 속도가 거의 2배까지 좋아진 것입니다. 그런데 여기서 더 대단한 것은 1년간 훈련을 하지 않았는데도 그 스피드가 거의 유지되었다는 것입니다.

운동선수들이 이미지 트레이닝을 하는 이유는 우리 뇌의 신경 시스템은 상상과 실제를 구분하지 못하고, 구체적 상상을 현실로 받아들여 그에 적절한 반응을 도출하기 때문입니다. 이에 대한 또 다른 대표적인 예가 바로 최면이에요. 볼펜을 불에 달군 쇠막대라고 최면을 걸면 그냥 볼펜을 쥐고도 손에 화상을 입습니다. 뇌가 '불에 달군 쇠막대'를 진실로 받아들이고 '화상'이라는 현상으로 반응하는 거예요. 아주 추운 곳에서 굉장히 뜨거운 데 있다고 최면을 걸면 최면에 걸린 사람이 땀을 흘리며 옷을 벗습니다. 열화상카메라로 찍으면 진짜 빨갛게 나와요.

행동을 바꾸고 뇌를 변화시키는 '몰입'

뇌가 상상과 현실을 구분하지 못해 일어난 에피소드는 많습니다.

황농문 교수의 《몰입》이라는 책이 있습니다. 몰입은 잠재력을 끌어올려요. 그리고 행동에도 변화를 줍니다. 책에 소개된 예를 들어볼게요. 학생이 '공부 열심히 해서 이번 시험에서 1등 해야지'라는 상상을 합니다. 이미 진짜 1등을 한 것처럼 상상을 해요. 그럼 뇌는 또 그걸 믿어버려요. 벌써 1등이 되어 있는 겁니다. 그러면 어떤 변화가 생기냐면, 공부를 안 하고 놀면 마음이 불안해져요. 공부를 해야 마음이 편해져요. 이것이 믿음에서 나오는 강력한 효과입니다. 내가 한 가지에 몰입하고 그것을 확실히 믿으면, 그것을 위한 행동을 할 때 마음이 편한 거예요. 믿음으로 인해 행동이 바뀌고 의욕이 바뀌는 것. 이것이 뇌에서 시작하는 끌어당김의 법칙입니다.

미국의 신경심리학자이자 뇌 과학자인 조셉 르두Joseph LeDoux는 시냅스에는 많은 정보가 기록되고 저장되며 경험과 학습에 의해 변화하기 때문에 스스로 바꿀 수 있다고 말했어요. 내 행동과 의욕을 바꾸는 시냅스를 어떻게 바꾸는지에 따라 내 운명이 결정되는 것입니다. 상상만으로 좋아했던 게 싫어지기도 하고, 날 힘들게 했던 일을 오히려 하고 싶어지기도 해요. 이 원리를 써먹으려면 우선 내가 되고 싶은 모습이 뭔지를 생각해야겠죠. 이번 기회에 내가 바라는 모습을 구체적으로 상상해보는 시간을 긴히 가져보기를 바랍니다.

필터링된 잠재의식은
현실에서 발휘된다

망상 활성계Reticular Activating System(이하 RAS)라는 뇌 구조가 있습니다. 앞에서 뇌의 필터링 시스템 얘기가 나왔는데, 그것도 망상 활성계에서 일어납니다. 뇌간에서 뻗어 나온 신경 세포와 신경 섬유 다발이에요. RAS는 들어온 정보를 필터링하고 걸러주는 그물입니다. R=VD, 내가 상상하는 대로 좋은 것을 받아들이고 나쁜 것을 거르는 훈련을 하면 스트레스를 이겨낼 수 있어요. 이 과정이 성공으로 연결되는 것이고요. 뇌의 필터링 시스템이 잘 갖춰져 있으면 좋은 기회들만 쏙쏙 받아들일 수 있거든요. RAS는 뇌의 활성화 스위치이자 동기부여 센터이자 관제 센터입니다.

습관으로 현실 속 기회를 만든다

RAS가 활성화되는 예를 들어볼게요. 여러 사람이 모여 왁자지껄할 때, 내 이름 같은 익숙한 내용은 필터링을 거치지 않는다고 말씀을 드렸죠. 또 사고 싶은 자동차가 있으면 그 차가 지나갈 때 유난히 눈에 잘 띕니다. 전에는 안 그러다가 갑자기 RAS가 작용하기 시작하는 거예요. 보이지 않던 것들이 보이기 시작합니다. 목표를 달성하기 위한 기회가 전보다 많이 다가오는 계기가 되는 거예요. 이것이 바로 우리 뇌가 가지는 과학적인 끌어당김의 법칙입니다. 또 RAS가 신념 체계를 만들어내는 참 중요한 시스템이에요. 내가 믿거나 궁리하는 것에 집중하게 만들어줍니다. 지속적으로 몰입함으로써 믿음이 생기고 기회가 다가오는 원리인 거죠.

RAS가 잘 형성되면 내 앞에 성공의 기회를 대령해주는 축복이 됩니다. 그런데 반대로 RAS가 잘못 형성되면 오히려 저주가 될 수 있어요. 자꾸 안 좋은 일만 나에게 찾아오는 것처럼 느껴집니다. 즉 우리가 뇌에 어떤 정보를 입력하는지가 정말 중요하겠죠. RAS는 명령을 내리면 스스로 답을 찾아가는 GPS, 열 추적 미사일입니다. 그러니 그 명령, 뇌에 입력되는 정보를 잘 세팅하는 것이 가장 중요한 관건이에요. 그러면 어떻게 입력을 잘할 수 있을까요? 《생각하라 그러면 부자가 되리라》, 《나폴레온 힐 성공의 법칙》의 저자 나폴

레온 힐Napoleon Hill은 "RAS는 환경에 의해 또는 스스로 프로그래밍된다"라고 말했습니다. 그래서 성공학, 끌어당김의 법칙을 공부하는 사람들이 제일 많이 얘기하는 게 RAS예요.

내가 뇌에 좋은 RAS를 심기 위해서는 매일 루틴을 만드는 것이 좋습니다. 습관을 형성함으로써 현실 속에 기회를 만드는 것이에요. 루틴을 만드는 방법은 MBS 최적화 프로그램 6단계에서 자세하게 다루겠습니다.

확률조차 바꾸는 마음의 힘

끌어당김의 법칙이 이뤄진 사례를 소개해드리겠습니다. 프린스턴 대학교 교수 로버트 잔Robert G. Jahn이 실험을 했습니다. 마음의 힘을 연구하는 실험이었는데 동전 던지기를 하는 거예요. 앞면과 뒷면이 나올 확률은 각각 50:50입니다. 다만 던지는 횟수가 적으면 열 번에 네 번은 앞면, 여섯 번은 뒷면이 나올 수 있겠죠. 하지만 던지는 횟수를 100만 번이나 1,000만 번으로 늘린다면 그 확률은 50:50으로 수렴해갑니다. 그래서 연구진은 양자 난수 발생기Quantum Random Number Generator(이하 QRNG)라는 것을 만들었어요. 전자를 이용해 양과 음의 파장이 나오게 만든 것이죠. 이것을 이용하면

0.02초에 동전을 200회 던진 것과 같은 결과를 도출하는 거예요. 12년간 실험을 하면서 5억 번의 동전 던지기를 했습니다. 그러니 그 확률이 정확하게 50%에 수렴하겠죠.

그런데 실험 중에 좀 특별한 상황을 만들었습니다. 사람들을 QRNG 앞으로 모아놓고 결과가 50:50이 아닌 한쪽으로 치우칠 수 있게 마음의 힘을 보내기로 했어요. 그렇게 모두 마음으로 힘을 보내고 실험을 진행했습니다. 그랬더니 놀라운 결과가 나왔어요. 당연히 50:50으로 나오리라 생각한 결과가 52:48로 나왔습니다. 2%의 차이, 얼마 안 되는 것처럼 보입니다. 하지만 이런 결과가 나오는 것은 100만 분의 1이라는 확률입니다. 이 결과는 실험 참가자들이 마음의 힘으로 만들어낸 거예요. 이것은 앞서 뇌 과학을 기반으로 한 RAS로는 설명이 안 되는 현상입니다. 그래서 제가 끌어당김의 법칙을 이해하려면 운동생리학, 뇌 과학, 그리고 양자 물리학 총 세 가지가 필요하다고 말씀을 드렸던 것이에요. 마지막으로 양자 물리학에 관한 설명까지 듣고 나면, 이 믿기지 않는 실험 결과가 이해될 것입니다.

과학으로 증명하는 끌어당김의 법칙

본격적으로 양자 물리학 이야기를 해볼게요. 세상의 모든 것은 원자로 이뤄져 있다는 사실에는 모두 동의할 수 있을 겁니다. 원자의 크기는 100억분의 1m예요. 얼마나 작은지 감이 잘 안 올 거예요. 물 1방울을 지구의 크기만큼 확대했다고 생각해볼게요. 그럼 원자 크기는 야구공 정도 됩니다. 그런데 이렇게 작은 원자가 더 작게 나눠져요. 원자의 중심에는 핵이 있고, 그 핵 주위를 전자들이 돌고 있는 것이 기본 구조입니다. 그리고 원자핵은 중성자와 양성자가 모여 있는 형태예요. 중성자, 양성자, 그리고 그 핵을 돌고 있는 전자를 다 양자라고 합니다. 양자는 더 이상 나눌 수 없는 에너지의 최소량 단위예요. 원자는 엄청난 양자들의 집합입니다.

학교에서 과학 시간에 주기율표라는 것을 외우죠. 거기 원소기호로 표시된 하나하나가 원자입니다. 이 원자들이 모여 물도 되고, 나무도 되고, 사람도 이뤄요. 전 세계, 우주 전체가 양자가 합쳐진 원자로 이뤄진 것입니다. 그런데 양자에는 특이한 성질이 있어요. 입자인 것도 같고, 파동인 것도 같아요. 두 성질을 왔다 갔다 하는 아주 이상한 형상으로 관찰됩니다. 이러한 성질을 '양자 중첩'이라고 해요. 1927년 데이비슨 거머Davisson-Germer의 '전자 이중 슬릿 실험'으로 이 모순적인 성질이 비로소 입증되었습니다. 전자총을 발

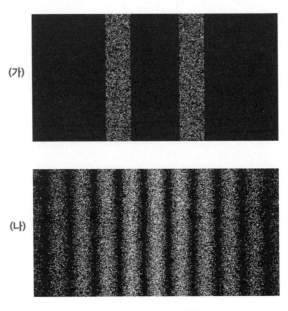

(가)

(나)

〈전자 이중 슬릿 실험〉

사하고, 발사된 전자가 이중 슬릿을 통과하고, 스크린에서 통과한 전자의 위치를 검출하는 실험이었죠.

　다음 그림에서 (가)는 입자를 이중 슬릿에 통과시켰을 때 나타나는 결과고, (나)는 파동을 이중 슬릿에 통과시켰을 때 나타나는 결과예요. 전자는 입자이기 때문에 이중 슬릿에 통과시켰을 때 (가) 같은 결과가 나와야 합니다. 그런데 (나) 같은 결과가 나온 거예요. (나)는 에너지를 가지는 파동이 이중 슬릿을 통과하며 서로에게 간섭을 일으켜야지 나타날 수 있는 결과인데 말이에요. 전자를 한꺼

246

번에 여러 개를 발사해 전자들끼리 슬릿을 통과하면서 간섭 효과를 냈을까 싶어 하나씩만 발사해보기도 했어요.

그런데 1시간 정도 지나니까 또다시 간섭 효과가 나타나기 시작했습니다. 1개의 전자가 잠재적인 파동으로 바뀌어 이중 슬릿을 다 통과하고, 스스로 간섭을 일으키고 스크린에 부딪힌 거예요.

그런데 이게 수학적으로 말이 안 됩니다. 2개의 슬릿을 통과하기도 하고, 아예 통과를 안 하기도 하고, 1개의 슬릿만 통과했다가 다음에는 다른 1개의 슬릿을 통과하기도 합니다. 일관된 법칙이 나타나지 않고 모든 가능성이 양자 중첩 현상 속에 한꺼번에 존재해요. 그래서 측정 기구를 설치하고 전자가 실제로 어느 슬릿을 지나가는지 관찰하고자 했습니다.

여기부터가 중요해요. 연구자들의 상상을 뛰어넘는 신비한 결과가 나타납니다. 측정 기구에 관찰되는 순간, 이전의 입자 상태로 돌아간 거예요. 측정을 했더니 (나)가 아닌 (가)의 결과가 나타난 것입니다. 그 측정, 관찰하는 행위 자체가 전자가 1개의 슬릿만 통과하도록 영향을 미쳤어요.

어려운 이야기가 끝났습니다. 여기서 우리가 기억해야 할 아주 중요한 지점은 이거예요. "관찰(의식)에 따라 양자의 성질이 변화한다!" 즉, 관찰되기(의식이 개입하기) 전까지 양자가 입자인지 파동인지 알 수 없다는 뜻이죠. 그것이 양자 중첩입니다. 이에 관한 실험은 점점 더 확대되었어요. 전자에서 원자, 분자 수준에서도 이중 슬릿 실험을 진행했습니다. 결과는 같았어요. 분자도 파동이었다가 입자였다가 바뀌었습니다. 양자의 세계는 미시적인데, 그 중첩 현상(의식의 개입에 따라 상태가 달라지는 것)이 거시적인 현실 세계에서도 적용될 수 있다는 뜻이었죠.

내 생각은 현실과 반드시 얽혀 있다

신비로운 물리학의 세계는 여기서 끝이 아닙니다. 이어서 '양자 얽힘quantum entanglement' 현상에 관해서도 이야기해보겠습니다. 양자 얽힘은 양자 2개가 아주 먼 거리에 있어도 한쪽의 성질이 결정되면(관찰되면) 다른 쪽의 성질도 그 즉시 결정되는 현상입니다. 거리와는 무관해요. 우주의 양 끝에 있어도 이런 결과가 나타납니다. 뉴턴 과학과 전자기학으로도 설명할 수 없는 결과예요. 결론은 양자의 세계는 서로 파동과 에너지로 얽혀 있다는 것입니다.

2021년 5월, 〈사이언스〉에 미국 국립표준기술연구소와 콜로라도주립대학교 볼더 캠퍼스의 공동 연구팀이 '2개의 원형 알루미늄 조각 사이에 양자 얽힘 현상이 나타남'을 증명한 것이 발표되었어요. 미시적인 양자의 세계에서 나타난 현상이 거시적인 세계, 알루미늄 조각에까지 나타나는지 실험한 것입니다. 알루미늄 1조각을 마이크로파로 진동시키자, 다른 1조각에도 그와 연관된 움직임이 나타났습니다. 다시 말해 양자의 세계뿐만 아니라, 거시 세계에서도 서로 파동과 에너지로 얽혀 있다는 겁니다. 그리고 이 '양자 얽힘'은 노벨 물리학상의 주제가 되는데요. 2022년 노벨 물리학상 공동 수상자 3인의 공통된 업적은 바로 '양자 얽힘'에 대한 연구였습니다.

우리 몸도 양자로 이뤄져 있고, 우리를 둘러싼 세계도 양자로 이뤄져 있어요. 그리고 나의 관찰과 의식이 양자에 영향을 미칩니다. 그것이 제아무리 멀리 떨어져 있다고 해도요. 그렇다면 어떤 결론이 나올까요? 나의 의식이 다른 양자에 영향을 미치고 변화를 줄 수 있다는 것입니다. 내 생각이 현실에 어떠한 식으로든 반영되는 것입니다.

저는 제 의식이 현실에 영향을 미치는 경험을 자주 하는데요. 제가 사무실을 이전할 때의 일입니다. 사무실을 옮겨야겠다고 마음먹고 매물을 보러 다니는데 마침 입지가 좋은 오피스텔 건물이 있었습니다. 하지만 근처 공인중개사 사무소에서 그 건물에는 빈 사무실이 나온 게 없다고 합니다. 어쩔 수 없이 다른 건물의 매물들을 계속 봤지만 마음에 드는 것이 없었습니다. 그러면서 계속 생각했어요. 사무실을 머릿속에 그립니다. 여기 칸막이가 있고, 방이 있고,

입구가 있고 구체적으로 그림을 그려본 거예요. 그리고 적절한 사무실 자리가 나오면 내가 생각한 모습대로 꾸며야겠다고 생각했습니다. 그러다 어느 공휴일이었는데 근처 공인중개사 사무소가 모두 문을 닫았습니다. 아무 생각 없이 걷다가 보니 꽤 거리가 있는 곳의 공인중개사 사무소 1곳의 문이 열려 있었죠. 들어가서 사무실 괜찮은 데 좀 없냐고 공인중개사 분에게 물어보니까 좋은 데가 있다면서 한 건물을 찍어줬습니다. 그런데 그 건물이 바로 제가 처음에 찍었던 오피스텔 건물이었습니다. 다른 공인중개사 사무소에서는 나온 물건이 없다고 했던 그곳이었어요. 그래서 "다른 데서는 여기 나온 매물이 없다던데요?" 하니까 "제가 잘 아는 분이라서 여기만 딱 내놓았어요" 하는 거예요. 물건을 보러 가니까 또 제가 머릿속으로 그렸던 사무실과 구조가 거의 똑같았습니다. 바로 계약했어요. 그래서 '아, 계속 생각하니까 나에게 그것이 현실이 되는구나' 하고 실감했습니다.

5단계
잠재의식 최적화

잠재의식의
강력한 힘

앞에서 몸과 마음을 관리하고, 스트레스와 감정을 조절하는 법에 대해 이야기해왔습니다. 사실 이 모든 것은 잠재의식 최적화를 위한 기본 베이스였습니다. 인간의 의식은 현재 의식Consciousness, 잠재의식Subconsciousness, 무의식Unconsciousness으로 나뉩니다. 일상에서 얘기할 때는 잠재의식과 무의식을 뚜렷하게 구분하지 않기도 해요. 크게 현재 의식과 잠재의식 둘로 나눠 생각해도 이해하는 데는 무리가 없습니다.

지그문트 프로이트Sigmund Freud는 인간 무의식을 최초로 발견한 정신심리학자입니다. 그는 의식과 구분되는 무의식의 세계가 존

재한다는 사실을 밝혀 널리 알렸습니다. 이것은 정신분석학 발달의
기초가 되었습니다.

잠재의식에서 뇌가 하는 일들

그렇다면 의식과 잠재의식은 어떻게 다를까요? 의식은 굉장히 합
리적입니다. 분석적이고 이성적이고 논리적이에요. 그리고 의식은
저장 가능한 기억 용량이 한정되어 있습니다. 한편 잠재의식은 기
억과 정서의 저장소와도 같아요. 기억을 조직화하는 데도 기여합니
다. 영감, 직관 같은 반짝이고 창의적인 생각들이 잠재의식에서 나
오는 거예요. 신체 기능도 잠재의식의 영향을 많이 받습니다. 그리
고 명확하게 떠오르는 기억은 아니지만 긍정적인 경험을 저장해서
잠재력과 동기에 불을 붙여줘요.

내 안의 잠재력을 깨우기 위해서는 잠재의식에 다가가야 합니다.
그리고 깨어 있는 상태로 현재 의식에서 잠재의식으로 다가가기 위
해서는 심호흡과 명상을 통해 이완과 알아차림의 상태로 나아가야
합니다. 그렇다면 잠재의식에서 뇌는 어떤 일들을 하는지 구체적으
로 살펴보겠습니다.

먼저 저장된 모든 기억을 조직화하고 연결해요. 그리고 그 과정에

서 해결되지 않은 부정적 정서의 기억을 억압합니다. 그 억압된 정서를 몸의 주인을 보호하기 위해 보관합니다. 뱀을 보고 놀란 적이 있으면 뱀 비슷한 것만 보고도 공포를 느끼고 피하는 것이 그래서 나타나는 현상입니다. 그런데 이 보관된 기억이 주인을 괴롭게 하는 경우도 있습니다. 이것이 바로 트라우마인데요. 부정적 기억과 유사한 자극이 들어오면 극도의 공포를 느낍니다. 이 트라우마를 극복하는 것도 잠재의식에 새겨진 상처를 치유하는 중요한 과정입니다.

　잠재의식이 하는 일은 여기서 끝이 아닙니다. 무의식적으로 특정 행동을 반복하게 해 습관을 만들어내요. 그리고 내가 생각하던 것을 무의식적으로 믿게 되는 것입니다. 그럼 내가 생각을 어떻게 하는지가 굉장히 중요하겠죠.

부정어를 처리하지 못하는 잠재의식

이때 고려해야 할 잠재의식의 특징이 있습니다. 잠재의식은 부정어를 직접적으로 처리하지 못해요. 가령 '오늘 프레젠테이션에서 절대 실수하면 안 돼!'라고 생각하면 '안 돼!'가 누락되고 '실수'만 뇌에 각인되는 겁니다. 그럼 오히려 긴장하고 실수할 확률이 높아지겠죠. 잠재의식을 활용해 원하는 바를 이루려면 '오늘 프레젠테이션은 꼭 성공적으로 해야지!'라고 생각해야 합니다. 생각의 기본 구조가 '난 이렇게 안 될 거야!'가 되면 안 되고 '난 이렇게 될 거야!'가 되어야 해요. 잠재의식에 계속 생각을 각인시키면 잠재의식이 시냅스를 재구성할 수도 있습니다.

현재 의식은 자꾸 사라져 행동이나 변화를 학습해도 오래가지 못합니다. 하지만 잠재의식에서 학습한 내용은 진정한 변화를 일으키고 행동에 반영되죠. 그래서 잠재의식에서 학습되는 내용은 중요해요. 이 내용을 컨트롤하기 위해서는 무의식적으로 어떤 감정이나 행동이 발현될 때, 그것으로부터 한발 떨어져 객관적으로 판단하는 과정이 중요합니다. 그것이 바로 메타 인지의 활용이죠. 잠재의식이 만든 습관에 따라 행동하고, 잠재의식이 보관한 부정적 기억에 불현듯 감정이 나타날 때 딱 거리를 두고서 보는 겁니다. 예를 들어 일을 하는데 만성적으로 하기 싫고 의욕이 없을 때, 어떤 사람을 만나는데 별 이유 없이 마음에 안 들고 감정이 상할 때 내 행동과 감정을 잘 살펴보세요.

'나는 저 사람을 볼 때 기분이 나쁘네. 왜 기분이 나쁘지? 내 잠재의식에 안 좋은 기억이 연결되어 있나보다. 내가 잠재의식을 다독여줘야겠구나' 하고 천천히 생각해보는 거예요. 그리고 잠재의식에 남아 있는 안 좋은 감정들을 하나씩 없애가야 합니다. 트라우마를 치유하는 과정이에요. 어려서 부모님에게 방에 갇히는 체벌을 받았던 공포심이 커서도 이어져 폐쇄공포증이 생길 수 있습니다. 엘리베이터만 타면 어렸을 때의 괴로운 감정이 확 올라오면서 힘들어지죠. 상처받은 감정과 만나고 공감해주고 이해해주면서 그것을 치유해야 합니다. 그럼 비로소 잠재의식이 깨끗해져요. 앞에서 감정그래프를 그렸죠? 그 그래프를 보고 옛날에 느꼈던 안 좋은 감정같은 잠재의식에 남아 있는 힌트를 찾을 수가 있습니다. 진정한 학습, 행동, 변화를 일으키는 잠재의식을 잘 관리하는 것은 성공을 위해 매우 중요해요.

내 안의 '내면 아이'를 위로하고 안아주기

어릴 때 나도 모르게 상처받은 어린 나 자신을 다독여주는 좋은 방법이 있습니다. 먼저 어릴 때 나의 모습을 상상해요. 어릴 적 자기 사진은 다들 본 적 있잖아요. 그 아이를 생생하게 상상합니다. '내면 아이'라고도 하죠. 어린 나의 모습을 잘 관찰합니다. 표정을 들여다보고 목소리도 들어봅니다. 그리고 어른인 내가 내면 아이를 포근하게 안아주는 상상을 하는 거예요. 그러면서 "괜찮다. 불안해하지 마라" 이렇게 내가 나를 위로해주는 겁니다.

또 하나의 방법은 '위대한 분과 함께 안아주기'입니다. 내가 존경

하는 사람이나 내가 믿는 사람, 예수님일 수도 있고 부처님일 수도 있어요. 또는 어머니일 수도 있고요. 내가 내면 아이를 안아주고 있는 모습 그 위로 또 다른 위대한 분이 나와 내면 아이를 함께 안아주는 상상을 하는 겁니다. 그러면 나까지 포근해지거든요. 같이 위로받는 느낌을 가지는 순간에 상처받은 잠재의식이 풀어지면서 잠재의식 최적화가 됩니다.

심리적 역전
극복하기

내가 되고 싶은 자화상을 떠올려봅니다. 내 잠재의식 속에 그 목표
에 대한 부정적인 인식이 있는지, 긍정적인 인식이 있는지에 따라
이룰 수 있냐 없냐의 여부가 바뀌어요. 부자가 되고 싶다고 생각하
면서 내심 나는 부자가 못 될 것 같다 하는 분들도 있어요. 잠재의
식 속에 부자에 대한 안 좋은 인식이 있기 때문입니다. '욕심, 탈세,
지독한 사람, 있는 놈이 더하다…' 내가 무의식적으로 부자를 그렇
게 생각하는데 어떻게 진심으로 부자가 되고 싶을 수 있겠습니까?
이처럼 본인이 의식적으로 하는 말 또는 행동과 잠재의식이 서로
다른 상태를 '심리적 역전'이라고 합니다.

부자에 대해 부정적이면, 부자가 될 수 없다

심리적 역전을 처음으로 관찰한 것은 로저 칼라한Roger Callahan 박사였어요. 수년간 다이어트에 실패한 여성 환자가 있었습니다. 칼라한은 그녀에게 날씬해진 모습을 상상해보라고 하고 근육 검사를 하고, 반대로 뚱뚱해진 모습을 상상해보라고 하고 다시 근육 검사를 했어요. 놀랍게도 살이 찐 나의 모습을 상상했을 때 그녀의 근육은 더욱 강한 반응을 보였습니다. 그녀는 다이어트에 성공하고 싶어했지만 무의식적으로 살이 빠진 자신의 모습을 거부하고 있었던 거예요. 마른 몸에 대해 잠재의식이 부정적 인식을 가졌기 때문입니다. '적게 먹고 운동하는 등 생활 습관을 바꾸기 싫다, 살 빠지면 옷도 새로 사야 하는데 경제적으로 부담스럽다, 성적으로 매력적인 사람이 된다는 것이 한편으로는 두렵다.' 의식과 대결하는 잠재의식의 이러한 인식들을 심리학적으로 '2차적 이득secondary gain'이라고 합니다. 의식이 아닌 잠재의식에서 이득을 따져보고 있는 것이죠.

2차적 이득은 의학에서도 많이 나오는 이야기입니다. 이상하게 치료가 안 되는 환자가 있어요. 그럴 때 의사들이 떠올리는 원인이 바로 2차적 이득입니다. 말로는 빨리 좋아지고 싶다고 하는데 잠재의식 속에 빨리 낫기 싫은 마음이 있는 거예요. 아픈 게 나으면 학교든 직장이든 돌아가야 하고, 해야 할 일도 많으니 거부하는 것입니다.

예를 들어 '부자'라는 단어를 들으면 가장 먼저 어떤 생각이 드나요? 어떤 사람은 부자를 생각하면 제일 먼저 부럽다는 생각이 든다고 합니다. 또는 풍요로움이라는 단어가 떠오르기도 하고요. 하지만 반대로 나쁜 생각이 먼저 떠오르는 사람도 많이 있습니다. 부자 하면 '탈세'가 떠오르거나 '구두쇠'가 떠오르기도 합니다. 또 다른 단어를 예로 들어보겠습니다. '정치인' 하면 어떤 생각이 떠오르나요? '부정부패, 겉과 속이 다른 사람'이 먼저 떠오르는 분들도 있을 거고요. 반대로 '봉사하는 사람, 국민을 위해 노력하는 사람'이 떠오를 수도 있습니다. 이렇게 한 가지 단어에서 머릿속에 떠오르는 이미지가 사람마다 완전히 다릅니다. 이것은 무엇 때문일까요? 바로 잠재의식에 사로잡혀 있는 진짜 마음 때문입니다. 내가 잘 몰랐던 잠재의식 속에 나의 인생을 프로그래밍해버린 진짜 마음이 있다는 것이죠. 그래서 그 마음에 의해 결국 나의 인생은 흘러가게 됩니다.

즉 나의 잠재의식이 부자에 대한 부정적 인식에 사로잡혀 있는 한 절대로 부자가 될 수 없다는 것이죠. 또 정치인에 대한 부정적 인식이 있다면 마찬가지로 정치인이 될 수 없습니다. 나의 잠재의식에 따라 나의 인생은 펼쳐지게 되어 있죠. 그럼 이런 잠재의식은 어떻게 형성되는 것일까요? 태어나서 유아기와 유년기를 지나면서 형성됩니다. 그때 보고 듣는 것들이 그대로 잠재의식에 박혀버리는 것이죠. 그래서 어린 시절에 부모가 하는 말과 행동에 따라 자녀의 잠재의식이 형성됩니다. 만일 어린 시절에 부모가 늘 이런 말을 하는 것을 들었다면 어떨까요? "돈 버는 것은 어려운 일이야. 너무 욕심부리지 말고 살아가는 것이 좋은 거야. 돈이 중요한 것이 아니야." 이런 이야기가 나쁜 이야기는 아닙니다. 하지만 나도 모르게 이런 말들이 나의 잠재의식에 쌓이면서 부자가 되기 어려워지는 거죠.

사실 저도 마찬가지입니다. 저는 어릴 때부터 할머니와 함께 살았는데요. 지금도 기억이 납니다. 할머니께서 하시는 말씀이 "너무 욕심부리면 안 된다. 너무 위만 바라보지 말고 아래를 바라보면서 만족하면서 살아야 한다." 이런 말들이었죠. 그리고 저는 나중에야 알게 되었습니다. 제가 의사가 되고 또 기능 의학, 긍정 심리학, 뇌과학, 양자역학을 공부하면서 이러한 잠재의식의 엄청난 파워를 알게 되었고요. 저는 저의 잠재의식을 바꾸기 위한 여러 가지 방법을 시도하게 되었습니다. 제가 했던 많은 방법 중에서 여기서는 두 가지만 간단하게 소개해드릴 건데요. 하나는 자기최면을 걸기 위해 매일 목표를 쓰고 읽는 것이었죠. 이것은 너무나도 많은 사람이 하고 있는 것이고요. 매우 중요한 작업입니다. 저는 지금도 하고 있는데요. 벌써 15년이나 되었습니다. 하루도 빠짐없이 하고 있죠. 나의 목표를 적고 읽습니다. 그리고 감사한 마음을 담아 감사 일기를 쓰죠. 이렇게 나의 잠재의식에 뿌리를 내리려고 노력했던 것이고요. 두 번째 방법은 제가 개발한 방법이에요. 제가 세운 목표를 저의 목소리로 녹음합니다. 그리고 잠들기 전에 저의 목소리를 들으면서 잠에 드는 것이죠. 이 방법은 제가 약 5년 전부터 했던 방법인데요. 아주 효과적입니다. 잠이 들 때와 깰 때 이런 것을 듣는 것이 아주 중요한데요. 잠에 들려고 하는 비몽사몽한 순간이 바로 뇌파가 세타파로 바뀌는 때이기 때문입니다. 이때가 최면이 걸리기 쉬운 뇌파죠. 그래서 이때 저의 목표를 들으면서 잠에 드는 것입니다. 저는 이 방법을 통해서 제가 원하는 것을 많이 이뤄왔습니다.

아무튼 이렇게 잠재의식과 목표를 정렬하는 것은 너무나도 중요합니다. 제가 이런 방법들을 직접 사용해보고 후배들에게도 알려준 적이 있는데요. 자영업을 하던 후배가 생각보다 손님이 많지 않아 고민하고 있었습니다. 그러면서 저한테 이런 이야기를 하더라고요. "형님, 저는 부자가 못 될 것 같아요. 제 팔자에 부자가 되는 건 없나봐요." 저는 그런 생각이 이미 잠재의식에 깔려 있는 한 절대로 부자가 될 수 없다는 것을 알려줬죠. 그리고 잠재의식을 바꿀 수 있는 여러 가지 방법을 알려줬습니다. 그리고 어떻게 되었을까요? 정말 놀랍게도 3개월 정도 지난 후에 전화가 왔죠. 개업 이후에 최대

매출을 찍었답니다. 그렇습니다. 우리의 잠재의식을 바꿔야 합니다. 먼저 내 잠재의식을 알아차리는 것도 중요하고요. 그렇게 꾸준히 잠재의식 속에 내가 바라는 목표에 대한 부정적 인식을 지우고 바꾸는 것이 중요합니다. 이걸 '잠재의식과 의식의 통합'이라고 해요.

신체 증상으로 나타나는 잠재의식

잠재의식을 훈련하는 데는 루틴을 만들어 꾸준히 하는 것이 굉장히 중요합니다. 학습된 잠재의식이 몸에 밴 습관으로 나타나는 사례들이 있죠. 초밥의 달인 보세요. 한 번에 쥐는 밥알의 개수가 일정하잖아요. 그리고 경력이 오래된 은행원은 지폐 뭉치를 쥐기만 하고 일일이 세보지 않아도 얼마인지 알아차리는 경우도 있습니다. 이게 다 의식으로 할 수 있는 일이 아니에요. 잠재의식의 힘입니다.

하버드대학교 의과대학 교수 허버트 벤슨Herbert Benson의 《과학 명상법》이라는 책에 요가 하는 사람들이 히말라야에서 수행하는 이야기가 나와요. 그 추운 곳에서 젖은 담요를 덮고 수행을 합니다. 몸이 따뜻해진다고 믿는 거예요. 잠재의식에 믿음이 생기면 젖은 담요를 다 말릴 정도로 몸에서 열이 나온다고 합니다. 정말 놀라운 일이에요.

미국의 존 사노John Sarno 박사는 잠재의식으로 통증을 치료하는 의사입니다. 어떤 치료를 해도 안 낫는 통증 환자들이 있습니다. 사노 박사는 이러한 증상에 '긴장성 근육통 증후군Tension Myositis Syndrome, TMS'이라는 새로운 이름을 붙였습니다. 이 증상으로 고통받는 사람들을 잠재의식을 활용해 모두 치료했습니다. 다만 환자 접수를 받을 때 딱 하나, 잠재의식을 믿느냐고 물어봤습니다. 믿지 않는다고 하면 접수도 받지 않고 치료도 하지 않았습니다.

접수한 환자들은 95%가 치료 효과를 경험했습니다. 이들이 겪는 통증의 원인은 자율신경이 일으킨 혈관 수축과 산소 결핍이었습니다. 자율신경은 감정의 영향을 받아 움직이거든요. 좋지 않은 감정을 회피하기 위해 몸으로 주의를 돌린 결과 자꾸 통증이 발생하는 것이었습니다. 존 사노 박사는 환자가 감정을 마주하게 하고, 잠재의식의 치유를 통해 근육의 통증도 나아지도록 한 것입니다. 말과 행동, 신체 증상으로도 이어지는 잠재의식의 힘을 기억하며, 그것을 최적화시키는 방법을 지금부터 말씀드리겠습니다.

NLP1: 앵커링

잠재의식 최적화에 강력한 도움을 주는 NLP의 여러 가지 기법을 알려드릴게요. NLP는 'Neuro Linguistic Programming'의 약자입니다. 해석하면 '신경언어 프로그래밍'이에요. 미국의 심리학자 리처드 밴들러Richard Bandler와 언어학자 존 그린더John Grinder가 벌써 50년 전에 만든 것으로 매우 강력한 심리 기법입니다. 저는 약 17년 전에 NLP를 공부하고 국제 공인 NLP 프랙티셔너, 전문가가 되었습니다.

첫 번째로 소개할 기법은 바로 '앵커링 기법'인데요. 앵커링 기법을 사용해 나의 감정을 조절할 줄 알게 된다면 '행복의 열쇠'를 하나씩 가지고 사는 것과 다름없습니다. 그럼 앵커링 기법에 관해 보다 자세한 이야기를 해볼게요.

감정에 조건반사라는 '닻'을 내리다

앵커링 기법은 조건반사의 원리를 활용한 것입니다. 앵커링의 '앵커anchor'는 우리말로 '닻'을 의미해요. 조건반사의 조건을 거는 것을 닻을 내린다고 표현한 것입니다. 조건을 건다는 게 정확히 무슨 뜻일까요? 파블로프의 조건반사를 떠올리면 됩니다. 개에게 먹이를 주며 종을 치는 작업을 반복하자 나중에는 먹이를 주지 않고 종만 쳐도 개가 침을 흘렸다는 내용의 실험이죠. 이러한 조건반사는 너무나도 유명해서 이제 당연하다고 생각할 겁니다. 그런데 이 조건반사가 우리의 감정에도 걸린다는 것입니다. 많은 분이 첫사랑의 추억을 가지고 있을 겁니다. 누구나 첫사랑과 데이트를 할 때 자주 가던 장소가 있죠. 자주 가던 카페, 주로 앉던 자리, 자주 듣던 음악, 즐겨 마시던 음료가 있을 겁니다. 첫사랑과 헤어지고 시간이 많이 흐른 다음 다시 그 장소에 갔다고 생각해볼게요. 항상 같이 앉던 자리에 혼자 앉아 같이 듣던 음악을 듣고, 같이 마시던 음료를 마신다면 어떤 감정이 들까요? 네, 그렇습니다. 누구나 그 첫사랑과 데

266

이트를 하던 때의 감정이 확 올라올 겁니다. 이런 식으로 우리 감정에도 조건반사가 걸립니다. 반대로 나쁜 감정에 조건반사가 걸리는 경우도 있는데요. 어떤 사람을 만났습니다. 회사 사람일 수도 있고 동네 이웃일 수도 있어요. 그런데 그 사람이 나한테 잘못하는 것도 없는데 이상하게 그 사람과 이야기를 조금만 하고 있으면 기분이 나빠지는 경우가 있습니다.

이건 왜 그럴까요? 그 사람의 헤어스타일, 그 사람의 향수 냄새, 또는 그 사람의 말투가 과거에 내가 싫어했던 사람과 비슷하게 느껴질 때 그런 경험을 하게 됩니다. 사실 과거에 싫어했던 사람의 특징을 기억하지 못할 수도 있습니다. 그러나 내가 기억하지 못하는 잠재의식 속에서 나도 모르게 그런 조건반사가 생긴 것이죠. 그 사람은 아무 잘못이 없는데 나의 잠재의식 속에 새겨진 나쁜 조건반사 때문에 그 사람을 만나면 기분이 나빠지는 겁니다.

언젠가 이런 일도 있었습니다. 하루는 강의가 끝나고 어떤 젊은 여성 분이 저에게 질문을 했습니다. 그분이 좋아하는 남자가 있었는데 지금은 헤어졌답니다. 그래도 그 남자가 그립고 그 남자가 사용했던 향수 냄새만 맡으면 기분이 너무 좋아진답니다. 이런 경우도 바로 향수 냄새와 그 감정에 조건반사가 생긴 것이죠. 이렇게 우리의 감정은 조건반사를 만들 수 있습니다. 이제 조건반사를 이용해 행복의 열쇠를 만드는 방법을 알려드리겠습니다.

우선 질문을 하나 드리겠습니다. 여러분은 하루에 몇 번이나 행복하세요? 사실 우리가 행복이라고 하면 아주 큰 것을 생각합니다. 회사에서 승진하거나, 차를 바꾸거나, 좋은 집으로 이사를 가거나, 로또를 맞아야 행복한 것이 아닌가 생각할 수 있습니다. 그런데 사실 우리 뇌는 아주 단순해서 작은 일에도 갑자기 행복한 순간을 맞습니다.

제가 얼마 전에 집에 들어갔더니 제 아내가 감동과 행복의 눈물을 흘리고 있었습니다. 왜 그랬을까요? 텔레비전으로 어느 가수가 너무나 멋지게 노래를 부르는 것을 보면서 감동이 밀려오고 행복감이 느껴져 눈물까지 흘렸던 것입니다. 우리는 이런 경험을 가끔 합니다. 그런데 그런 행복감이 얼마나 오래갈까요? 1~2분 지나면 바로 사라져버립니다. 그래서 이러한 작은 행복감을 우리는 기억하지 못합니다. 하지만 그 순간만큼은 아무런 생각이 들지 않고 행복감에 사로잡히죠. 이런 경우는 의외로 자주 찾아옵니다. 영화나 드라마를 보다가 감동이 밀려올 때, 또는 운전을 하고 가는 데 내가 좋아하는 음악이 라디오에서 흘러나오고 저 먼 하늘에 노을이 붉게 물드는 것을 볼 때, 또는 품에 안긴 아이의 살 냄새를 맡으며 포동포동한 살을 만질 때 등등입니다.

이렇게 행복감을 느끼는 순간은 하루에도 여러 번 찾아올 수 있습니다. 그런데 문제는 그 순간이 너무 짧아 그냥 지나쳐 버린다는 것이죠. 이제부터는 그런 순간이 찾아오면 절대로 그냥 지나치면 안 됩니다. 너무나도 아까운 소중한 순간이죠. 그런 순간이 찾아오면 이제부터 마음속으로 이렇게 외치세요. '앗, 지금이다!' 그리고 왼손을 들어 검지와 엄지를 붙이세요. 손가락 고리를 만드는 것입니다. 그리고 그 상태에서 행복감을 충분히 느끼면 됩니다. 그러다 몇 분 지나면 그 좋은 감정이 점차 사라지겠죠. 그럼 바로 손가락을 떼면 됩니다. 이렇게 손가락을 붙였다 떼는 것이 바로 개에게 먹이를 주면서 종을 치는 것과 같습니다. 먹이에 해당하는 것이 행복한 감정이고요. 종을 치는 것이 손가락으로 고리를 만드는 것과 같은 것이죠.

엄지와 검지를 붙여 고리를 만들 때 우리 뇌에서는 신경 회로가 움직이게 되죠. 이렇게 조건반사를 자주 거는 것입니다. 내 손가락에 조건반사가 쌓이면 어떻게 될까요? 기분이 안 좋거나 심리적 무기력이 몰려올 때, 빨리 기분을 바꾸고 싶을 때 활용하면 됩니다. 기분이 안 좋을 때 일단 깊은 심호흡을 서너 번 합니다. 그리고 바로 손가락으로 고리를 만들어줍니다. 그러면 아주 신기하게도 마음이 편안해지면서 기분이 달라지는 것을 느끼게 될 겁니다. 행복감이 생기는 소중한 순간들, 소중한 에너지를 그냥 버리면 안 됩니다. 다 이렇게 앵커링으로 잡아놓아야 합니다. 그러면 우리는 언제든 꺼내 쓸 수 있는 행복의 열쇠를 가지게 되는 것입니다.

그렇다면 앵커링 기법을 할 때 꼭 손가락 고리를 만들어야 하는 걸까요? 그렇지 않습니다. 자신만의 특별한 것을 만들면 되는데요. 단 평소에 많이 하지 않는 동작으로 하는 것이 좋습니다. 또 오른손과 왼손을 구분해야 합니다. 뇌에서 작동하는 부위가 다르기 때문에 왼쪽이면 왼쪽, 오른쪽이면 오른쪽으로 방향을 통일해 앵커링을 걸어주는 것이 좋습니다.

그리고 앵커링 기법을 하기 위해서는 스스로 행복감을 느낄 때 알아차릴 수 있어야 합니다. 그래야 '앗, 지금이다!' 외칠 수 있겠죠? 자기가 스스로 자기 감정을 알아차리는 능력, 이것 또한 앞에서 계속 강조해온 메타 인지 능력의 일환입니다. 메타 인지는 전전두엽을 활성화하고, 전전두엽은 우리의 생각과 감정 그리고 행동을 조절한다고 말씀드렸습니다. 그러면 앵커링 기법과 메타 인지의 활용이 만나면 삶이 어떻게 달라질까요? 결국 행복감을 자주 느끼고 부정적 감정에 쉬이 흔들리지 않으며, 더 성장하고 성공하는 삶으로 나아갈 수 있습니다.

아무리 생각해도 행복한 순간이 없다면

그런데 이런 분들도 있을 거예요. '아무리 생각해도 하루 종일 행복한 순간이 한 번도 없는 것 같아요.' 이런 분들은 어떻게 하면 될까요? 현실에 행복한 순간이 없다면 그때야말로 상상의 힘을 써먹어야 할 때입니다. 거듭 강조했듯이 뇌는 상상과 실제를 구분하지 못하니까요. 몇 년 전, 깊은 우울감에 빠져 행복한 순간이 없다는 50대 후반의 환자 분이 내원한 적이 있습니다. 그래서 제가 "아드님을 생각하면 어떤 기분이 드세요?" 하고 물었어요. 아차, 제 생각과 달리 "아들만 생각하면 더 걱정이에요"라는 답변이 돌아와요. 그래서 질문을 바꿔봤습니다. "아드님이 아기 때는 어땠나요?" 하고 다시 물었습니다. "어릴 때는 참 예뻤죠." 그 말을 듣고 저는 그분이 과거를 상상할 수 있도록 도왔습니다.

"환자 분, 눈을 감아보세요. 지금부터 심호흡하면서 상상을 해보는 겁니다. 아기 때 아들 얼굴을 한번 떠올려보세요. 어떤 눈망울로 나를 바라보고 있는지 보세요. 목욕을 갓 마친 아기의 포동포동한 살을 손으로 만져보세요. 아기의 포근한 살 냄새를 맡아보세요. 비누 냄새도 나고요…." 오감을 하나하나 자극하면서 상상하게 했더니 환자 분의 굳어 있던 얼굴에 서서히 웃음이 번졌습니다. 그때 제가 앞에 있던 쿠션을 환자 분 배에 딱 안겨줬어요. 그렇게 아기를 안듯 쿠션을 안고 행복감을 느끼고 있을 때, 저는 그분 손가락의 검지와 엄지를 붙여 고리를 만들어줬어요. 조건을 건 것이죠. 이런 식으로 상상을 통해서도 앵커링 기법을 적용할 수 있습니다.

NLP2: 공중 분리 기법

앵커링 기법과 함께 쓸 수 있는 또 다른 기법이 하나 있어요. 바로 '공중 분리 기법'입니다. 일종의 거리 두기라고 생각하면 되겠어요. 상상으로 공중에 올라 현실과 멀어지는 것입니다. 그리고 멀어진 현실을 바라보면서 부정적 감정을 희석시키는 거죠. 공중 분리 기법은 과거의 트라우마로 인한 공포나 괴로운 감정을 희석하는 데 아주 유용한 방법입니다. 사용하려면 먼저 과거에 가장 행복했던 순간을 미리 준비해둬야 합니다. 또는 가장 자신감이 충만했던 순간도 좋고요. 예를 들어 축구를 하다가 골을 넣었던 순간, 또는 상을 받았던 순간 모두 좋습니다. 그럼 이제 준비가 되었습니다.

희석하고 싶은 나쁜 순간의 감정을 느껴봅니다. 아주 생생하게 느껴야 합니다. 과거의 트라우마 상황을 떠올리면 아마도 마음이 불안하고 괴로울 겁니다. 이때부터 공중 분리 기법을 시작하는 건데요. 그렇게 괴로워하는 자기 자신에게서 빠져나옵니다. 마치 유체 이탈을 하듯이 나에게서 빠져나와 괴로워하는 나를 바라보는 것입니다. 물론 상상으로 하는 것이죠.

그렇게 잠시 천장 높이에서 괴로워하는 나를 바라보세요. 아직도 나쁜 감정이 느껴질 겁니다. 그럼 이제 좀 더 높이 올라가보겠습니다. 상상으로 아파트 10층 높이까지 올라가 나의 모습을 바라보세요. 매우 작게 보일 겁니다. 그리고 감정을 느껴봅니다. 이제는 더 높이 올라갑니다. 계속 올라갑니다. 저 밑에 집들이 아주 작게 보일 거예요. 그리고 그 안에 괴로워하는 내가 있을 겁니다. 이제 감정을 느껴보세요. 그리고 비행기 높이까지 올라갑니다. 그리고 내려다보세요. 나의 모습이 거의 보이지 않을 겁니다. 이제는 우주까지 올라가보세요. 저 아래 지구가 보입니다. 그리고 그 지구 어딘가에 괴로워하는 내가 있을 겁니다. 거기서 내려다보면서 감정을 느껴보세요. 이렇게 공중으로 분리되어 거리를 둘수록 그 나쁜 감정은 점점 줄어들 겁니다. 크게 숨을 들이시면서 우주의 좋은 기운을 마셔보세요.

그럼 이제 아까 미리 준비해뒀던 행복한 과거 사건을 떠올려보세요. 그때의 상황을 하나씩 구체적으로 떠올려보는 것이죠. 축구에서 골을 넣은 나를 격려하는 동료들의 환호성을 마음의 귀로 들어보거나, 상을 받은 나를 칭찬하는 부모님의 얼굴과 목소리 그리고 다정한 포옹의 감촉을 느껴보는 겁니다. 이렇게 오감을 총동원해서 그 순간들을 떠올리면 행복감이 밀려오죠. 그 순간 손가락 고리를 만들어 앵커링을 걸어줍니다. 그리고 충분히 그 감정을 느끼세요. 그럼 이제 다시 괴로운 나에게 돌아갈 시간이 되었습니다. 행복감을 충분히 느끼고 앵커링을 걸고 있는 상태에서 마음속으로 이렇게 외칩니다. '하나, 둘, 셋!' 이렇게 셋을 외치는 순간에 내려와 나에게로 돌아옵니다. 그러면 행복한 감정을 가지고 현실로 돌아오면서 괴로웠던 감정이 희석됩니다. 다시 감정을 느껴봅니다. 아직도 부정적 감정이 남아 있다면 공중 분리 기법을 여러 번 해보는 것이 도움이 됩니다.

이러한 앵커링 기법과 공중 분리 기법은 잠재의식을 바꿔주는데 아주 큰 도움이 되죠. 결국 잠재의식이 좋아져야 우리의 인생이 바뀌기 때문입니다.

비우기 시각화의 놀라운 효과

글로벌 기업 켈리델리의 창립자이자 회장인 캘리 최 Kelly Choi가 부를 창조하는 생각에 관해 쓴 책《웰씽킹》이야기를 해볼게요. 캘리 최는 '억만장자'라는 말로 다 표현할 수 없을 정도로 엄청난 부자입니다. 하지만 그는 어렸을 때 매우 가난했습니다. 책 초반 어린 시절 얘기를 보면 눈물이 날 정도로 힘들고 아픈 시간을 보냈습니다. 30대까지 사업에 실패하고 40대가 넘어가면서야 성공을 거뒀습니다. 10억 빚더미를 연매출 6,000억으로 바꾼 그녀의 성공 비법은 무엇이었을까요?

캘리 최는 '비우기 시각화'라는 방법을 썼다고 말합니다. 그 내용을 보면 NLP의 공중 분리 기법과 아주 비슷합니다. 눈을 감고 심호흡을 하면서 내 몸을 빠져나와 우주로 올라간다고 상상합니다. 여기까지는 똑같습니다. 공중 분리 기법은 현실의 감정을 희석하고 앵커링으로 마무리하는데요. 비우기 시각화는 우주까지 올라가 내 옆으로 블랙홀을 하나 만듭니다. 그리고 과거의 모든 기억이 그 블랙홀에 빨려 들어가는 것을 상상하는 것입니다. 괴롭고 힘들었던 모든 감정이 블랙홀로 빨려 들어가 사라진다고 상상하면서 잠재의식을 편안하게 만들어주는 것이죠.

캘리 최는 수년 동안 하루에 몇 시간씩 이 과정을 반복했다고 합니다. 그로 인해 잠재의식이 최적화되고 성공의 길이 열리기 시작한 것이죠. 사업에 실패하고 큰 성공을 거두기까지 10년도 채 안 걸렸습니다.

6단계
목표 설정과 성공 루틴

나의 진짜 능력을
발견하라

나의 진짜 능력을 발휘하기 위해서는 먼저 내가 진정으로 원하는 목표가 무엇인지를 설정하는 것이 중요해요. 내가 원하는 목표를 적어보라고 하면 생각보다 많은 분이 속세의 목표를 적습니다. 자신이 진정으로 원하는 목표가 뭔지 잘 모르는 거예요. 속세의 목표는 남들이 일반적으로 원하는 것입니다. 만일 동네 의원 의사라면 병원을 확장하는 것이 속세의 목표가 되겠죠. 그런데 제가 개원의였을 때 그 목표를 생각하면 가슴이 떨리지 않았습니다. 생각하는 것만으로도 가슴이 뛰어야 그것이 정말로 원하는 목표죠.

진심을 담은 나만의 스토리를 손글씨로 써보자

《내면소통》의 저자인 김주환 교수는 누구나 내면에서 '스토리'를 만들고 있다고 말합니다. 자신이 했던 행동과 경험들을 하나의 스토리로 만들어 기억하고 그 스토리가 결국은 자신이 된다는 것이죠. 결국 나만의 스토리로 스스로 내면소통을 하고 있다는 것입니다. 그래서 나를 바꾸고 싶다면 나의 스토리를 만드는 습관을 바꿔야 한다는 것이죠. 여기서 진심으로 나 자신에 대해 원하는 스토리를 만들어내는 것이 매우 중요하다고 강조합니다. 나 자신은 나의 스토리로 만들어진 것이기 때문에 진심으로 나에 대해 이야기한다면 나를 바꾸는 강력한 효과를 가질 것이라고 강조합니다. 이것을 바로 '자기 가치 확인self-affirmation'이라고 합니다. 김주환 교수가 소개한 자기 가치 확인을 하는 방법에 대해 설명드리겠습니다. 이것은 자신의 목표를 정하기 전에 꼭 해둬야 할 아주 중요한 과정입니다.

스탠퍼드대학교의 심리학자 제프리 코헨Geoffrey Cohen 교수는 2006년 〈사이언스〉에 놀라운 논문을 게재합니다. 학업 성적이 떨어진 유색인종 학생들을 대상으로 자기 가치 확인에 관한 글을 쓰게 한 것이죠. 그리고 그 학생들의 성적이 크게 향상하는 것을 증명했습니다.* 그 후 2009년에 후속 논문이 발표되었는데요. 2년이 지난 후에도 그 학생들의 성적 향상 효과가 지속되었다는 것이었죠.**

278

이외에도 자기 가치 확인의 효과에 대한 여러 가지 논문이 추가로 발표되었습니다. 그렇다면 구체적으로 자기 가치 확인은 어떻게 하는 것일까요? 김주환 교수가 소개한 내용을 바탕으로 설명드리겠습니다.

먼저 나의 인생을 크게 다섯 가지로 영역을 나눕니다. 그것은 자아실현, 일과 직업, 가족, 건강, 행복입니다. 그리고 다섯 가지 영역을 하나씩 곰곰이 생각하면서 스토리를 만들어가는 것인데요. 이때는 반드시 노트와 펜을 이용해 손글씨로 써야 합니다. 독자님들도 잠시 책을 내려놓고 노트와 펜을 가지고 시작해보세요.

1. 나의 '자아실현'에서 가장 중요한 가치는 무엇인가? 무엇을 달성해야 나의 자아실현을 했다고 할 수 있는가?

2. 나의 '일과 직업'에서 가장 중요한 가치는 무엇인가? 내가 원하는 나는 미래에 어디에서 무슨 일을 하고 있는가?

3. 나의 '가족'에 있어 내가 생각하는 가장 중요한 가치는 무엇인가? 진정 내

• Cohen GL, Garcia J, Apfel N, Master A. *Reducing the racial achievement gap: a social-psychological intervention.* Science. 2006 Sep 1;313(5791):1307-10.
•• Cohen GL, Garcia J, Purdie-Vaughns V, Apfel N, Brzustoski P. *Recursive processes in self-affirmation: intervening to close the minority achievement gap.* Science. 2009 Apr 17;324(5925):400-3.

가 바라는 가족의 미래 모습은 어떤 것인가?

4. 나의 '건강'에서 가장 중요한 가치는 무엇인가? 내가 건강하게 살아가기

   위해 가장 중요한 요소들을 무엇인가?

5. 나의 '행복'에서 가장 중요한 가치는 무엇인가? 내가 진정 행복하다고 느

   끼려면 어떤 것들이 필요한가?

먼저 이렇게 인생의 가치를 다섯 가지 영역으로 나눠봅니다. 각 영역에서 내가 생각하는 중요한 가치를 적었으면, 다음으로 그것을 가장 중요하다고 생각하는 이유를 적어봅니다. 시간이 오래 걸려도 괜찮으니 나에 대해 곰곰이 생각하면서 자세하게 적어보기를 바랍니다. 이제 마지막으로 각 영역에서 이러한 가치를 실현하기 위해 나는 과거에 어떤 노력을 했는지, 그리고 앞으로 어떤 노력을 할 것인지를 구체적으로 적어봅니다.

이렇게 다섯 가지 영역에 해당하는 내용을 3단계(가치, 이유, 행위)에 걸쳐 적으려면 많은 시간이 필요합니다. 적게는 30분, 많게는 하루 종일도 걸릴 수 있죠. 하지만 이 시간은 정말로 소중한 시간입니다. 왜냐하면 이는 아무에게도 보여주지 않는 나만의 가치 확인의 글이기에 매우 솔직해질 수 있고, 일상에서 나의 진심을 이토록 드러내는 시간을 가지기는 어렵기 때문입니다. 이렇게 진심으로 나에 대한 스토리를 만드는 것은 나의 인생에 매우 큰 효과를 발휘합

니다. 이러한 자기 가치 확인 작업은 1년에 한두 번 정도 시간을 내어 꼼꼼히 해보는 것을 권장합니다. 그리고 시간이 흐르면 과거에 적어놓은 것을 다시 읽어보세요. 그러면 깜짝 놀랄 만큼 변화해 있는 자신을 발견하게 될 것입니다.

성공하는 사람들이 이루지 못할 목표를 세우는 이유

자기 가치 확인 작업이 잘 마무리되었다면 이제는 목표를 잡아봐야 합니다. 앞의 과정을 통해 어느 정도 자신의 목표가 어렴풋하게 드러나기 시작했을 텐데요. 이제 조금 더 명확하고 확장된 목표를 잡기 위해 소개할 것이 있습니다.

부의 멘토로 잘 알려진 밥 프록터Bob Proctor는 그의 저서에서 목표의 종류를 설명하고 있는데요. A형 목표, B형 목표, 그리고 C형 목표가 있습니다. A형 목표는 현재 상태가 지속되면 거의 이뤄질 수 있는 목표입니다. 예를 들어 3년 후에 새 차를 사겠다는 목표가 있다고 생각을 해볼게요. 그런데 지금 직장을 다니면서 매달 100만 원씩 적금을 들고 있어요. 그렇게 3년 후 적금이 만기되고 목돈이 생기면 그 돈으로 원하는 차를 산다는 목표를 세운 거죠. 이 목표는 이뤄질 가능성이 얼마나 될까요? 거의 100%입니다. 현재 상태가 잘 유지된다면, 즉 적금만 꼬박꼬박 든다면 그대로 이뤄질 수 있는 목표죠. 이런 목표가 A형 목표입니다.

그럼 B형 목표는 무엇일까요? 이건 어떤 조건이 주어질 때 이뤄질 수 있는 예상 목표입니다. 예를 들어 내가 지금 준비하는 대기업 이직이 기대대로 성사된다면, 보다 높은 연봉과 저축으로 3년 내에 다른 집으로 이사하겠다는 목표입니다. 물론 A형 목표보다는 훨씬 더 어려워 보이죠. 특별한 조건이 이뤄져야 가능합니다. 하지만 이러한 목표도 충분히 성공을 예상할 수 있습니다.

그런데 A형, B형 목표도 물론 중요하지만 진정 크게 성공하는 사람들은 C형 목표를 잡습니다. 이는 현재의 상태와 조건을 전혀 따지지 않고 뭐든지 할 수 있다고 가정한다면, 정말 내가 뭘 하고 싶은지를 생각하는 것입니다. C형 목표는 단순히 떠올리는 것조차도 쉽지 않습니다. 왜냐하면 대부분의 사람들은 현실 속에서 A형, B형 목표만 정하고 살아가기 때문입니다.

하지만 바로 오늘부터 꼭 C형 목표를 만들어봐야 합니다. 혼자 깊이 생각하면서 나만의 C형 목표를 떠올려보는 시간을 가지고, 그것을 손글씨로 적어봐야 합니다. 이때 진정한 목표를 적었다면 아마도 가슴이 벅차고 설렐 것입니다. 그렇다면 진정으로 당신이 원하는 목표일 가능성이 매우 높습니다.

그리고 하나 더 생각해봐야 할 것이 있어요. 이 목표를 달성하기 위한 긍정적 삶의 의미는 무엇인지 고민해봐야 합니다. 앞에서 이타적 생각이 결국 목표를 이끄는 데 도움이 된다고 말씀드렸어요. 내 목표를 달성했는데 남한테도 좋은 결과를 가져다주면 더 바랄 것 없잖아요. 그래서 목표를 결정하고 달성하기로 마음먹을 때는 단순히 그 목표 자체보다 더 멀리 있는 큰 삶의 의미도 같이 생각해보면 좋겠습니다. 더 큰 동기부여가 될 것이에요.

바로 오늘 C형 목표를 세웠다면, 과연 그 목표는 반드시 이뤄질까요? 이뤄질 수도 있고, 안 이뤄질 수도 있습니다. 그만큼 C형 목표는 이루기 어렵습니다. 그런데 왜 제가 이뤄지기도 어려운 목표를 잡으라고 했을까요? 여기에는 아주 중요한 이유가 있습니다.

세계적인 기업가이자 조만장자인 그랜트 카돈Grant Cardone을 아시나요? 그랜트 카돈은 마약중독자에서 조만장자로 변신한 엄청난 부의 멘토 중 1명이죠. 그랜트 카돈은 항상 이런 말을 합니다. 지금 바로 목표를 세우고, 그 목표에 10을 곱하라고 말이죠. 그리고 아주 의미심장한 말을 합니다. 작은 목표를 세우고 그 목표를 이루는 것보다 10배의 목표를 세우고 그 목표를 못 이루는 것이 훨씬 더 좋다는 것입니다. 목표가 커지면 나의 뇌, 잠재의식에 변화가 생기고 결국 나의 마음과 멘탈에 변화가 생깁니다. 그리고 결국 행동의 변화가 생깁니다.

'어떻게'보다는 '무엇'에 집중한다

지금까지 자기 가치 확인과 목표 설정 과정에서 제가 강조한 것이 있습니다. 반드시 그것을 손글씨로 적어야 한다는 것이죠. 이렇게 말씀드리는 데는 과학적 이유가 있어요. 캘리포니아 도미니칸대학교 심리학 교수 게일 매튜스Gail Matthews는 267명의 참가자를 모아 한 가지 실험을 진행했습니다. 참가자들은 각자 목표를 정합니다. 그리고 그룹을 나눠 그 목표를 손으로 쓰거나, 타이핑하거나, 아예 기록하지 않습니다. 실험 결과 놀랍게도 손으로 목표를 적은 그룹의 달성률이 42%나 높게 나왔어요. 타이핑할 때는 손가락만 사용해 소수의 뇌 신경 연결망만 활성화되는데, 손글씨를 쓸 때는 우리 몸에 1만 가지 움직임이 수반되고 수천 개 신경 회로를 만들어 정서적 몰입을 높여줍니다. 그로 인해 강한 동기부여가 이뤄지고 RAS, 뇌의 망상활성계에 도움이 되는 자극을 주는 것이죠.

또 목표를 적을 때 기왕이면 단기, 중기, 장기 목표를 분할해 적는 것이 좋습니다. 6개월~1년 뒤 내가 바라는 모습, 2~5년 뒤 내가 바라는 모습, 그리고 10년 뒤 내가 바라는 모습을 시기를 나눠 구체적으로 생각해 적어보세요.

이렇게 내가 원하는 목표를 적어보는 것은 성장과 성공의 시작이에요. 참고로 이렇게 적은 내용은 꿈 도둑에게 절대 보여줘서는 안 됩니다. 꿈 도둑은 내 목표를 보고 "말도 안 되는 소리 하지 마. 그게 되겠니?" 말하는 사람이에요. 내 소중한 목표를 응원해주는 사람에게는 보여줘도 좋습니다. 목표를 설정할 때는 '어떻게'보다 '무엇'에 집중하는 것이 중요해요. 그래서 현재 상태를 고려해 지레 목표를 한정하지 말고, 미리 '안 된다'라고 말하는 사람에게 목표를 보여주지 말라고 하는 것입니다. '어떻게'에 집중하면 꿈이 계속 축소되고 목표가 한정되어요. 반면에 '무엇'에 집중해 그 목표의 결과를 생생하게 상상하다보면 RAS의 필터링 작업에 영향을 줘 좋은 기회만 쏙쏙 받아들일 수 있는 상태가 됩니다. 오히려 목표에만 집중하는 게 과정에도 도움을 주는 거예요.

저에게도 재미있는 현상이 일어난 적이 있습니다. 강사들이 정말 원하는 것은 방송에 나가서 강의하는 거예요. 더 많은 사람에게 내가 열심히 공부하고 배워온 내용들을 알려줄 기회이니까요. 저는 당시에 시청률이 가장 높았던 'KBS 아침마당'의 목요 특강에 나가고 싶었습니다. 그런데 웬만큼 유명해서는 출연하기가 어려운 방송이었어요. 그래서 매일 자기 전에 눈을 감고 상상했습니다. '아침마당' 무대에 서서 강의하고 청중과 호흡하는 제 모습을요. 그 장면 속에 있는 자연스러운 내 모습을 상상하고, 신나게 웃다가 잠들기를 반복했습니다. 어떻게 해야지 '아침마당'에 출연할 수 있을까 하는 방법이나 과정은 전혀 생각하지 않았어요. 그렇게 2년쯤 지나고, 느닷없이 '아침마당' 작가님에게 문자를 받았습니다. 제가 어디 부탁하거나 따로 연락을 드린 적도 없는데 말이에요. 알고 보니 PD님이 만성피로에 관심이 생겨서 관련 서적을 찾아보다 제 책을 발견하고 연락을 줬던 겁니다. 참 신기한 일이에요. 그때 제가 '어떻게'에 집중했다면 목표를 이루지 못했을 것입니다. 왜냐하면 저에게는 그 당시 방송계 연줄도 없었고 아무 방법이 없었거든요. 목표만 꾸준히 생각했을 뿐인데 어느 날 기회가 불쑥 찾아왔습니다. 잠재의식에 목표를 새겨 넣자 생긴 선물 같은 일이었어요.

목표를 달성하고도 무기력해지는 이유

열심히 노력해서 목표를 달성했다면 어떨까요? 너무 기쁘고 행복할 겁니다. 그런데 그 행복도 잠시뿐, 다시 점차 허무해지고 무기력해지는 경우도 있습니다. 그 이유는 무엇일까요? 목표를 동사가 아닌 명사로 잡았기 때문입니다. 목표를 동사로 잡는다? 이게 무슨 말인지 궁금할 텐데요. 어릴 때 이런 질문 많이 받았죠? "나중에 커서 뭐가 되고 싶니?" 이런 질문을 받으면 답은 명사가 됩니다. 의사, 교수, 판사, 연예인, 유튜버 등등 "나는 뭐가 되고 싶다"라고 대답을 합니다. 그러면서 우리 머릿속에 목표는 명사로 자리 잡게 됩니다.

그럼 질문을 조금만 바꿔볼게요. "나중에 커서 무엇을 하는 사람이 되고 싶니?" 그러면 어떤 대답이 나올까요? "나는 사람들에게 뭔가를 가르치는 사람이 될 거야", "나는 사람들 앞에서 말하는 사람이 되고 싶어", "나는 컴퓨터 프로그램을 만드는 사람이 되고 싶어" 이렇게 무엇을 하는 사람, 즉 동사로 떠올린다면 직업의 폭이 여러 가지로 넓어집니다. 사람들에게 뭔가를 가르치는 사람이라면 선생님, 교수, 학원 강사, 기업 강사, 유튜버까지 가능합니다. 이렇게 동사로 표현해야 그 목표가 계속 연결된다는 것이죠.

목표를 명사가 아닌 동사로 표현하면 좋은 점이 또 있습니다. 바로 본인이 좋아하는 것이 무엇인지 알아차리기 쉬워집니다. 내가 정말 좋아하는 것이 무엇인지 모를 때, 이것을 알아내기 위해 명사 즉 직업명으로 생각하면 머릿속 생각의 틀이 좁아집니다. 하지만 내가 좋아하는 것을 동사로 생각하면 생각의 틀이 깨지기 시작합니다. 그리고 내가 좋아하는 것을 하기 위한 방법에는 여러 가지가 있다는 것도 알게 되죠. 진정한 목표를 가지는 것은 한 가지 직업을 선택하는 것이 아닙니다. 그 직업 자체가 아닌, 그 직업을 선택함으로써 내가 하고자 하는 행위 즉 동사를 목표로 잡으면 내가 바라는 삶에 더 다가갈 수 있습니다.

그리고 무엇보다 명사형 목표는 이루고 나서 생각지 못한 문제가 생길 수 있습니다. 대기업에 들어가는 것이 목표인 사람이 있습니다. 각고의 노력 끝에 대기업에 입사한 그는 순간의 기쁨을 만끽합니다. 그런데 목표하던 일을 이루고 나니 오히려 이제 무엇을 해야 할지 모르는 상황에 직면합니다. 명사형 목표는 이루는 순간 끝입니다. 그래서 매너리즘에 빠지고 무기력해질 가능성이 매우 높습니다. 심지어는 동사형 목표를 이루고도 같은 상황에 빠질 때가 있습니다. 매일 똑같은 행위를 반복할 뿐 다음 단계가 없는 것이죠. 그렇다면 이 무기력을 어떻게 떨쳐버릴 수 있을까요? 이것이 아주 중요한 건데요. 바로 새로운 목표를 또 정하는 것입니다.

여기서 새로운 목표를 추가로 정하면서 꼭 알아야 할 것이 있는데요. 여기서는 동사나 명사가 아닌 바로 형용사 또는 부사로 목표를 정해야 합니다. 즉 내가 하는 일 또는 나의 직업을 구체적으로 설명하는 것이죠. 예를 들어 선생님이 현재 직업이라면 앞으로 '어떤' 선생님, '어떻게 일하는' 선생님이 되고 싶은지 설명을 추가하는 것입니다. 학생들에게 인기가 많은 선생님, 또는 학생들 머릿속에 쏙쏙 박히게 잘 가르쳐주는 선생님, 이러한 형용사나 부사를 추가해 목표를 추가하는 것입니다. 간호사라면 환자들에게 친절한 간호사도 좋고요. 변호사라면 승률이 100%에 가까운 변호사, 최고의 수임료를 받는 변호사 이런 것도 좋습니다. 일반 직장인도 마찬가지입니다. 내가 일하는 회사에서 상사들로부터 인정받는 직장인, 맡은 일에 책임감이 강한 직장인, 또는 내가 맡은 일은 물론이고 더 추가적으로 할 수 있는 일을 찾아내는 직장인 이런 것도 좋습니다. 형용사와 부사를 사용한 목표는 끝이 없습니다. 그래서 앞서 세운 명사형이나 동사형 목표가 이뤄지고도 매너리즘이나 무기력에 빠지지 않습니다. 그리고 새로운 목표를 위해 꾸준히 노력하는 과정에서 행복감을 느낄 수도 있습니다.

저는 의사입니다. 그런데 그냥 의사가 아니고 교육하는 의사예요. 저의 형용사와 부사를 사용한 목표는 수십 년간 환자들을 진료한 임상 경험을 바탕으로 더 많은 사람에게 쉽고 재미있게 건강 지식을 잘 알려드리는 의사입니다. 그래서 수많은 기업과 지자체에서 특강을 통해 건강과 행복, 성공적인 삶을 이루기 위한 자기 관리 방법들을 알려드리고 있습니다. 즉 저의 동사형 목표는 다른 사람들을 교육하는 것입니다. 그리고 부사형 목표는 '아주 쉽고 재미있게' 배우고 성장할 수 있도록 도와주는 것입니다.

이제 목표를 정할 때 명사로만 생각하면 안 됩니다. 동사와 형용사, 부사 목표를 함께 정해야 합니다. 그래야 더 꾸준히 노력하고 성장할 수 있습니다. 그리고 그 과정에서 더 행복해질 수 있습니다.

삶을 변화시키는
성공 확언과 선언

지금까지 진정한 목표를 잡기 위한 여러 가지 과정을 살펴봤어요. 이제는 이러한 목표를 바탕으로 나만의 확언을 만들어야 합니다. 확언은 '확실하게 하는 말'입니다. 목표를 달성한 상태를 현재형의 한 문장으로 표현하는 거예요. 예를 들어 "나는 한국 최고 승률의 변호사가 되어 있습니다" 하고 말하는 거예요. 앞에 언제까지라고 정확한 연도까지 있으면 더 좋습니다. 그리고 뒤에 "감사합니다"를 붙여줍니다. 확언에 감사하기의 힘을 실어주는 것입니다.

그런데 확언을 하다보면 마음에 와닿지 않을 때가 있어요. 확언을 하면서도 '내가 진짜 할 수 있을까?'라는 의심이 들어 마음이 편

290

하지 않은 것입니다. 그 이유는 앞에서 설명한 자기 가치 확인 과정이 잘 이뤄지지 않았기 때문일 수도 있습니다. 또는 자기 효능감이 떨어져 있어 그럴 수도 있죠. 그래서 자기 효능감을 높이는 과정도 매우 중요합니다.

'자기 효능감'이라는 감정의 씨앗

주위에서 보면 정말 잘 나가는 사람 많죠. 그리고 나는 그 사람들에 비해 늘 뒤처지는 것 같습니다. 사람들이 나를 보면서 '겉으로는 표현하지 않지만 속으로 비웃고 있지 않을까?' 하는 생각이 들 때도 있습니다. 이것은 정말 큰 스트레스가 될 수 있죠. 그런데 진정 자신의 목표를 이루고 성공해나가는 사람들은 남들의 시선과 비웃음에 절대로 흔들리지 않습니다. 왜 그럴까요? 바로 자존감 또는 자기 효능감이 있기 때문입니다. 누가 뭐라고 해도 나는 가치 있는 사람이라고 인식하는 것이죠.

이것이 너무나도 중요한 이유가 있습니다. 단순하게 남들의 시선으로부터 스트레스를 안 받기 위해 필요한 것이 아닙니다. 물론 당연히 자존감, 자기 효능감이 높으면 남들의 시선을 중요하게 생각하지 않죠. 남들에게 내가 피해를 주는 것만 아니라면 전혀 거리낌이 없습니다. 그런데 겨우 이 정도로 마음 편해지자고 자존감이 중요한 것이 아니죠. 스스로의 가치를 인정하는 것은 성공으로 가는데 아주 중요한 역할을 하는 감정입니다. 내가 쓸모 있고 가치 있는 사람이라는 느낌이 없다면 큰 목표를 세울 수 없습니다. 그냥 현실에 안주하면서 살아가기 쉽죠.

그리고 어려움이 닥쳤을 때 이겨낼 수 있는 자신감도 떨어집니다. 나는 할 수 있다는 자신감도 결국은 자존감과 자기 효능감이 먼저 채워져야 그다음에 발전할 수 있는 마음가짐입니다. 그래서 스스로가 진정 가치 있는 사람이라는 확실한 느낌, 마음속에서 우러나오는 나를 사랑하고 인정하는 그 느낌을 느끼면서 살아가야 합니다.

크게 성공한 사람들은 이러한 감정이 아주 강합니다. 그리고 그 감정이 강력한 자신감과 도전 의식으로 발전하죠. 결국 큰 목표를 세우고 열심히 행동할 수 있게 만들어주는 씨앗이 되는 것이죠. 자기 효능감이라는 감정이 씨앗이 되어 마음에서 자라게 만들어야 합니다. 그러면 점차 씨앗에서 싹이 트고 크게 자라 꽃을 피우게 됩니다.

그럼 어떻게 이런 씨앗을 심을 수 있을까요? 이제 아주 구체적으로 말씀드려볼 건데요. 우리는 늘 새로운 목표를 세웁니다. 다이어트하기, 매일 운동하기 등등이죠. 그러나 결국 시간이 지나면서 시들해지죠. 그리고 자존감과 자기 효능감에 작은 상처들이 생기기 시작합니다. 그래서 이제부터는 이렇게 하는 겁니다. 일단 처음에는 어려운 목표를 잡지 마세요. 정말 그냥 혼자서 조금만 신경 쓰면 할 수 있는 목표부터 잡아야 합니다. 예를 들어 아침에 일어나서 이불을 개는 것입니다.

너무 시시한가요? 그런데 매일 아침 일어나서 바로 이불을 개는 사람이 얼마나 있을까요? 이렇게 아주 사소한 일을 하루, 이틀, 일주일, 1달 해나가면서 작은 씨앗이 생기기 시작합니다. 나는 '아침에 일어나서 이불을 개는 사람이다'라고 생각하세요. 이것이 아주 시시한 것 같지만 그렇지 않습니다. 그렇게 못하는 사람도 아주 많기 때문이죠.

그리고 이것이 익숙해지면 조금씩 사소한 것들을 늘려가는 겁니다. 아침에 딱 1분만이라도 오늘 할 일을 정리하는 메모를 쓴다거나, 감사 기도를 한다거나 이런 작은 일부터 시작하는 겁니다. 헬스장에 가서 운동하는 것보다, 다이어트하면서 식단을 지키는 것보다 훨씬 쉬운 거죠. 정말 하루에 딱 1분이라도 나만의 의미 있는 시간을 가져보는 것이죠. 이것이 잘되면 그다음에는 더 늘려나갑니다. 하루에 10분이라도 책을 읽는다거나, 하루에 20분이라도 산책을 한다거나 이렇게 아주 조금씩 자신에게 도움이 되는 루틴을 늘려나가는 것이죠.

아주 시시한 일들이지만 이것을 꾸준히 해나가면서 자존감과 자기 효능감의 씨앗이 만들어지고 그것이 싹을 틔우게 됩니다. 성공하려면 반드시 이러한 감정을 느껴야 합니다.

밴드 '부활'의 기타리스트 김태원 씨가 방송에서 했던 말이 기억 납니다. 김태원 씨는 부활을 결성하고 아주 잘 나가던 시절이 있었지만, 약물에 손을 대면서 그간의 인기와 명성을 잃게 되었죠. 그리고 한동안 자괴감에 빠져 살다가 갑자기 결심을 하게 됩니다. 그 결심 이후로 다시 새롭게 활동을 하고 제2의 전성기를 맞는데요. 그 결심이 무엇이었을까요?

정말 너무나도 사소한 것이었어요. 바로 '담배꽁초를 길거리에 버리지 않겠다는 결심'이었습니다. 담배를 끊겠다는 것도 아니고요. 그저 담배꽁초를 버리지 않겠다는 것이었어요. 그런데 이러한 자신만의 사소한 결심을 지켜나가면서 삶에 변화가 생기기 시작했습니다. 다시 자존감과 자기 효능감을 찾기 시작했습니다. 이렇게 자기 효능감이 높아지면 목표를 찾고 확언을 만들어나가는 데 큰 도움이 됩니다.

최종 목표 한 단계 앞의 목표를 확언한다

나만의 확언을 만들었지만 그 확언이 심리적으로 부담스러울 수 있습니다. 그럴 때 할 수 있는 것이 선언입니다. 선언은 널리 알리는 말이에요. 목표 달성을 위한 내 의지를 미래형의 한 문장으로 표현하는 것입니다. 확언이 내가 바라는 미래의 모습이라면, 선언은 그 목표를 위해 내가 앞으로 보일 행동입니다. 확언이 '나는 한국 최고의 방송 작가가 되어 있습니다'라면, 선언은 '나는 매일 방송을 보면서 대본을 연구하고, 나만의 대본을 작성하면서 열심히 공부할 것입니다'인 거예요. 선언을 반복하다 그 내용이 어느덧 편해지면 이제 확언으로 넘어갑니다. 그러면 확언을 할 때도 전보다 마음이 편해진 것을 느낄 거예요. 비로소 내가 달성할 수 있는 목표라고 스스로 생각하기 시작한 것입니다.

선언을 하고 확언을 해도 마음이 편해지지 않는 경우도 있어요. 애초에 목표를 잘못 잡아 그렇습니다. 나와는 맞지 않는 목표를 설정한 것이 아닌지 다시 생각해보세요. 가령 사실은 선생님이 되고 싶은데 의사가 되고 싶다는 목표를 잡은 것이 아닌지 고민해보는 겁니다.

그런데 고민해봐도 의사가 되고 싶다는 목표가 분명 맞을 수 있어요. 그것은 목표의 진정성과 별개로 바로 달성을 이야기하는 것이 부담스러운 것일 수도 있습니다. 처음에는 충분히 그럴 수 있습니다. 그럴 때는 확언을 단계적으로 설정해보면 도움이 됩니다.

처음부터 확언에 최종 목표를 담을 필요는 없어요. '100억 벌기'

가 목표라고 해봅시다. 참고로 금전적 성취라고 해서 무조건 세속적 목표인 것은 아니에요. 100억을 번 스스로에게 기대하는 바가 있고, 이타적 효과까지 기대할 수 있다면 얼마든지 진정한 목표가 될 수 있습니다. 이때 100억의 금액이 부담스럽고 막막하게 느껴져 구체적으로 그려보기가 어려울 수도 있어요. 그럼 그 이전 단계 목표를 확언에 담아도 됩니다.

'100억 벌기'로 가려면 우선 직업적으로나 사업적으로 성취를 거둬야겠죠. 확언을 이렇게 바꿔보는 것입니다. 가령 변호사면 '저는 한국에서 가장 많은 의뢰를 받는 최고 인기 변호사가 되어 있습니다', '저는 높은 승소율로 한국에서 가장 비싼 수임료를 받는 변호사가 되어 있습니다' 하고 한 단계 정도 앞의 목표를 확언하는 거예요. 그래도 부담스러우면 선언을 먼저 합니다. '나는 법학 공부를 열심히 할 것입니다', '나는 매일 넘치는 에너지로 활동적으로 주어진 과제에 임할 것입니다' 이렇게요.

'어떻게'에 집착하지 않고 과정에 의심을 품지 않는 것이 중요하지만, 불안한 마음으로 확언할 바에 차라리 목표를 천천히 키우는 편이 좋습니다. 불안을 최대한 제거해야지 그렇지 않으면 '난 할 수 없을 거야' 하는 좌절에 먼저 도달할지도 몰라요. 지금까지 얘기한 확언은 잠재의식에 내가 진정으로 원하는 목표를 새기고, 긍정적 에너지를 일으켜 목표 달성에 도움을 주기 위한 것이었습니다.

자기 암시를 위한 확언도 있어요. '나는 매일 좋아지고 있습니다', '나는 매일 발전하고 있습니다'라고 말하는 것입니다. 목표 달성을 위한 암시보다는 간접적이지만 그래도 내 안의 긍정적인 변화를 끌어내는 데는 아주 효과적이에요.

보고, 말하고, 쓰는
성공의 루틴

진정한 성공을 거두기 위해서는 잠재의식을 관리하는 나만의 루틴을 만들어야 합니다. 시각화 루틴, 말하기 루틴, 글쓰기 루틴으로 나눠 설명하겠습니다.

시각화 루틴: 사진으로 담듯 최대한 생생하게

먼저 확언을 만들고, 그것이 이뤄진 상황을 시각화하는 것은 꼭 필요합니다. 영어로는 'vivid dream'이라고 하죠. 눈을 감고 오감을 활용해 상상하는 것입니다. 원하는 목표를 이룬 내 모습을요. 저의 경우에는 이렇겠죠. 열심히 강연하는 모습, 귀담아듣는 청중이 보여주는 유의미한 반응들, 통장에 찍히는 액수로 확인되는 경제적 성공, 이런 것들을 사진으로 담은 듯 생생하게 상상해줍니다.

시각화가 유독 어렵다는 분들이 있어요. 그런 분들을 위한 팁을 드릴게요. 내가 목표를 이뤘다고 상상할 때, 나를 가장 사랑하는 사람이 축하해주는 장면을 생각하는 것입니다. 그 사람의 표정, 목소리, 잘했다고 쓰다듬어주는 기분 좋은 감촉… 다 구체적으로 상상해보세요.

시각화의 다른 방법은 '드림 보드dream board' 만들기입니다. 일본 치유협회 고문으로 활동하며 인재 교육에도 힘쓰고 있는 모치즈키 도시타카望月 俊孝는 "성공의 출발은 머릿속에서만 그리던 꿈을 시각화하는 것"이라고 말했어요. 그의 책《보물지도》를 보면 드림 보드 만드는 법이 상세하게 나와 있습니다. 먼저 8절지 가운데에 자기 사진을 붙이고 이름을 적어요. 그리고 칸을 나눠 이루고 싶은 꿈, 만나고 싶은 사람, 하고 싶은 일, 떠나고 싶은 여행지, 도전하고 싶은 새로운 일 등을 구체적으로 적습니다. 그 내용에 관련된 사진을 프린트하거나 직접 그려서 칸들을 채워주세요. 완성된 드림 보드를 자주 들여다보며 자기 자신에게 암시를 주는 것입니다. 꿈을 이루는 데 도움이 될 만한 책을 검색해 체크 리스트를 만들고 조금씩 독파해나가는 것도 좋은 방법이에요. 꿈이 점점 커지는 것처럼 드림 보드도 한 번에 다 완성되는 것이 아닙니다. 이루고 싶은 목표를 조금씩 더 채워가도 좋아요.

말하기 루틴: 나쁜 일이 있어도, 좋은 일이 있어도

말하기 루틴은 정말 말 그대로 목표를 담은 확언을 하루에 백 번 이상 '말하는' 것입니다. 긍정 확언을 반복해서 말하는 데 도움이 되는 애플리케이션(이하 '앱')이 있어요. '이지카운터'라고 실제로 저도 쓰고 있는 앱입니다. 확언을 반복하다보면 내가 몇 회나 말했는지 헷갈리잖아요. 그럴 때 말하며 이지카운터 화면을 툭, 툭 건드려주면 횟수가 카운트됩니다. 이렇게 확언을 계속 되뇌면서 나의 간절한 목표를 잠재의식에 꾹꾹 눌러 새겨주세요.

말의 힘을 활용하는 팁을 하나 더 드리겠습니다. 일본 유명 기업가 이쓰카이치 쓰요시五日 市剛의 《마법의 말》이라는 책이 있어요. 대학생 시절, 이스라엘 여행을 갔다가 밤에 여관을 못 잡고 헤매던 쓰요시는 운 좋게 어떤 할머니의 집에 가서 며칠을 묵게 됩니다.

젊은 쓰요시는 할머니와 며칠간 생활하고 대화하면서 신비로운 체험을 해요. 할머니의 언어 습관에서 한 가지 깨달음을 얻은 것입니다. 할머니가 습관처럼 하시는 말씀은 이 세 마디였어요. "고맙습니다", "감사합니다", "오늘 운이 좋습니다". 이 말들을 입에 달고 살면 행복이 다가오고 인생이 풀린다는 것이었어요. 쓰요시가 강의에서 이 이야기를 하다가 질문을 받았습니다. "'고맙습니다'랑 '감사합니다'는 서로 비슷한 말인데 언제 어떻게 구분해 쓰나요?" 쓰요시는 이렇게 대답했습니다. "'감사합니다'는 좋은 일이 있을 때 쓰고, '고맙습니다'는 나쁜 일이 있을 때 쓰세요." 이 대답에 담긴 중요한 의미가 무엇일까요? 나쁜 일이 있어도, 좋은 일이 있어도 감사하며 살아가라는 것입니다.

'오늘 운이 좋습니다'라는 말에는 어떤 힘이 숨어 있을까요? '나는 운이 좋다'라고 나의 잠재의식에 매일 새기는 겁니다. 그 말이 잠재의식에 새겨져서 익숙해지면, 일상에서 그런 자극을 받았을 때 더 알아차리기 쉽다고 했어요. 정확히 말하면 내게 찾아온 좋은 일을 더 잘 알아차릴 수 있게 된 것이겠죠. 젊은 쓰요시가 입사한 회사에 평판도 안 좋고, 일머리도 나쁘고, 매일 핀잔만 듣는 직원이 있었습니다. 그래서 그를 안쓰럽게 본 쓰요시가 당분간 그를 데리고 일을 가르치겠다고 상사에게 제안했어요. 그런데 쓰요시는 그 직원에게 일을 가르치지 않고 다른 것부터 부탁했습니다. "오늘부터 매일 아침저녁으로 만나 하루 두 번씩 제가 '오늘 운이 좋습니까?' 하고 물을 거예요. 그러면 무조건 '오늘 운이 좋습니다'라고 대답해주세요." 일을 배우기로 한 입장이니 그 직원은 쓰요시의 말을 잘 따랐습니다.

그런데 그렇게 며칠이 지나자 그 직원에게 변화가 생겼어요. 그냥 "운이 좋습니다" 하고 말하는 것이 아니라 앞에 이유를 붙이기 시작한 것입니다. "오늘 아침에는 나오는데 귀여운 고양이를 만나 운이 좋았습니다." "오늘 점심에 먹은 고로케가 최고로 맛있었으니 운이 좋았습니다." 사람이 달라지기 시작하더니 나중에는 회사의 큰 프로젝트를 맡아 엄청난 성과까지 냈어요. 말의 힘이 이렇게 강력한 것입니다. '고맙습니다', '감사합니다', '오늘 운이 좋습니다' 내 삶을 바꿀 세 마디 꼭 잊지 마세요.

나를 나아가게 하는 '말의 힘'

하루 중에 누구와 가장 대화를 많이 하나요? 그 답은 누구에게나 똑같습니다. 바로 자신과의 대화입니다. 입으로 말하지 않아도 우리는 무의식적으로 스스로와 대화를 하면서 살아가죠. 이것을 '뇌 속 대화'라고 합니다. 그렇다면 이 뇌 속 대화에서 가장 많이 하는 말은 무엇인가요? 이것이 중요합니다. 그 내용에 따라 우리의 인생이 달라지는데요. 그 이유는 자기도 모르게 자신에게 하는 말이 강력한 자기암시 효과가 있기 때문입니다. 혼잣말같이 나도 모르게 내뱉는 말, 또 머릿속에서 나에게 하는 말들이 부정적이라면 인생은 순탄하지 않습니다. 반대로 이러한 말들이 긍정적이고 희망적이라면 인생이 달라지겠죠.

우리는 하루 평균 약 2만~4만 개 정도의 단어를 사용해 다른 사람과의 대화 또 뇌 속 대화를 한다고 하는데요. 일본의 뇌 과학자인 니시 다케유키西 剛志는 그의 저서에서 우리의 인생은 우리가 하는 말에 의해 결정되고, 특히 뇌 속 대화가 매우 중요하다고 주장합니다. 성공한 사람일수록 자신과의 대화를 잘한다고 하는데요. 저는 이 말에 전적으로 동의합니다.

원하는 것을 이루고 성공하기 위해서는 세 가지 말을 하지 말아야 합니다. 첫 번째는 '할 수 없다', 두 번째는 '모르겠다', 세 번째는 '다 알고 있다'입니다. 느낌이 어떤가요? 이 세 문장은 모두 더 이상 뭔가 시도하지 않겠다는 것을 나타내고 있습니다. '할 수 없다', '모르겠다'는 당연히 그렇게 느껴질 거고요. 세 번째 '다 알고 있다'도 그렇습니다. 새로운 배움을 하지 않으려는 의도가 느껴지죠. 그래서 이러한 말을 하지 않는 것이 중요합니다.

반대로 정말 중요한 세 글자를 알려드릴 건데요. 우리가 나도 모르게 부정적인 뇌 속 대화를 하게 되었을 때 바로 이어서 이 말을 하는 겁니다. 예를 들면 '피곤해', '하기 싫어', '골치 아파' 하고 생각이나 혼잣말을 나도 모르게 하는 경우가 있죠. 그다음에 즉시 이 세 글자를 붙여보는 것입니다. 바로 '그래도'입니다. 이 세 글자는 아주 큰 힘이 있습니다. 부정적인 생각이 떠올랐을 때 메타 인지를 통해서 그것을 스스로 알아차리고 '그래도'라고 말하는 겁니다. 이것을 해낼 수 있다면 삶이 달라집니다.

그다음에는 어떤 말을 이어서 하면 좋을까요? 그것은 상황에 따라 스스로 말을 이어나가면 됩니다. '하기 싫어, 그래도 난 이것을 오늘까지 끝낼 수 있어' 또는 '피곤해, 그래도 잠깐 쉬었다가 다시 시작할 수 있어' 같은 문장이 뒤따라온다면 의지가 달라지고 결국 우리의 인생은 바뀌어갑니다.

그런데 뒤에 이러한 문장을 이어가기 어렵다면 모든 상황에서 통용되는 가장 중요한 한 문장을 알려드릴게요. 이 문장은 심리치료사 마리사 피어Marisa Peer가 공개한 것인데요. 그녀는 20년 넘게 왕족, 기업 CEO, 유명 배우 등 다양한 사람을 상담해온 영국 최고의 의사이자 심리치료사입니다. 그녀가 공개한 딱 한 문장은 바로 이것입니다. '나는 충분히 그럴 가치가 있어.' 이 말은 나는 충분히 그것을 해낼 능력이 있다는 의미를 담고 있습니다. 앞서 말씀드린 세 글자 '그래도' 뒤에 이 문장을 붙여 말해보는 것이죠. '그래도 나는 충분히 그것을 해낼 가치가 있는 사람이야' 이렇게요.

어떤가요? 이 한 문장은 아주 큰 힘을 발휘합니다. 말과 생각은 감정을 동반합니다. 그리고 그 감정은 바로 행동을 끌어내죠. 이러한 혼잣말은 긍정적인 감정을 느끼게 해줍니다. 그리고 이러한 감정은 긍정적인 행동을 이끌어줄 수 있습니다.

글쓰기 루틴: 100번씩 100일 동안 1만 번

저는 《웰씽킹》의 저자 켈리 최가 소개한 글쓰기 루틴을 시작했어요. 확언 한 문장을 하루에 백 번씩 적는데 이걸 100일 동안 하는 거예요. 그럼 총 만 번을 적게 됩니다. 이렇게 보니까 너무 큰 숫자 같죠. 그런데 가만히 생각해볼게요. 짧은 문장 하나 만 번 적는 것도 힘들다고 여길 정도면, 그렇게 쉽게 포기할 정도라면 이게 과연 내가 정말로 원하는 목표가 맞을까요? 물론 글쓰기 루틴을 한다고 무조건 성공하는 것은 아니지만, 내가 그만큼 간절히 원하고 있다는 것을 나 자신에게 보여주고 싶었죠.

저는 글쓰기 루틴을 성공했어요. 하루 백 번 적는 것 당연히 힘듭니다. 하루에 20분, 길면 30분이 걸릴 때도 있어요. 손도 아프고 볼펜도 잉크가 떨어져 자주 바꿔줘야 합니다. 그런데 확언을 만 번 적고 나면 마음가짐이 달라져요. 해냈다는 느낌에 굉장히 뿌듯하고 자신감이 생깁니다. 그리고 진짜 할 수 있을 것 같은 믿음이 생겨요.

나에게 다가가는
릴랙싱 기술

시각화, 말하기, 글쓰기 루틴뿐 아니라 확언을 잠재의식에 새기기 위한 방법을 더 알아볼 건데요. 그것이 바로 릴랙싱의 기술입니다. 몸과 마음이 릴랙스되어 있는 상태, 즉 트랜스 상태를 스스로 만들어 그 순간에 확언을 통해 자기암시를 하는 것이죠. 집에서 혼자 활용할 수 있는 릴랙싱을 위한 구체적인 방법을 알려드리겠습니다.

몸을 가장 편안한 상태로 만들어주는 4단계

혼자 할 수 있는 릴랙싱 방법은 바로 QRT입니다. 제가 약 10년 전 '큐헴Quantum Human Energy Management, QHEM'이라는 특별한 마음 관리법을 만들어 소개한 적이 있는데요. QRT는 큐헴의 이완 요법QHEM Relaxing Technique입니다. QRT는 크게 '스트레칭 운동, 호흡 재훈련, 점진적 근육 이완, 자기암시'라는 4단계로 이뤄져 있어요.

1단계 스트레칭 운동은 '근막 통증myofascial pain'에 대한 교과서를 집필한 자넷 트라벨Janet Travell의 방법을 활용한 것입니다. 우선 여러 가지 스트레칭 동작으로 온몸의 근육들을 이완해주세요. 여기서 주의할 점은 한 근육의 이완 시간을 최소한 30초 이상 유지해주는 것입니다. 주로 머리와 목 주변의 근육들을 이완하는 것으로 시작해 다리의 근육까지 스트레칭해주세요. 특히 평소 통증을 느끼는 부위가 있다면 해당 근육들을 잘 풀어주는 것이 중요합니다.

2단계 호흡 재훈련도 의사인 캔드라 파터Chandra Parter의 이론에 근거한 것이에요. 파터 이론에 따르면 숨 쉬기와 같은 아주 단순한 행동이 우리에게 아주 깊은 영향을 줍니다. 그래서 비정상적인 패턴의 호흡을 정상적인 패턴으로 바꾸는 것은 아주 중요해요. 이 방법만으로 신경 체계가 안정되고 불안 증상이 상당히 좋아질 수 있습니다. 먼저 옷이나 벨트, 넥타이 등을 풀어 느슨하게 해주세요. 그리고 자세는 복부 근육을 편안하게 하기 위해 눕거나 안락한 의자에 충분히 기대앉습니다. 복부를 따뜻하게 하고 편안함을 유지하면서 가슴, 어깨, 턱, 목, 얼굴의 긴장을 풀어주세요. 그리고 편안하고 리듬감 있게 숨을 쉬어주세요. 단 이때 숨은 너무 깊게 쉬지 않습니다. 복부가 부풀고 꺼지도록 복식호흡을 해주세요. 약 5~10분 정도 해줍니다.

3단계 점진적 근육 이완Progressive Muscle Relaxation은 앞에서 다뤘어요. 1920년대 에드먼드 제이콥슨 박사가 개발한 방법입니다. 발끝부터 머리끝까지 몸 전체의 근육을 구석구석 깊이 이완해주는 기법인데요. 단순히 누워 쉬는 것만이 긴장을 풀어주는 방법은 아닙니다. 몸이 누워 있어도 뇌는 지속적인 근육 긴장에 익숙해져 있어요. 점진적 근육 이완은 의도적으로 근육에 힘을 줘서 긴장시키고, 그다음 더 깊게 이완시켜서 풀어주는 방법입니다. 힘 빼는 게 어려운 분들은 이렇게 힘을 줬다 빼는 방법이 훨씬 쉬울 수 있어요. 아래의 단계를 차례로 시행하면 됩니다. 근육을 긴장시킬 때는 5초 동안 힘을 주고, 이완시킬 때는 10초 동안 힘을 빼주세요.

1. 끼지 않는 옷차림으로 편안하게 누운 상태에서 눈을 감는다.
2. 양쪽 발과 발가락을 아래쪽으로 구부리면서 힘을 줘 5초간 긴장시킨 후, 갑자기 힘을 빼 10초간 이완시킨다.

3. 이번에는 반대로 발가락 끝을 몸 쪽으로 당기면서 힘을 줘 5초간 긴장시킨 후, 갑자기 힘을 빼 10초간 이완시킨다.

4. 다리를 곧게 펴면서 무릎 위 넓적다리근육에 힘을 줘 5초간 긴장시킨 후, 갑자기 힘을 빼 10초간 이완시킨다.

5. 발뒤꿈치를 바닥으로 누르면서 힘을 줘 5초간 긴장시킨 후, 갑자기 힘을 빼 10초간 이완시킨다.

6. 무릎을 모으면서 다리 근육에 힘을 줘 5초간 긴장시킨 후, 갑자기 힘을 빼 10초간 이완시킨다.

7. 골반 근육과 엉덩이 근육에 힘을 줘 5초간 긴장시킨 후, 갑자기 힘을 빼 10초간 이완시킨다.

8. 배를 등 쪽으로 당긴다고 상상하면서 복부 근육에 힘을 줘 5초간 긴장시킨 후, 갑자기 힘을 빼 10초간 이완시킨다.

9. 어깨와 엉덩이가 바닥에서 떨어지지 않게 하면서, 가슴을 턱 방향으로 천천히 끌어올리고 등을 활 모양으로 만들면서 등 근육에 힘을 줘 5초간 긴장시킨 후, 갑자기 힘을 빼 10초간 이완시킨다.

10. 등을 바닥에 대고 압박하면서 아래쪽 등 근육에 힘을 줘 5초간 긴장시킨 후, 갑자기 힘을 빼 10초간 이완시킨다.

11. 어깨를 발 쪽으로 내리면서 팔을 옆구리에 꼭 붙인다. 그리고 팔 뒤쪽과 가슴 근육에 힘을 줘 5초간 긴장시킨 후, 갑자기 힘을 빼 10초간 이완시킨다.

12. 어깨를 귀 쪽으로 천천히 당겨 올린다. 목과 어깨 근육에 힘을 줘 5초간 긴장시킨 후, 갑자기 힘을 빼 10초간 이완시킨다.

13. 손바닥이 아래를 향하게 양팔을 몸통 옆에 가지런히 놓는다. 손등이 머리 쪽을 향하도록 손목을 당긴다. 그렇게 팔뚝 근육에 힘을 줘 5초간 긴장시킨 후, 갑자기 힘을 빼 10초간 이완시킨다.

14. 말의 고삐를 잡듯 주먹을 꽉 쥐고 어깨 쪽으로 당긴다. 그렇게 주먹, 팔뚝, 이두박근에 힘을 줘 5초간 긴장시킨 후, 갑자기 힘을 빼 10초간 이완시킨다.

15. 오른쪽 어깨를 보듯 머리를 오른쪽으로 돌리면서 목 근육에 힘을 줘 5초간 긴장시킨 후, 목을 제자리로 돌려놓으며 다시 목 근육을 10초간 이완시킨다. 왼쪽도 그 과정을 반복한다.

16. 천장을 향해 턱을 들면서 정수리를 바닥 쪽으로 부드럽게 눌러준다. 이렇게 목덜미 근육에 힘을 줘 5초간 긴장시킨 후, 갑자기 힘을 빼 10초간 이완시킨다.

17. 주름이 질 정도로 눈썹을 치켜올리면서 이마 근육에 힘을 줘 5초간 긴장시킨 후, 갑자기 힘을 빼 10초간 이완시킨다.

18. 콧잔등이 구겨질 정도로 인상을 쓰듯 눈을 꼭 감는다. 얼굴 근육에 힘을 줘 5초간 긴장시킨 후, 갑자기 힘을 빼 10초간 이완시킨다.

19. 울상을 짓듯 입꼬리를 아래로 당기면서 턱과 목 주위 근육에 힘을 줘 5초간 긴장시킨 후, 갑자기 힘을 빼 10초간 이완시킨다.

20. 이를 꽉 깨물면서 아래턱 근육에 힘을 줘 5초간 긴장시킨 후, 갑자기 힘을 빼 10초간 이완시킨다.

21. 입을 최대한 크게 벌리면서 광대 주위 근육에 힘을 줘 5초간 긴장시킨 후, 갑자기 힘을 빼 10초간 이완시킨다.

점진적 근육 이완을 하고 나면 뭉쳐 있던 몸의 근육이 풀려 한결 편안해진 것을 느낄 수 있습니다. 이는 불면증 환자들에게도 도움이 됩니다. 그런데 과정이 총 21단계나 되니 외우기도 어렵죠. 팁을 드리면, 전체 과정을 자신의 목소리로 녹음해놓고 할 때마다 틀어주면 좋아요. 근육을 긴장시키라고 한 뒤 하나, 둘, 셋, 넷, 다섯 하면서 5초를 세주고, 근육을 이완시킬 때도 하나, 둘, 셋, 넷… 하면서 10초를 세주면 됩니다. 21단계까지 하는 데 10분 정도 시간이 걸려요. 몸의 긴장이 잘 안 풀리고 힘 빼기가 어려운 분들은 하루 한 번씩 해주면 좋습니다.

4단계 자기암시입니다. 프랑스의 약사 에밀 쿠에 Emile Coué는 1920년대에 몸과 마음의 에너지를 정화해주는 자기암시법을 개발했습니다. 이 방법으로 굉장히 많은 환자를 치료했어요. 에밀 쿠에가 만든 아주 유명한 자기암시의 문장이 있습니다. "나는 날마다 모든 면에서 점점 더 좋아지고 있다." 영어로는 "Every day, in every way, I am getting better and better"입니다. 이 암시문을 통해 에밀 쿠에는 수많은 사람의 심리적 문제와 증상을 치료했는데요. 저도 이 암시문을 자주 사용하고 있습니다. 이 암시문은 매우 강력한 힘을 가지는데요. '날마다' 그리고 '모든 면에서'라는 것이 아주 특이합니다. '모든 면'은 몸과 마음의 건강, 경제적 여유로움 등을 모두 내포합니다. 1~3단계를 통해 아주 편안한 상태가 되었을 때 이 암시문을 활용해도 좋고요. 또는 미리 준비해둔 확언을 되뇌는 것도 좋습니다. 내가 원하는 내 모습을 상상하며 자기암시를 해줍니다. 시각, 청각, 후각, 촉각, 미각 등 모든 감각을 동원해 생생하게 상상해주세요. 이렇게 자신의 목표와 확언을 잠재의식에 심어줍니다. 그러면 원하는 것을 이루기 위해 실행력이 발동하죠. 그럼 어떤 행동을 먼저 해야 할지 지금부터 설명드리겠습니다.

시간에 쫓기지 않고, 시간을 관리하는 사람이 되다

누구도 더 많이 가질 수 없고, 더 적게 가질 수 없는 것이 있습니다. 바로 시간입니다. 시간만큼은 누구에게나 공평합니다. 모든 사람이 똑같이 하루 24시간을 가지고 살아갑니다. 그래서 그 시간을 나의 성공을 위해 어떻게 투자하는지가 관건입니다.

질문 하나 드리겠습니다. 하루 일과 중에 급한 일을 하는 시간이 더 많은가요? 아니면 중요한 일을 하는 시간이 더 많은가요? 아마 쉽게 답변하기 어려울 것입니다. 회사 업무뿐만 아니라 내가 개인적 시간에 하는 일들까지, 우리가 일상에서 하는 모든 일은 크게 두 가지 측면으로 나눌 수 있습니다. 하나는 급하게 해야 할 것, 하나는 중요한 것이죠. 이 두 가지 측면으로 구분해 매트릭스를 만들어보면 일은 이렇게 네 가지 형태로 구분할 수 있는데요.

첫 번째는 중요하고 급한 일, 두 번째는 중요하지만 급하지 않은 일, 세 번째는 중요하지 않지만 급한 일, 네 번째는 중요하지도 않고 급하지도 않은 일이죠. 이것이 바로 '아이젠하워 매트릭스The Eisenhower Matrix'입니다.

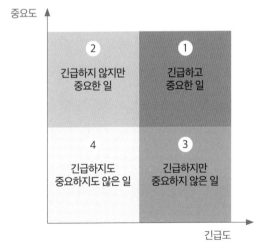

〈아이젠하워 매트릭스〉

첫 번째, 중요하고 급한 일은 이런 겁니다. 당장 내일 중요한 시험을 앞두고 공부를 열심히 해야 하는 상황이죠. 두 번째, 중요하지만 급하지 않은 일은 기한이 없거나 많이 남아 있는 일입니다. 하지만 아주 중요한 일이죠. 예를 들면 자기계발을 위한 활동 같은 것입니다. 꾸준히 운동하기, 체중 감량을 위해 식단을 조절하기, 책 읽고 공부하기, 기한이 많이 남은 과제나 시험을 준비하는 상황이죠. 아주 중요하지만 급하지는 않습니다. 오늘 당장 운동을 하지 않아도 큰일이 생기지 않죠. 오늘 당장 책을 읽지 않아도 아무 일도 안 생깁니다. 하지만 나의 발전과 성장, 그리고 성공을 위해 아주 중요한 일들이죠.

이제 세 번째로 가보겠습니다. 중요하지 않지만 급한 일입니다. 예를 들면 오늘 저녁 식당을 예약하기 같은 거죠. 저녁 시간이 되기 전에, 예약이 마감되기 전에 서둘러 해야 하죠. 하지만 그 일 자체가 중요하다고 보기는 어렵습니다. 그리고 마지막 네 번째, 중요하지도 않고 급하지도 않은 일이 있습니다. 이것은 나중에 해도 되고 또는 안 해도 될 정도로 중요하지 않습니다. 예를 들면 게임하기, 텔레비전 보기, 혼자 술 마시기 같은 것이죠. 물론 이러한 것도 어느 정도는 필요하다고 볼 수 있지만 나의 인생에서 아주 중요한 것은 아니죠.

그렇다면 네 가지 중에서 가장 먼저 해야 할 일은 무엇일까요?

바로 중요하고 급한 일입니다. 당장 내일이 시험이면 다른 것 제쳐두고 공부 먼저 해야 합니다. 그리고 그다음 해야 할 일은 무엇일까요? 중요하지만 급하지 않은 일입니다. 장기적으로 봤을 때 나의 발전과 성장에 도움이 되는 중요한 일입니다. 그래서 급하지 않더라도 해야 하는 것이죠. 그럼 세 번째 급하지만 중요하지 않은 일은 어떻게 할까요? 시간이 부족하다면 이런 일은 다른 사람에게 위임해도 좋습니다. 그리고 마지막 중요하지도 않고 급하지도 않은 일은 안 해도 되고요. 하더라도 다른 일 다 마치고 천천히 또 조금만 하는 게 좋습니다.

그런데 중요하고 급한 일과 중요하지만 급하지 않은 일, 이 두 가지가 서로 충돌하는 경우가 있습니다. 이러한 충돌이 생기지 않도록 적절한 계획을 수립한다면 주어진 시간을 성공적으로 관리할 수 있습니다.

급하고 중요한 일만 하다보면 급하지 않고 중요한 일, 즉 자기계발에 할애할 시간이 없어집니다. 그래서 이 두 가지가 서로 충돌할 수 있는 건데요. 저는 오래전부터 급하고 중요한 일이 생기지 않게 미리 계획을 짜는 방법을 사용하고 있습니다. 제가 박사 학위 논문을 쓸 때도 그랬는데요. 학위 논문은 저에게 매우 중요한 일이었습니다. 그런데 그것이 급한 일이었을까요? 여기서 해답이 나옵니다. 급하다는 것은 주어진 시간에 따라 결정되는 것이죠. 제출일에 임박해 논문을 쓰고 있다면 중요하고 급한 일입니다. 그런데 논문을 아주 미리 준비해 쓰고 있다면 어떨까요? 이것은 중요하지만 급하지 않은 일이 되는 것이죠. 그래서 이 두 가지는 서로 충돌하지만 계획을 잘 세우고 지킨다면 전혀 문제가 생기지 않습니다.

또 저는 기업과 지자체 특강을 많이 다니기 때문에 강의 교안을 특정 시일까지 보내달라고 할 때가 많습니다. 그러면 저는 요청받은 날짜보다 2~3일 전에 교안을 보내줄 수 있도록 다이어리에 일정을 표시해둡니다. 스스로 미리 준비할 수 있게끔 계획을 세우는 것이죠. 그러면 급하지 않지만 중요한 일을 할 수 있는 여유가 생깁니다. 시간에 쫓겨 불안한 마음이 없어지니 일을 더 꼼꼼히 할 수도 있고요. 이렇게 급하고 중요한 일을 줄여나가고, 급하지 않지만 중요한 일을 늘려나가는 것은 너무나도 중요합니다. 저절로 자기계발에 쓸 시간이 생겨 운동도 하고, 책도 읽고, 다른 공부도 할 수 있으니까요.

사실 저도 처음부터 이렇게 하지는 못했습니다. 30대 후반에 들어서야 이러한 시간 관리법을 알게 되었고, 그때부터 차츰 우선순위를 정하고 실천하기 시작했습니다. 그 전에는 늘 급하고 중요한 일에 치이고 허덕이면서 살았던 것 같습니다. 마음의 여유는 찾아볼 수 없었죠. 그리고 시간이 좀 나면, 네 번째 급하지도 않고 중요하지도 않은 일만 했던 것 같습니다. 혹시라도 과거의 저와 같은 방

식으로 살고 있는 분이라면, 오늘부터 조금씩 삶의 방식을 바꿔나
가면 좋겠습니다. 분명 인생이 눈에 띄게 변화할 것입니다.

'자신'을 위해 모든 시간을 투자할 수 있다

내가 가진 시간을 가장 효율적으로 쓰는 방법이 있습니다. 시간은
크게 세 가지로 나눌 수 있는데요. 첫 번째는 낭비된 시간, 두 번째
는 소비된 시간, 세 번째는 투자된 시간입니다. 낭비된 시간은 여러
분도 다 알 것입니다. 그냥 아무 생각 없이 텔레비전 보고, 게임하
고, 술 마시고 노는 시간입니다. 물론 이런 시간도 중요하지만, 성장
과 성공의 관점에서 보면 전혀 도움되지 않는 낭비된 시간입니다.
소비된 시간은 무엇일까요? 돈을 벌기 위해 쓰는 시간입니다. 급여
를 받기 위해 아르바이트나 직장을 다니는 시간이죠. 물론 이런 시
간도 너무 중요합니다. 낭비된 시간보다 훨씬 낫죠.
　가장 중요한 것은 투자된 시간입니다. 새로운 일을 하기 위해 기술
을 배우는 시간, 학원에 다니면서 자격증 공부를 하는 시간, 대학원
에 다니면서 특정 분야를 깊이 있게 공부하는 시간, 자기 성장을 위
해 책을 읽고 강의를 듣는 시간… 자신의 발전과 성장을 위해 투자
하는 시간이죠. 이러한 시간은 당장 돈이 되지는 않지만, 나중에 결

실을 맺어 더 큰 돈을 벌어다줄 수도 있는 아주 소중한 시간입니다.

그런데 여기서 중요한 것이 있습니다. 앞에서 말씀드린 낭비된 시간과 소비된 시간조차도 투자된 시간으로 바꾸는 레버리지 효과를 만들어낼 수 있다는 것인데요. 만일 낭비된 시간 속에서도 자신의 성장과 발전을 위한 것들을 찾아내고 활용할 수 있다면 어떨까요? 그럴 수 있다면 그것은 투자된 시간이 되는 것이죠.

저도 이런 시간을 많이 만들려고 노력합니다. 저는 텔레비전 드라마를 보는 것도 좋아하고, 다큐멘터리를 보는 것도 좋아합니다. 그런데 그런 것들을 보는 것으로 끝나는 것은 아닙니다. 재미있는 드라마를 보면서도 의미 있는 장면이나 대사가 나오면 그 순간 머릿속에 떠오르는 생각이 있습니다. 바로 이 장면, 이 대사를 나의 강의에 활용해야겠다는 생각이죠. 실제로 저는 여러 강의에서 유명 드라마의 한 장면 또는 다큐멘터리에 나오는 내용을 인용하는 경우가 많습니다. 그냥 말로 설명하는 것보다 그러한 자료를 활용하는 것은 강의를 훨씬 재미있게 만들어주죠.

이렇게 낭비된 것 같은 시간도 투자된 시간으로 바뀔 수 있는 것입니다. 유튜브 영상을 보면서도 마찬가지입니다. '최근에 이런 주제가 인기를 끄는구나', '이런 마케팅이 요즘 대세구나' 하는 것을 느낍니다. 그리고 그러한 깨달음을 더 분명하게 하기 위해 관련 자료를 찾아보기도 하고요. 그러면서 더 성장해나가는 투자된 시간이 되는 것이죠.

소비된 시간도 마찬가지입니다. 아주 잘되는 식당에서 아르바이트를 하면서도 그냥 아무 생각 없이 시급을 받기 위해 일하는 경우도 있고요. 그렇지 않고 비록 아르바이트이지만 이 식당이 왜 잘되는지 메뉴의 특성, 사장님의 영업 방침, 고객이 좋아하는 서비스가 무엇인지를 배우며 일할 수도 있습니다. 이것은 그냥 소비된 시간이 아닙니다. 일을 하면서도 나의 성장과 발전을 위해 배우고 있는 투자된 시간인 것이죠.

직장에서도 마찬가지입니다. 그냥 회사에 나와 똑같이 내가 맡은 일만 하면서 월급을 받고 정체되어 있다면 그것은 소비된 시간입니다. 반면에 똑같이 일을 하더라도 우리 회사가 어떻게 발전하고 있는지, 발전하기 위해 무엇이 중요한 요인인지, 그리고 내가 하는 일에 더 효율적인 방법은 무엇인지를 연구하고 실천해나가는 사람은 시간을 다르게 쓰고 있는 것이죠. 즉 소비된 시간이 아닌 투자된 시간을 쓰고 있는 것입니다.

제가 강의를 오래 하면서 알게 된 강사님이 있습니다. 이분은 프리랜서 강사로 독립하기 전에 대기업에서 오랫동안 교육 담당자, 사내 강사로 활동을 했어요. 그런데 그 기업에서 일하는 시간을 모두 소비된 시간이 아닌 투자된 시간으로 활용했습니다. 오랫동안 회사에 다니며 많은 사건을 경험했겠죠. 그런데 그분은 그런 사건들을 그냥 지나치지 않았습니다. 왜 그런 일이 생길까 분석하고, 관련 자료도 찾아보고는 했죠. 그리고 그러한 경험에서 배운 내용을 정리해 책을 썼습니다. 그렇게 회사에 다니면서 책을 3권이나 쓰고 많이 유명해졌죠. 사내에서 강의를 할 때도 이러한 사례들을 잘 활용하면서 아주 인기 있는 강사가 되었습니다. 그리고 어떻게 되었을까요? 그분은 모종의 이유로 다니던 회사를 나와 프리랜서 강사가 되었는데요. 그 이후에 아주 놀라운 일이 벌어졌습니다. 현재 그분은 우리나라에서 가장 바쁜 기업 강사로 활동하며 대기업에 다닐 때의 연봉보다 5배나 많은 돈을 벌고 있습니다. 저는 이 강사님이야말로 소비된 시간을 투자된 시간으로 바꾼 사람, 진정으로 시간 레버리지 효과를 제대로 만들어낸 사람이라고 생각합니다.

우리는 모든 시간을 낭비와 소비가 아닌 투자된 시간으로 쓸 수 있습니다. 이렇게 효율적인 시간 레버리지를 통해 여러분도 더 성장하고 발전할 수 있기를 응원합니다.

실패는 배우고 도전하는 과정일 뿐이다

역사상 요즘이 가장 빨리 성공하고 부자가 되기 쉬운 시대라는 말을 들어봤나요? 성공한 사람들이 대부분 경험하는 것이 있습니다.

바로 실패입니다. 뭐든지 한 번에 성공하는 사람은 거의 없습니다. 여러 번의 실패와 시행착오를 겪으면서 배우고 발전하게 되죠. 그래서 사실 성공을 이룬 사람에게 과거의 실패는 실패가 아닌 것입니다. 그냥 배운 것이죠. 그리고 그 배움 덕분에 성공을 향해 나아갈 수 있었던 것이고요. 실패하고 배웠어도 더 도전하지 않는다면 그 경험은 진짜 그저 실패로 남습니다.

오늘날 성공한 유튜버가 많지만, 첫 채널로 100만 구독자를 달성하는 경우는 많지 않습니다. 아주 유명한 채널이었던 '신사임당'의 주언규 PD도 처음 개설한 채널은 성공하지 못했습니다. '숏박스'도 이전에 다른 코미디 채널을 운영했지만 빛을 보지 못했죠.

이렇게 한 번의 실패를 딛고, 다시 새로운 각오로 시작해 성공을 거둔 사람들은 어떤 사람들일까요? 모두 첫 번째 실패로 많은 것을 배운 사람들입니다. 그리고 그 배움을 바탕으로 새로운 아이디어를 내고 다시 도전한 사람들이죠.

현대 사회에는 과거보다 더 많은 실패와 도전의 기회가 주어져 있습니다. 성공을 위한 연습 과정을 더 쉽고 빠르게, 돈도 거의 들이지 않고 겪어볼 수 있죠. 내 아이디어가 성공 가능성이 있는지 빠르게 테스트해볼 수 있습니다. '유튜브'가 가장 대표적인 사례라고 볼 수 있겠죠. 작가가 되고 싶다면 '브런치스토리'에 글을 연재하며 독자 반응을 살펴볼 수 있고, 음악가가 되고 싶다면 '사운드클

라우드'에 데모 곡을 올리고 청자 반응을 살펴볼 수 있습니다. 물건을 만들어 팔고 싶다면 '텀블벅'이나 '와디즈' 같은 플랫폼을 통해 수요를 예상하고 후원을 받을 수 있고요. 정말 누구나 큰돈 들이지 않고 빠르게 자신의 작품 또는 제품을 미리 평가받을 수 있습니다. 과거에는 상상도 할 수 없었죠. 큰돈을 들여서 만들고 기대한 반응을 얻지 못하면 큰 손실을 봐야 했어요. 하지만 지금은 그렇지 않습니다.

제가 최근에 잘 나가는 유통회사의 대표와 이야기를 나눈 적이 있는데요. 그 대표님은 저보다 나이가 20살이나 어리지만 기업 운영에서 큰 성공을 거둔 사람입니다. 그 대표님이 이런 말을 합니다.

"적은 비용으로 조금만 만들어 온라인에서 빨리 평가받아보는 것이 최고입니다."

그 대표님은 빨리 시도하고 빨리 실패하고, 그것으로부터 빨리 배우고 다시 시도하는 것을 당연한 것으로 여기고 있었습니다. 맞습니다. 빨리 실패하고 빨리 배우는 것은 현대 사회에서 가장 빨리 성공하는 비결입니다. 그래서 성공한 사람들에게 실패는 실패가 아닌 것이죠. 그냥 배움일 뿐입니다. 그리고 그 배움이 쌓이면서 결국은 성공하는 것입니다.

현대 사회에는 이렇게 많은 기회가 있습니다. 하지만 시도조차 못 하는 사람들이 대부분이죠. 이러한 기회를 활용하기 위해서는 강력한 몸과 마음의 힘, 그리고 멘탈과 브레인의 최적화가 필요합니다. 또 목표와 잠재의식의 정렬이 필요하죠. 앞의 MBS 최적화 6단계는 당신이 지금 바로 행동할 수 있게 만들어줄 것입니다.

III

MBS 최적화 프로그램을
인생에 적용하다

이번 파트에서는 제가 걸어온 길을 말씀드리려고 합니다. 의사가 되었지만 무기력에 빠져 있던 시절에 나의 삶을 바꿨던 사건들을 소개하겠습니다. 지금 생각해보면 나도 모르게 MBS 최적화 프로그램을 하면서 살아왔던 것 같습니다. 저희 경험담이 MBS 최적화를 어떻게 적용해나가는지 알아가는 데 도움이 되기를 바랍니다.

삶의 전환점에서
나를 되살린 것들

자기 관리 없이 병들어갔던 시간

20년 전 그냥 평범한 동네 의사로 살아가던 저는 당시 번 아웃 상태였습니다. 아침에 일어날 때부터 힘들었습니다. 항상 어깨에는 곰 3마리가 올라가 있었고, 출근하기가 너무나 싫었습니다. 억지로 무거운 몸을 일으켜 출근을 위해 1시간 정도 운전하는 동안에 라디오를 들으면서 마음을 달랬습니다. 그리고 의원 주차장에 도착하는 순간 몸에서 신호가 옵니다. 아랫배가 살살 아프기 시작하는 거죠. 전형적인 과민성대장증후군 증상입니다. 스트레스로 인한 감정의 변화가 몸으로 나타나는 현상이죠.

그리고 오전을 버티기 위해 카페인으로 정신을 깨웁니다. 오전 일을 마치고 점심을 먹으면 어깨는 더 무겁게 느껴집니다. 그리고 뒷목이 뻣뻣해집니다. 뒷골이 지끈지끈해집니다. 전형적인 긴장성 두통 증상입니다. 저는 제 몸의 상태를 보면서 스트레스로 인한 증상들이라는 것을 잘 알고 있었습니다. 하지만 다른 방법이 없었습니다.

문제는 이러한 증상들이 신체 증상으로만 끝나는 것이 아니라는 것이었죠. 심리적 증상이 나타나게 되었습니다. 스트레스로 인해 육체적으로 힘든 상태에서 나타나는 현상입니다. 작은 일에도 쉽게 화가 나고 짜증이 나는 등 부정적인 감정에 취약해졌습니다. 나도 모르게 늘 얼굴을 찡그리고 살아가는 삶이었죠. 바로 이것이 심신 의학에서 말하는 '몸과 마음의 연결'입니다. 그때는 몰랐지만 심리적 긴장과 몸의 피로가 연결되어 늘 악순환에 빠진 채 살아가고 있었습니다.

당시 저는 개원 초기였기 때문에 야간 진료를 하고 있었습니다. 월요일부터 금요일까지는 매일 밤 9시까지 진료를 했습니다. 토요일은 오후 5시까지 진료를 했죠. 매일 진료를 마치고 밤 10시가 넘어야 집에 도착해 저녁 겸 야식을 먹었습니다. 밤마다 늦게 폭식을 하고 텔레비전을 보면서 맥주를 마셨죠. 그런 생활의 반복이었습니다. 결국 저의 몸무게는 100kg을 넘어가게 되었습니다.

지금 생각하면 참으로 부끄러운 과거입니다. 남들이 부러워하는 의사였지만, 자기 관리가 전혀 되지 않고 하루하루를 버티면서 살아가고 있었습니다.

번 아웃된 삶에서 변화를 시작하다

그러던 저에게 새로운 배움과 성장의 기회가 찾아왔습니다. 바로 저의 인생을 바꿔준 배움입니다. 바로 기능 의학이었습니다. 기능 의학은 그동안 제 몸의 에너지를 떨어뜨린 요인들을 알려줬습니다. 기능 의학의 관점에서 볼 때, 당시 저는 중환자였습니다. 물론 현대 의학의 관점으로는 큰 문제가 없었지만요.

그때부터 저는 제 세포 기능을 살리기 위한 자가 치료를 시작했습니다. 점차 체중이 정상 범주로 돌아오고 피로감도 줄어들기 시작했습니다. 이 과정에서 저는 또 중요한 것을 깨달았습니다. 세포 기능을 망가뜨리는 여러 요인 중 가장 고치기 힘든 것이 스트레스라는 사실을요. 세포 기능은 수면, 식습관, 환경 독소, 스트레스 등에 영향을 받습니다. 그중 가장 다루기 힘든 부분이 바로 스트레스라는 것을 저는 비로소 알게 되었습니다.

사실 저는 스트레스에 매우 민감한 성격을 가지고 있었기 때문에 그 문제가 더욱 크게 느껴진 것 같습니다. 그래서 그때부터 스트레스를 관리하는 심신의학에 입문하게 되었습니다. 몸과 마음의 연결성에 대해 알고, 몸을 잘 다뤄야 마음도 편안해진다는 것을 알았습니다.

호흡과 명상 그리고 점진적 근육 이완과 같은 구체적인 방법들도 실천해나가기 시작했습니다. 제가 2부에서 이야기한 부분들입니다. 매일 조금이라도 시간을 내서 이러한 이완법들을 실천하는 것은 인생을 바꾸는 첫걸음이 될 수 있습니다.

몸을 이완하는 것이 쉬워 보여도 연습이 필요합니다. 그리고 그 방법에도 여러 가지가 있습니다. 앞에서 설명드린 점진적 근육 이완도 좋습니다. 아무튼 자신의 상황에 맞는 방식을 적용해 몸을 이완하고 뇌파를 낮추는 훈련들을 꼭 해보세요. 인생을 바꾸는 초석이 될 것입니다.

'밖'이 아닌 '안'을 바라보게 해준 독서

기능 의학과 심신의학은 나의 세포 기능을 끌어올리고 몸과 마음의 에너지를 쌓는 방법들을 알려줬습니다. 그러면서 저의 멘탈에 변화가 생겼습니다. 앞서 말씀드린 속담을 기억하나요? '곳간에서 인심 난다!' 번 아웃되었던 저의 몸과 마음의 곳간을 조금씩 채워나가기 시작한 것입니다. 그러면서 인심이 나기 시작했습니다. 그 인심이 가장 크게 드러난 것은 바로 내재적 동기intrinsic motivation였습니다. 무언가 열심히 공부하고 배우고 성장하고 싶은 동기가 생기기 시작한 것이죠.

앞을 보고 달려가기 전에 나를 먼저 바라볼 수 있어야 합니다. 저는 그냥 닥치는 매일을 살아내면서 앞만 보고 가고 있었습니다. 저 자신을 바라볼 수 없는 상태였죠. 하지만 기능 의학과 심신의학은 저를 바라볼 수 있는 기회를 만들어줬습니다. 그리고 곳간을 채우면서 배움과 성장에 대한 간절한 동기가 생기기 시작했습니다.

이때 저의 나이가 30대 후반이었습니다. 저는 그동안 살아오면서 거의 하지 않던 일들을 하기 시작했습니다. 그것이 무엇이었을까요? 바로 '책 읽기'였습니다. 부끄러운 이야기이지만, 그 전에는 어쩔 수 없이 시험을 보기 위해 열심히 읽었던 전문 서적 외에 일반 서적은 거의 읽지 못했습니다. 1년에 2~3권 정도 읽었을 뿐이죠.

그랬던 제가 책을 읽기 시작한 것입니다. 일주일에 약 2권씩 책을 읽으며 1년에 약 100권씩 책을 읽었습니다. 책 읽기를 정말 싫어하던 제가 그렇게 열심히 책을 읽게 되다니, 저 자신도 놀랐습니다. 그러면서 저의 삶이 바뀌는 기회를 만나게 되었습니다.

지금 생각해보면 제 인생의 중요한 터닝 포인트에 저를 이끌어 준 몇 권의 책이 있었습니다. 그 책들이 아니었다면 지금의 저는 없었다고 말할 수 있을 정도로, 그 책들은 저의 인생을 바꿨습니다.

막다른 길 앞에
문을 열어준 한 권의 책

저는 국내에서 처음으로 기능 의학과 심신의학을 활용한 만성피로 전문 클리닉을 열었습니다. 물론 현대 의학적 진료도 중요합니다. 그런데 저는 현대 의학의 관점으로는 문제가 발견되지 않는, 에너지가 떨어지고 번 아웃되어 피곤하게 살아가는 환자들을 치료하는 것이 좋았습니다. 어쩌면 제가 그런 상태에 있다가 새롭게 변화한 경험 때문일지도 모릅니다. 그래서 야심차게 새로운 클리닉을 오픈하게 된 것이죠.

국내 최초 만성피로 전문 클리닉을 열다

그런데 문제는 이 생소한 만성피로 전문 클리닉을 사람들에게 알리는 것이었습니다. 이런 클리닉이 있다는 것도 생소하고 기능 의학과 심신의학에 대해서도 모르는 분들이 대부분이었죠. 그래서 홍보를 위해 홈페이지를 만들기로 결심을 했습니다. 당시 제가 운영하던 병원 이름을 따서 '연세가정의원 만성피로 클리닉'이라는 홈페이지를 만들고 있었습니다.

그러던 중 1권의 책을 읽고 홈페이지 만드는 것을 중단하게 되었습니다. 바로 빌 비숍Bill Bishop의 《관계우선의 법칙》이라는 책입니다. 이 책을 처음 접한 것은 '3P 바인더'를 만든 강규형 대표님 덕분입니다. 수십 년간 교육 사업을 해오고 있는 강 대표님의 강의를 듣게 된 것이죠. 그 강의를 통해 이 책을 소개받았습니다. 제목만 보면 마치 소통이나 처세술에 대한 책 같지만 이 책은 마케팅에 대한 책입니다. 마케팅에서 가장 중요한 것이 고객과의 관계 형성이라는 것을 강조하고 있습니다.

이 책의 내용 중에서 미국 농구공을 제작하는 회사의 에피소드가 저의 마음을 사로잡았습니다. 그것을 읽고 바로 홈페이지 제작을 중단하고, 새로운 콘셉트의 홈페이지를 만들기로 결심했습니다.

책에 나오는 에피소드는 이렇습니다. 미국에서 농구공을 만드는 회사가 생겼습니다. 그런데 이미 시장을 선점한 업체가 많았기 때문에 판매가 매우 부진했습니다. 그 업체는 고민 끝에 새로운 홈페이지를 만드는데요. 그것은 농구공 판매 사이트가 아니었습니다. 바로 농구에 대한 모든 정보를 한눈에 볼 수 있는 사이트였죠.

그 회사는 농구를 좋아하는 모든 사람이 누구나 들어와 농구 경기 정보, 선수 정보, 경기 결과 통계, 선수들의 사진과 영상 등을 볼 수 있게 만들었습니다. 하지만 어디에도 농구공을 판매한다는 정보는 없습니다. 오로지 농구에 대한 모든 정보를 모아놓은 것이죠.

시간이 지나면서 점차 농구를 좋아하는 사람들이 이 사이트에 몰리기 시작했습니다. 그리고 결국 그 회사는 자연스럽게 알려지게 되었죠. 그와 함께 농구공 판매 실적도 올라갔습니다. 결국 고객과의 좋은 관계가 먼저라는 것을 보여준 사례였죠.

한 권의 책이 불러온 성공의 기회

이 에피소드를 읽고 저의 머릿속에 번쩍 떠오르는 아이디어가 있었습니다. 병원 홈페이지를 만드는 것이 아니라 바로 만성피로에 대한 모든 정보를 제공하는 사이트를 만들어야겠다는 것이었죠. 그렇게 탄생한 사이트가 바로 '이동환의 만성피로 연구 모임'이라는 사이트입니다.

이 사이트에는 오로지 만성피로와 스트레스 그리고 기능 의학에 대한 정보만을 담았습니다. 이유 없이 피곤하고 에너지가 떨어지는 사람들이 그 해결책을 찾을 수 있도록 정보들을 모았습니다. 만성피로 유형을 분류하고, 각 유형마다 기능 의학적으로 어떤 문제가 있는지 사례를 들어 설명했습니다.

그렇게 방대한 자료가 모였습니다. 그러면서 1명, 2명 저희 클리닉을 찾아오는 분들이 생기기 시작했습니다. 저는 그 환자들을 성심껏 치료하고 치료 결과가 좋은 환자들에게 후기를 남겨달라고 부탁했습니다. 사이트에는 환자 분들이 직접 쓴 후기가 하나둘 쌓이기 시작했습니다.

그렇게 약 2년이 지났습니다. 드디어 저의 삶을 바꾸는 전화 1통이 걸려 왔습니다. 바로 SBS 건강 프로그램의 작가였습니다. '이동환의 만성피로 연구 모임'을 통해 환자들의 후기를 꼼꼼히 보고 저에게 전화를 한 것이었죠.

그렇게 저는 국내에서 처음으로 공중파 건강 프로그램에서 기능의학과 만성피로에 대한 강의를 하게 되었습니다. 1시간의 녹화를 하고 약 30분 정도로 편집이 되어 방송에 나갔습니다. 그 방송이 나간 이후에 나타난 변화는 실로 놀라웠습니다. 병원으로 전화가 불티나게 오기 시작했습니다. 진료 예약 전화가 쇄도하면서 6개월

분 예약이 꽉 차버렸습니다. 그러면서 저의 동네 의원은 지역구가 아닌 전국구로 바뀌기 시작했습니다.

그런데 이러한 유명세가 좋은 것만은 아니었습니다. 그 전까지 찾아왔던 환자들은 기능 의학과 심신의학을 통해 치료가 잘되는 환자들이었습니다. 그런데 멀리 지방에서 찾아오는 수많은 환자의 대부분은 치료가 만만치 않았습니다.

당연히 현대 의학에서는 이상이 없는 그분들을 환자로 보지 않습니다. 그런데 기능 의학, 심신의학으로도 잘 해결되지 않는 사례가 많았습니다. 이때 저는 다시 한번 큰 벽을 느끼게 되었습니다. 치료가 잘되지 않는 환자들을 만나면서 좌절도 하게 되었습니다.

그런데 이러한 벽을 만나고 좌절하는 과정이 결국은 새로운 깨달음의 시작이었던 것을 그때는 전혀 알지 못했습니다.

좌절을 극복하기 위한
새로운 도전

고통은 성장의 동력이 된다

'똑같은 만성피로 환자인데 왜 사람마다 치료 반응이 다른 걸까?'
전국에서 환자들이 찾아오면서 저는 이러한 고민에 휩싸였습니다.
기능 의학 검사에서 똑같은 이상이 발견되고 똑같은 치료를 해도,
어떤 사람은 치료가 잘되고 어떤 사람은 전혀 치료 반응이 없었습
니다.

그러면서 알게 된 사실이 있었습니다. 세포 기능을 떨어뜨리는
요인이 과거형이냐, 현재진행형이냐에 따라 치료 반응도 다르다는

것이었죠. 과거의 나쁜 식습관, 불규칙한 수면에 의해 망가진 세포 기능을 되살리는 것은 어렵지 않았습니다. 그러한 습관들이 이미 잘 고쳐진 상태라면 기능 의학 치료로 빨리 회복이 되었죠. 그러나 지속적으로 세포 기능을 망가뜨리는 문제가 있다면 치료가 잘되지 않았던 것입니다.

그래도 그 문제가 단순히 식습관, 수면 문제라면 쉬웠습니다. 가장 큰 문제는 심리적 문제였습니다. 지속적인 심리적 스트레스가 세포 기능을 계속 떨어뜨리고 치료를 방해했습니다. 결국 아무리 열심히 치료해도 밑 빠진 독에 물을 붓는 격이었습니다. 심리적 스트레스를 해결하지 못하면 세포 기능은 쉽사리 돌아오지 않는다는 것을 알게 되었죠. 이것은 심신의학으로도 해결하기 어려운 문제였습니다.

새로운 공부, 긍정 심리학에 도전하다

이 문제를 해결하기 위해 또 새로운 공부가 시작되었습니다. 그것이 바로 긍정 심리학이었습니다. 결국 오랫동안 쌓여 고착된 스트레스에 대한 관점과 태도를 바꿔야 하는 문제였죠. 그런데 다행히도 해결책이 있었습니다. 이미 많은 긍정 심리학자가 연구를 통해 생각 습관을 바꾸는 훈련법들을 제시하고 있었습니다. 그것이 바로 2부에서 이야기했던 리프레임 기법입니다. 저도 이 방법을 통해 큰 도움을 받았습니다.

리프레임의 가장 좋은 방법 중 하나가 감사 일기입니다. 앞에서도 밝혔지만 저는 15년 이상 감사 일기를 쓰고 있습니다. 그리고 그 방법을 환자들과 공유하면서 독려해나갔죠. 이러한 긍정 심리학을 토대로 한 스트레스 관리는 환자들을 치료하는 데 많은 도움이 되었습니다.

하지만 여전히 해결이 안 되는 환자들이 있었죠. 그리고 새로운 사실을 알게 되었습니다. 그것이 바로 '잠재의식'의 세계였습니다. 결국 사람 의식의 95% 이상을 차지하는 잠재의식을 다루지 못한다면 심리적 문제를 다루기 어렵다는 사실을 알게 된 것입니다.

그래서 당시 우리나라 최고의 최면 전문가인 설기문 박사님을 만나게 되었죠. 그리고 박사님의 NLP 수업을 들었습니다. 저는 80시간의 강의와 수십 시간의 실습을 통해 국제 공인 NLP 프랙티셔너 자격을 얻었습니다.

NLP는 잠재의식에 영향을 줘 심리적 상태를 바꾸는 매우 강력한 심리 기법입니다. 앵커링 기법, 공중 분리 기법 등이 바로 NLP 기법입니다. 그리고 저는 이러한 방법을 저의 생활 속에서 활용하기 시작했습니다. 또 현대 최면의 대가인 밀턴 에릭슨 최면도 공부했습니다. 이러한 방법들이 저의 삶을 변화시켰습니다. 그리고 저의 지식과 경험을 바탕으로 그동안 해결되지 않았던 환자들을 치료해가기 시작했죠.

진료실에서 더욱 절실한 교육의 필요성

그 과정에서 제가 진료실에서 하는 일이 결국 처방이나 치료가 아닌 교육이라는 것을 깨달았습니다. 기능 의학을 공부하기 전, 현대 의학으로만 진료할 때는 환자가 잘 몰라도 의사만 잘 알아서 처방하면 치료가 되는 질병이 많았습니다.

그러나 기능 의학을 이용해 만성피로 환자들을 진료하면서 제가 처방보다는 교육을 더 열심히 하고 있다는 것을 알게 되었죠. 그리고 결국 교육의 중요성을 뼈저리게 느꼈습니다.

교육이 잘되는 환자들은 행동이 바뀌고 결국 치료가 잘됩니다. 그래서 환자 교육을 더 잘하기 위해 책을 더 많이 쓰고, 강의도 더 많이 해야겠다고 생각했죠. 그리고 이는 훗날 대학원에서 교육공학을 전공하는 계기가 됩니다.

당시에도 의사들을 대상으로 하는 학회나 여러 단체에서 조금씩 강의를 하고 있었는데요. 교육의 중요성을 깨달으면서 강의도 더 열심히 하게 되었습니다. 그러던 중 욕심이 생기기 시작했습니다. 정말 강의를 잘하는 명강사가 되고 싶은 것이었죠. 그리고 저의 인생을 바꾼 두 번째 책을 만나게 되었습니다.

인생의 전환점,
진료실에서 강단으로

인생의 전환점이 된 2박 3일

강의를 하면서 뿌듯함, 만족감 같은 것을 느끼게 되었습니다. 그러면서 강의를 더 잘하고 싶어졌죠. 그래서 또 책들을 사기 시작했습니다. 강의를 잘하는 방법을 알려주는 책들이었습니다. 그러다가 만난 책이 바로 《세계 최고의 명강사를 꿈꿔라!》라는 책이었습니다. 이 책을 잡고 밤을 새워 읽었습니다. 책의 저자인 류석우 강사님은 한국강사협회 임원이었습니다. 저는 그때 '한국강사협회'라는 것이 있다는 사실을 처음 알았습니다.

그래서 온라인으로 회원 가입을 하고 홈페이지에 올라오는 글들을 읽으면서 지냈습니다. 그렇게 몇 개월이 지났을 때 공지가 하나 올라왔습니다. 바로 '2박 3일 명강사 육성 과정'에 대한 공지였죠. 참가비 100만 원을 내고 참여하면 2박 3일간 강의하는 방법을 알려주는 프로그램이었습니다. 저는 그 공지를 보자마자 꼭 가야겠다는 마음을 먹었습니다. 그런데 문제는 시간이었습니다. 매일 환자들을 만나는 개원의로서 2박 3일을 쉬고 갈 수는 없었으니까요. 그런데 마침 그 과정이 열리는 시기가 7월 20일이었습니다. 저는 여름휴가를 포기하고 이 과정에 가기로 마음을 먹었죠. 그리고 가족들에게 말했습니다.

"난 이번 여름휴가를 포기하고 이 세미나에 가야겠어요."

그리고 저는 들뜬 마음으로 이 과정에 참여하게 되었습니다. 더 기분이 좋았던 건 2박 3일 과정 중 류석우 강사님의 강의도 있다는 것이었죠. 저자를 직접 만날 수 있다는 생각에 너무 좋았습니다. 그리고 그 2박 3일은 저의 인생을 바꾸는 전환점이 되었습니다.

의사 최초 명강사 타이틀을 얻다

이 과정은 저에게 너무나 소중한 시간이었습니다. 1년에 딱 한 번의 휴가를 포기하고 선택한 과정이기에 더욱 그랬습니다. 그래서 그 시간 동안 저의 에너지를 최대한으로 끌어올리고 유지해야겠다는 생각을 했습니다. 가기 전에 열심히 자기최면도 했습니다. 그리고 2박 3일 동안 계속해서 웃는 표정을 유지하기로 결심했습니다.

앞서 설명드린 것처럼 표정 심리학자들의 연구에 따르면 웃는 표정을 유지하는 것은 나의 몸과 마음의 에너지를 끌어올려줄 수 있습니다. 그래서 의식적으로 계속 웃는 표정을 유지했습니다. 그 덕분인지 2박 3일 과정에서 저는 큰 영감을 받게 됩니다.

마지막 날 참가자 20여 명이 10분 강의로 경진 대회를 하게 되었습니다. 저는 10분간 청중을 최소한 세 번은 웃기고 한 번은 울리겠다는 각오로 강의를 준비했습니다. 그런데 강의 준비가 쉽게 풀리지 않았습니다. 전날 밤 12시가 될 때까지 준비한 강의안이 만족스럽지 못했습니다. 그래서 잠시 눈을 감고 생각에 잠겨 있었죠. 그때 갑자기 하늘에서 한 줄기 영감이 나의 머리로 내려오는 느낌을 받았습니다. 그리고 그때까지 준비했던 강의안을 덮고 완전히 새로운 주제로 강의를 준비하기로 마음먹었죠. 그때 시간이 벌써 자정을 넘어가고 있었습니다. 그래도 상관없었습니다. 잠을 자는 것보다 수십 배, 수백 배 더 중요한 것이었죠.

그 새로운 주제는 바로 이것이었습니다. 강의를 하는 시점을 미래 5년 후의 가상 시점으로 잡았습니다. 5년 후, 이 과정에 참가한

후배 강사들에게 선배로서 강의하는 상황을 설정한 거였죠. 그리고 5년 전에 이 '명강사 육성 과정'에서 느낀 강사로서의 태도에 대해, 그리고 함께 참가한 5년 전 동기 강사들의 성장한 모습과 성공담을 가상으로 만들어냈습니다. 우리 동기 강사들의 멋진 미래를 상상하면서요. 그리고 이틀간 찍었던 동기들의 사진을 모아 2분짜리 동영상을 만들었습니다. 강의 마지막 2분에서 영상과 함께 감동적인 음악을 깔고 크게 성장한 선배 강사들의 당부 내용을 내레이션으로 준비했습니다. 그렇게 10분짜리 강의 준비를 다 마친 시간은 새벽 6시였습니다. 딱 1시간 정도 잘 시간이 남아 있었습니다.

하지만 가슴이 뛰어 잠을 잘 수 없었고 그냥 누워만 있었습니다. 정말 이 강의가 청중을 감동시킬 수 있을까? 결국 한잠도 못 자고 7시에 일어나 다시 강의 연습을 했습니다. 딱 10분에 맞추는 연습이었죠. 시간을 맞추는 것도 매우 중요한 평가 기준이었습니다. 그렇게 밤을 새우고 준비한 강의, 과연 어땠을까요? 심사위원들로부터 최고의 평가를 받고 1등을 했습니다.

그리고 저는 이 대회를 통해 2008년 한국강사협회에서 선정한 '제80호 명강사'라는 타이틀을 얻게 되었죠. 의사로서는 최초였습니다. 그 후 제 인생은 어떻게 달라졌을까요? 한국강사협회 선정 명강사 리스트는 각 기업의 교육 담당자들에게 전달되었죠. 그리고 기업에서 강의 의뢰가 들어오기 시작했습니다.

하지만 문제는 시간이었죠. 저는 매일 진료를 해야 하는 개원의에 불과했습니다. 진료를 하지 않고 강의를 하러 가는 것 자체가 쉽지 않았죠. 심각하게 고민했습니다. 나의 미래에 대한 고민이었죠. 그리고 결국 진료실을 떠나 교육 현장으로 가기까지 수년의 시간이 걸렸습니다.

강의를 하기 위해 의사들을 교육한다?

만성피로 환자들이 전국에서 찾아오면서 제가 아니면 이 환자들을 치료해줄 의사가 없다는 생각에 진료실을 떠날 수 없었습니다. 그 당시에는 기능 의학을 공부한 의사가 많지 않기 때문이죠. 하지만 외부에서 강의 의뢰가 들어올 때마다 고민이 많이 되었습니다. 그래서 결심을 하게 됩니다. 다른 의사들이 만성피로 환자들을 진료할 수 있게 교육해야겠다는 결심이었죠.

사실 이미 만성피로 연구 모임 사이트를 통해 그런 강좌를 개설해달라는 요구들이 있었습니다. 하지만 엄두를 못 내고 있었죠. 그러나 이제 더 이상 미룰 수 없다는 생각이 들었습니다. 그래서 '만성피로 클리닉 개설을 위한 실전 강좌'를 처음 열게 됩니다. 물론 의사들을 대상으로 하는 강의였죠. 강의 과정은 총 30시간이었습니다. 강의를 준비하는 데 걸린 시간은 6개월이었습니다. 이렇게 오랜 시간이 걸린 이유가 있었습니다. 저는 단순히 지식을 전달하는 강의는 하기 싫었습니다. 의학 교육에서는 어디에서도 찾아볼 수 없는 워크숍 형태의 강의를 열기로 마음먹었습니다. 어려운 의학 지식이지만 조별 활동을 통해 게임을 하고, 맵을 그리고 지식을 바로 적용할 수 있는 강의였습니다. 의학 교육에서는 처음 하는 시도였죠.

그리고 1기를 모집해 30시간 강의를 마쳤는데요. 의사들은 평일뿐 아니라 토요일에도 진료를 하기 때문에 일요일에만 시간이 됩니다. 그래서 일요일 6시간씩 5주간의 강행군이었죠. 그렇게 강좌 1기가 마무리되고 저는 지쳤습니다. 5주간 하루도 쉬지 않고 일을 한 것이죠. 그래서 다음 강좌를 더 열어야겠다는 생각을 하지 못하고 있었죠.

그런데 강의를 들은 사람들의 입소문으로 다음 2기 강좌를 열어달라는 요청이 들어오기 시작했습니다. 그래서 그다음 해에 2기 강좌를 열게 됩니다. 그렇게 강좌를 운영하면서 결국 저의 강좌를 수료한 의사가 수백 명이 되었고, 자연스럽게 대한만성피로학회가 만들어졌습니다. 그리고 저는 명예회장을 맡게 되었죠. 이제는 전국에 있는 회원들의 병원에서 만성피로 환자들이 진료를 받을 수 있게 되었습니다.

그리고 저는 새로운 결심을 하게 됩니다. 바로 제가 13년간 운영해온 저의 병원을 접는 것이었죠. 그것이 벌써 12년 전입니다. 제가 하고 싶은 강의를 더 많이, 더 열심히 하고 싶어 내린 결정이었습니다. 그래서 저의 병원을 접고 일주일에 3일만 진료하는 페이 닥터가 되기로 결심했습니다. 그리고 나머지 시간에는 제가 하고 싶은 강의를 하기로 결심했죠. 제가 이런 결심을 했을 때 주변 사람들의 반응은 어땠을까요? 당시 예약 환자가 3개월이나 밀려 있었습니다. 정말 잘 나가는 개원의가 병원을 접고 파트타임 페이 닥터로 들어간다고 했을 때 주변인 10명 중 9명은 미쳤다고 했고, 나머지 1명은 돌았다고 했습니다.

3일 일하는 페이 닥터의 보수가 개원 당시 수입에 비하면 약 20~30% 정도였으니까 그렇게 말할 만도 했죠. 하지만 저는 결심했습니다. 그리고 아내를 설득했습니다. 그렇게 2012년, 저는 병원을 접었습니다. 수입은 5분의 1이 되었습니다. 그러나 저의 수입을 다시 되돌리기까지는 오랜 시간이 걸리지 않았습니다.

배움을 멈추지 않고
계속 성장하는 삶

내 목표를 잠재의식에 새기는 과정

제가 제일 먼저 해야 할 것은 목표 설정이었습니다. 그때의 목표는 더 많은 강의를 해서 개원의로 지낼 때의 수입까지 끌어올리는 것이었죠. 물론 쉽지 않아 보였습니다. 하지만 자신감은 있었습니다. 먼저 강의록을 재정비하기 시작했습니다.

　강의를 듣는 대상에 따라 가장 적절한 니즈를 담을 수 있는 강의를 해야 한다고 생각했죠. 기업 강의를 예로 들면 신입 사원에게 맞는 강의, 신임 팀장에게 맞는 강의, 임원 교육에 맞는 강의가 별도로 필요했습니다. 그리고 CEO 강의는 그들의 눈높이에 맞게 준비하는 것이 중요했습니다. 지자체나 백화점에서 하는 교양 강의도 다른 관점에서 접근해 새로운 강의들을 준비했습니다.

그동안 꾸준히 공부해온 콘텐츠에 강의 기법을 넣어 새로운 강의안들을 만들어나갔습니다. 그러면서 정말 하고 싶었던 공부를 하나 더 시작했습니다. 그것이 바로 대학원에서 교육공학을 전공하는 것이었죠. 그렇게 교수 설계를 공부하고 저의 강의 콘텐츠에 옷을 입히기 시작했습니다. 이는 저에게 즐거운 과정이었습니다. 왜냐하면 나의 목표를 달성하기 위해서는 꼭 필요한 과정이고 제가 좋아하는 일이었기 때문이죠.

그렇게 강의 콘텐츠에 대한 자신감이 생길 때쯤 머릿속에서 생생한 그림이 그려지기 시작했습니다. 나를 찾는 기업, 지자체 등등의 교육 담당자들 모습이 떠오르기 시작했습니다. 그리고 저는 매일 그러한 상상을 했습니다. 전화, 이메일로 강의 의뢰가 들어오고 청중 앞에서 열심히 강의하는 모습들이죠. 그리고 나의 잠재의식에 강력한 암시를 줄 계획을 세우게 되었습니다. 그것이 바로 잠들기 전에 나의 육성으로 녹음된 암시문을 매일 듣는 것이었죠.

2부에서 설명한 것처럼 정성 들여 나의 목표를 담은 확언을 만들었습니다. 그리고 스마트폰으로 녹음했죠. 매일 잠자리에 누워 이어폰을 귀에 꽂고 들으며 잠을 청했습니다. 그리고 저의 병원을 접은 지 1년 6개월 만에 원래의 수입을 다시 달성하게 되었습니다.

그리고 또 한 가지 목표가 생겼습니다. 그것은 바로 KBS '아침 마당'의 목요 특강에 출연하는 것이었죠. 이는 그 당시 강사들 사이에서 매우 영광스러운 무대였습니다. 저는 매일 잠들기 전에 상상하기 시작했습니다. 이금희 아나운서와 함께 무대에서 대화를 나누고 특강을 하는 모습이었죠.

그리고 약 2년 후에 실제로 저는 이금희 아나운서와 KBS '아침 마당' 목요 특강 무대에서 대화를 나눕니다. 그리고 50분간 강의를 합니다. 저의 인생에서 기억에 남는 순간입니다. 아무런 인연이 없었던 KBS '아침마당' 제작진이 보낸 강의 의뢰 문자를 받은 날의 놀라움은 아직도 잊을 수가 없습니다. 그냥 강렬하게 원하고 상상만 하고 있었던 저에게 연락을 준 것이죠. 정말 멋지고 행복한 경험이었습니다.

성공보다 배움과 성장이 중요하다

저는 경영학 박사이기도 합니다. 많은 분이 물어봅니다. 의사가 경영학을 공부한 것은 나중에 병원을 경영하고 싶어서냐고요. 하지만 저는 병원 경영을 할 생각이 전혀 없습니다. 만일 그런 생각이 있었다면 저의 의원을 접지 않았겠죠.

기업, 지자체 등 여러 단체에 강의를 다니면서 느낀 것이 있었습니다. 저 말고도 의사로서 건강 강의를 하시는 분이 많다는 것이었어요. 저는 그때 생각했습니다. 내가 좋아하는 강의를 평생 꾸준히 하려면 다른 의사 강사들과는 뭔가 달라야 한다는 것이었죠.

그래서 제가 연구하던 분야인 스트레스에 대한 공부를 더 해보기로 결심했습니다. 단순히 개인 스트레스 관리가 아닌 회사와 조직에서 일하면서 받는 스트레스, 즉 직무 스트레스 관리에 대한 공부를 해보고 싶었죠. 그래서 직무 스트레스 관련 연구 논문들을 찾아보기 시작했습니다. 그러면서 그 분야에 큰 매력을 느끼고 이 연구를 통해 박사과정을 해야겠다고 결심합니다.

그때 저의 나이가 40대 중반이었죠. 남들이 보기에는 박사과정을 새로 시작하기에 매우 늦은 나이였을 수 있습니다. 하지만 저는 그런 생각이 전혀 들지 않았습니다. 왜냐하면 앞으로 강의를 하면서 살아갈 날이 많이 남았기 때문이죠. 그렇게 저는 직무 스트레스 연구 논문을 쓰고, 국내에서 최초로 직무 스트레스의 새로운 요인인 도전 요인을 이용한 논문을 쓰면서 박사 학위를 받게 됩니다. 늦깎이 학생인 저를 받아주신 경희대학교 장영철 교수님께는 항상 감사한 마음을 가지고 살아가고 있죠.

이러한 저의 연구 결과들은 지금 CEO 및 임원 교육에서 많이 활용하고 있습니다. 직무 스트레스를 새로운 시각으로 바라볼 수 있는 학문적 근거를 만든 것이죠. 그 덕분에 '세바시' 강연, 한국경영 자총협회 강연 등을 하게 되었고요. 또 많은 CEO 아카데미에서도 강의 의뢰를 주고 있습니다. 저는 이 연구를 널리 알리는 것에 대한 사명감도 있습니다. 우리나라의 수많은 직장인이 받고 있는 스트레스를 어떻게 기회로 활용할 것인지에 대한 해답을 드릴 수 있으니까요. 그래서 열심히 강의를 하고 있었습니다.

또 한 번의 도전! 세 번째 직업으로 가는 길

그렇게 파트타임으로 진료를 하고 나머지 시간에는 강의를 하는 사람이 된 저는 다시 한번 새로운 도전을 하게 됩니다. 그것이 바로 유튜브입니다. 저는 지금 100만 구독자 유튜버입니다. 남들은 이렇게 말합니다. 유튜브로 성공했다고요. 하지만 저는 성공이라고 생각하지 않습니다. 그냥 성장하고 있을 뿐이죠.

많은 사람이 이렇게도 질문합니다. 어떻게 유튜브 채널을 그렇게 크게 성장시킬 수 있었냐고요. 남들보다 더 열심히 해서? 더 말을 잘해서? 더 재미있어서? 그렇지 않습니다. 답은 명확합니다. 남들보다 일찍 시작했기 때문이죠. 만일 제가 지금 유튜브 채널을 시작했다면 그렇게 큰 성장을 하지 못했을 것 같습니다. 저는 2018년 여름에 첫 동영상을 올렸는데요. 벌써 6년이 넘었습니다. 그때 유튜브를 시작하지 못했다면 이러한 결과는 없었을 것입니다.

그렇다면 어떻게 그때 유튜브를 시작할 수 있었을까요? 이 질문에 대해 드릴 말씀이 훨씬 많습니다. 제가 유튜브를 남들보다 빨리 시작할 수 있었던 이유를 들어보면 큰 통찰을 느낄 수도 있습니다. 이때 저의 인생을 바꾼 세 번째 책을 만나게 됩니다. 그 이야기로 넘어가겠습니다.

또 한 번의 도전,
'100만 유튜버'의 시작

'유튜브의 신'을 책으로 만나다

경영학 박사 학위를 받으면서 논문을 남겼지만 더 많은 사람에게 메시지를 던지고 싶었습니다. 그래서 쓴 책이 저의 다섯 번째 저서인 《나의 슬기로운 감정생활》입니다. 출간되자마자 반응이 매우 좋았고, 자기계발 분야 베스트셀러가 되었죠. 그런데 1달 후 출판사에서 저에게 책을 1권 보내줬습니다. 저자들에게 출판사 신간을 보내준 거였는데, 그 책이 바로 저의 인생을 바꾼 세 번째 책《유튜브의 신》이었습니다.

저는 그때 유튜브에 대해 자세히 모르고 있었습니다. 물론 여러 마케팅 관련 강의에서 "이제 앞으로 유튜브의 세상이 올 것이다. 그래서 준비해야 한다"와 같은 말을 꽤 자주 들었지만, 구체적으로 유튜브를 어떻게 활용하는지에 대해서는 전혀 알지 못하는 시절이었어요. 그래서 그 책에도 큰 관심이 없었습니다.

하지만 책을 쓰는 저자로서 그 책이 얼마나 잘 팔리고 있는지 궁금했습니다. 서점 사이트에서 그 책을 검색해보고 저는 깜짝 놀랐습니다. 책이 나오자마자 종합 베스트셀러 1위에 올라가 있던 것이죠. 책의 저자는 그 당시 100만 유튜버였던 '대도서관'이었습니다. 이 책은 저자가 100만 유튜버가 되기까지의 과정을 담고, 새롭게 유튜브를 시작하려는 사람들에게 방법을 알려주고 있었습니다.

그런데 그 요령이 특별한 것이 없었습니다. 딱 두 가지였는데요. '일주일에 2편의 콘텐츠를 올린다' 그리고 '이것을 최소한 1년간 지속한다'였습니다. 그냥 매주 2편씩 1년만 꾸준히 하면 누구나 채널을 성장시킬 수 있다는 내용이었습니다.

유튜브를 시작하지 않는 것은 삶의 낭비다

저는 생각했습니다. 너무 단순하지 않은가? 물론 매주 2편의 콘텐츠를 찍고 편집해 올린다는 것이 쉬운 일은 아닙니다. 그리고 뭔가를 1년 동안 꾸준히 하는 것도 보통 각오로 할 수 있는 일은 아닙니다. 또 마침 그 당시 저의 멘토이자 강사 선배였던 조관일 박사님의 조언도 큰 몫을 했습니다. 그 당시에 70세가 넘은 조 박사님은 새롭게 편집을 배워 유튜브 채널을 시작했습니다. 이미 그동안 책을 60여 권 썼기 때문에 콘텐츠는 매우 풍부했지만, 직접 촬영하고 편집까지 하는 것은 보통 일이 아니었죠. 그럼에도 불구하고 조 박사님은 편집 개인 교습까지 받으면서 열정을 가지고 유튜브 채널을 오픈했습니다. 그리고 저에게도 빨리 시작하라고 격려해줬죠.

그때 저는 '내가 유튜브를 하지 않고 있는 것은 삶의 낭비다'라고 생각했습니다. 제가 이렇게 생각한 이유가 있습니다. 사실 저는 훨씬 이전부터 이와 비슷한 환경에서 트레이닝을 했기 때문입니다. 과거에는 실패, 시간 낭비라고 생각했던 그 경험이 이런 모습으로 저의 삶에 다가올 줄을 그때는 몰랐습니다.

벌써 10년도 넘은 일입니다. 마케팅에 대한 공부도 열심히 하던 시절이었죠. 그때 공부한 것 중 하나가 이메일 마케팅이었습니다. 잠재 고객에게 주기적으로 이메일을 보내면서 관계를 만들어가는 것입니다. 지금도 많은 회사에서 하고 있죠. 저는 의사였지만, 강의를 하는 강사이고 또 책을 쓰는 작가이기도 했습니다. 많은 사람이 저의 강의를 듣고, 저의 책을 볼 수 있기를 바라는 마음으로 그러한 이메일 마케팅을 시작한 것이었습니다.

바로 '이동환의 건강편지'라는 이메일 서비스였는데요. 그때 제가 보내는 메일을 구독할 수 있는 편리한 방법을 사용했죠. 바로 'getrespnose'라는 미국의 이메일 마케팅 사이트였습니다. 매달 일정한 금액을 지불하면 그 사이트의 기능들을 쓸 수 있었죠. 매주 발송할 이메일을 차례로 예약해둘 수도 있었고, 구독 페이지로 이어지는 링크와 이미지를 만들어 SNS를 통해 홍보할 수도 있었습니다. 구독 방법은 간단했습니다. 이메일 주소를 적고 구독하기 버튼만 누르면 되었습니다. 제가 직접 구독자 명단과 발송일을 따로 관리할 필요 없이, 메일 내용만 미리 작성해두면 사이트가 알아서 발송해주는 방식이었죠. 아주 편리한 이메일 마케팅 툴이었습니다.

나의 '중요 경험치'가 되어준 과거의 실패

그때 저는 매주 동영상을 하나씩 보내기로 마음먹었죠. 그래서 약 5분짜리 동영상을 수십 개 만들어 매주 보내주는 서비스를 한 것입니다. 그렇게 약 1년을 했는데요. 결과는 어땠을까요? 생각보다 저의 이메일 서비스를 구독해주는 사람이 많지 않았습니다. 그래서 결국 실패로 끝났습니다. 그리고 저는 그 이메일 마케팅을 잊고 지냈습니다. 그렇게 수년이 지나고 유튜브를 시작할까 고민할 때 이런 생각이 들었습니다.

'짧은 동영상을 촬영하고 편집해서 올리는 것, 나는 이미 많은 연습을 했잖아. 할 수 있겠다.'

그리고 이런 생각도 들었습니다.

'그때보다 더 재미있고 쉽게 설명할 수 있을 것 같다.'

결국 그때는 실패라고 생각한 과정이 저에게 아주 중요한 훈련 과정이었다는 것을 깨달았습니다. 저는 1년간 100개의 영상을 업로드하겠다는 결심으로, 미리 100가지 주제를 정하고 시작했습니다. 중간에 너무 바쁘고 힘들 때 결심이 흔들릴 수도 있기 때문에 미리 준비를 하기로 마음먹었습니다. 그래서 주말에 5편 또는 10편씩 몰아서 촬영을 했습니다. 그렇게 100편을 미리 촬영하고 편집하면서 1년을 버텨보자는 생각을 한 것이죠.

그리고 유튜브를 시작한 지 딱 1년이 되었을 때, 제 채널의 구독자는 2만 명을 넘어섰습니다. 그리고 지금 107만 명의 사람이 저의 채널을 구독해주고 있습니다. 정말 고마운 분들이죠.

저는 '실패는 성공의 어머니'라는 구태의연한 말을 확실히 믿습니다. 아니, 실패가 아닌 배움인 것이죠. 실패는 없습니다. 단지 배움만 있을 뿐이죠. 사실 저는 지금도 계속 실패하고 있습니다. 그리고 계속 배우고 있습니다. 그리고 계속 성장하고 있습니다.

모든 준비는 끝났고,
이제 실천만이 남았습니다

MBS 최적화 프로그램은 이미 성공한 사람들이 자신도 모르게 적용해왔던 기법들입니다. 저의 삶에서도 이 기법들은 큰 힘을 발휘해줬습니다. 이 책을 읽은 독자들은 이미 일부 기법들을 잘 적용하고 있을 것입니다. 하지만 새롭게 알게 된 기법들도 있을 것입니다.

우리는 이 책을 통해서 몸과 마음의 연결성, 그리고 멘탈과 브레인의 상호작용을 알게 되었습니다. 또 잠재의식의 강력한 파워에 대해서도 알게 되었습니다. 또 나의 잠재의식과 만나는 방법, 잠재의식에 나의 확언을 불어넣는 구체적인 방법도 알게 되었습니다.

독자들의 상황은 모두 다를 것입니다. 이 책을 통해서 목표가 없고 무기력했던 삶이 활기로 가득차기를 바랍니다. 이 책을 통해서 열심히 해도 왜 잘 안 되었는지 그 이유를 깨닫고 심리적 역전을 극복해나가길 바랍니다. 내가 세운 목표가 명확하지 않았다면 더 명확한 확언으로 꿈을 이루길 바랍니다. 예민한 고객들을 대하기 어려웠다면 내 몸과 마음의 곳간을 먼저 채우고 5단계 공감으로 거듭나길 바랍니다. 이 책에서는 인생을 살아가면서 겪을 수 있는 여러 가지 어려움을 이겨낼 많은 기법들을 다뤘습니다.

이제는 실천만 남았습니다. 이 책에 있는 모든 기법을 따라 해야 하는 것은 아닙니다. 자신의 상황에 가장 잘 맞는 기법들을 적용해보기를 바랍니다. 그리고 자신만의 방법으로 발전시켜도 좋습니다. 결국 자신의 것으로 만들어서 얼마나 실천해나가는지가 앞으로의 인생을 결정할 수 있습니다.

먼 훗날 이 책을 다시 펼쳐보면서 인생을 바꿔 준 책이라고 생각해주는 독자들이 있다면, 그리고 더 많은 사람에게 이 책을 알려주고 그들에게 진심 어린 축복을 빌어줄 수 있는 독자들이 있다면 저는 너무나도 행복할 것입니다. 모든 독자들의 배움과 성장을 응원합니다. 감사합니다.

부자의 몸

2025년 1월 20일 초판 1쇄 발행

지은이 이동환
펴낸이 이원주

책임편집 조아라 **디자인** 윤민지
기획개발실 강소라, 김유경, 강동욱, 박인애, 류지혜, 이채은, 최연서, 고정용
마케팅실 양근모, 권금숙, 양봉호, 이도경 **온라인홍보팀** 신하은, 현나래, 최혜빈
디자인실 진미나, 정은예 **디지털콘텐츠팀** 최은정 **해외기획팀** 우정민, 배혜림, 정혜인
경영지원실 강신우, 김현우, 이윤재 **제작팀** 이진영
펴낸곳 (주)쌤앤파커스 **출판신고** 2006년 9월 25일 제406-2006-000210호
주소 서울시 마포구 월드컵북로 396 누리꿈스퀘어 비즈니스타워 18층
전화 02-6712-9800 **팩스** 02-6712-9810 **이메일** info@smpk.kr

ⓒ 이동환(저작권자와 맺은 특약에 따라 검인을 생략합니다)
ISBN 979-11-94246-61-9 (03320)

쌤앤파커스(Sam&Parkers)는 독자 여러분의 책에 관한 아이디어와 원고 투고를 설레는 마음으로 기다리고 있습니다. 책으로 엮기를 원하는 아이디어가 있으신 분은 이메일 book@smpk.kr로 간단한 개요와 취지, 연락처 등을 보내주세요. 머뭇거리지 말고 문을 두드리세요. 길이 열립니다.